KB144196

영구국채(永久國債)의 연구

불황극복, 재정파탄회피의 최종 수단

영구국채(永久國債)의 연구 – 불황극복, 재정파탄회피의 최종 수단

발행일 | 2013년 12월 31일 초판 발행

저자 | 즈쇼 이치로, 후지이 갠기, 아리사와 사토시, 마쓰다 마나부
역자 | 전라남도의회 지방재정정책연구회, 고두갑
발행인 | 강학경
발행처 | (주) 시그마프레스
본문디자인 | 김경임
교정·교열 | 박민오

등록번호 | 제10-2642호
주소 | 서울특별시 영등포구 양평로 22길 21 선유도코오롱디지털타워 A401~403호
전자우편 | sigma@spress.co.kr
홈페이지 | http://www.sigmapress.co.kr
전화 | (02)323-4845, (02)2062-5184~8
팩스 | (02)323-4197

ISBN | 978-89-6866-119-8

永久國債の研究

Eikyu Kokusai No Kenkyu
ⓒ Ichiro Zusho, Gemki Fujii, Satoshi arisawa, Manabu Matsuda 2009
All rights reserved.
Original Japanese edition published by Kobunsha Co., Ltd.
Korean language edition ⓒ 2014 by Sigma Press. Inc.
Korean publishing rights arranged with Kobunsha Co., Ltd.
through KODANSHA LTD., Tokyo and Shinwon Agency Co. Seoul.

* 책값은 책 뒤표지에 있습니다.

* 이 도서의 국립중앙도서관 출판시도서목록(CIP)은 서지정보유통지원시스템 홈페이지
(http://seoji.nl.go.kr)와 국가자료공동목록시스템(http://www.nl.go.kr/kolisnet)에서 이용
하실 수 있습니다.(CIP제어번호: CIP2013028083)

영구국채(永久國債)의 연구

불황극복, 재정파탄회피의 최종 수단

즈쇼 이치로, 후지이 갠기, 아리사와 사토시, 마쓰다 마나부 지음
전라남도의회 지방재정정책연구회 · 고두갑 옮김

Σ 시그마프레스

'지방재정 확충 및 건전성강화'

가 박근혜 정부 140개 국정과제 중 하나로 선정되었습니다. 이에 앞서 이 명박 정부 국정과제에도 '지방재원 확충 및 세원 불균형 완화' 라는 이름으로 채택된 바 있습니다. 제목부터 유사한 지방재정 확충문제가 연이어 국정과제로 다뤄지고 있는 것은 지방이 겪고 있는 재정난의 심각성을 국가가 인정하고 있음을 보여주는 증거라 할 수 있을 것입니다.

특히 2012년을 기준으로 전국 지방자치단체를 포함한 지방공공부문이 안고 있는 부채 규모가 100조 원 안팎에 달하고 있고, 올 1분기 지방세수는 전년 같은 기간보다 4,300억 원 가량 줄어든 반면, 최근 들어 이슈가 되고 있는 기초연금 등 복지재정 수요는 눈덩이처럼 불어나고 있는 현실에서 지방재정에 대한 국가적인 관심은 무척 다행스럽고 고무적이라 하겠습니다.

그러나 지방재정 문제를 구조적으로 타개할 수 있는 해법을 찾기가 결코 쉬워보이지 않다는 것이 현실입니다. 중앙정부와 지방자치단체가 중·장기적인 안목으로 머리를 맞대고 지혜를 모으는 일을 더 이상 미룰 수 없는 이유이기도 합니다.

전남의 재정여건을 살펴보면 그 심각성은 더 커집니다. 전국 광역지자체 중 재정자립도 꼴찌에다 지속적인 인구감소와 노령화, 취약한 산업기반시설 등은 생산성 저하를 가져오고 이는 또 재정악화를 낳는 악순환으로 이어질 수 있다는 우려를 안고 있는 실정입니다.

전남도의회 지방재정연구회는 이렇듯 지방이 해결해야 할 최우선 과제가 재정확충이라는 데 공감하고 함께 고민해보고자 뜻을 같이 한 의원들로 구성되어 3년째 학습과 연구 활동을 계속하고 있습니다.

연구회 활동 초기에는 구성원 대다수가 관련 정보와 자료가 부족한데다 의원 본연의 임무 등으로 집중적인 학습에 어려움이 많았으나 시간이 흐르면서 지방재정의 구조, 지방공기업 육성 및 타 지자체의 사례 등 재정활동 전반으로 그 범위를 넓혀가면서 매월 정례적인 학습과 토론을 통해 새롭게 눈을 뜨는 계기를 경험했습니다.

또한 관련 분야 전문가를 강사로 위촉하여 세미나와 토론회는 물론 외국의 재정위기 극복사례도 함께 살펴보게 되었습니다.

특히 책자에서도 언급하고 있다시피 세계 경제가 동시 불황에 빠져있는 현 상황에서 일본이 직면하고 있는 재정적자 문제는 우리의 미래를 보는 것 같아 우려와 걱정이 앞서기도 하였고, 이러한 위기감에서 필자가 재정적자 탈피를 위하여 제시하고 있는 영구국채(永久國債) 제도는 한 국가의 불황을 타개하는 방안으로서 함께 학습해볼 만한 가치를 지니고 있다는 판단에서 이를 책자로 발간하게 되었습니다. 우리나라 입장에서도 미래지향적 관점에서 재정문제를 해결하기 위한 방법론의 하나로서 독자 여러분과 함께 풀어나가는 계기가 될 수 있기를 바라는 간절한 소망을 가져봅니다.

아무쪼록 이 책이 나오기까지 여러 회원들의 학습과 토론을 정성으로 지원해주신 목포대학교 고두갑 교수님과 전남도의회 김재무 의장님을 비롯한 관계자 여러분께 깊이 감사드리고, 바쁜 일정에도 불구하고 마지막까지 연구회 활동에 동참해주신 회원님 모두의 앞날에 행운과 축복이 함께 하시길 기원합니다.

지방재정정책연구회장 김 탁

역자 서문

2008년 세계 경제위기는 여전히 진행형이다

1997년 외환위기의 기억이 아직도 생생한 2008년 가을, 우리나라는 또다시 경제위기라는 암울한 뉴스를 접해야 했다. 그것도 세계 경제의 중심이자 금융 산업의 치열한 현장인 미국의 뉴욕 맨해튼에서 전해지는 소식이었다. 이번의 경제위기 역시 단순히 진원지인 미국만의 얘기는 아니었다. 뒤이어 유럽과 아시아 주요 국가들 역시 심각한 경기 후퇴에 따른 수요 위축에 직면해야 했고, 각국 정부는 다시 케인스가 제창했던 경기부양책에 골몰해야 했다.

5년이 지난 현재에도 미국발 경제위기는 아직도 진행 중이다. 미국을 비롯한 주요국들이 경기 회복 조짐을 보이고 있지만, 이는 거의 무제한의 유동성 공급, 즉 위축된 수요를 자극하기 위해 미 달러화를 거의 무제한으로 찍어낸 것에 기인한다. 그러나 이러한 양상의 유동성 공급은 오래 지속될 수 없다. 이러한 무제한의 유동성 공급은 미 달러화가 기축통화의 역할을 하기에 가능했던 일인데, 지나치게 미 달러화를 남발할 경우 미 달러화의 가치는 급락하게 되고 이 과정에서 자칫 기축통화의 지위까지 상실될 수 있기 때문이다. 더구나 경기가 제대로 회복되기 전에 급격한 인플레이션이 나타날 경우 경기 회복 기조 자체에 찬물을 끼얹을 수도 있다. 결국, 전세계는 미국 연방준비위원회가 경기 부양과정에서 과도하게 확대된 유동성을 어떻게 회수할지를 예의 주시하고 있다. 미 달러화가 시중에 너무 많이 풀렸기 때문에 유동성의 회수과정은 마치 담장 위를 걷는 것과 같다. 금리 인상 등을 통한 유동성 회수속도가 너무 빠르면 사람들은 소비나 투자 대신 화폐를 간직하려고 할 것이다. 이는 결국 다시 경기 위축 국면으로 접어드는 것과 같다. 회수 속도가 너무 느리면 사람들은 회수 과정 자체에 의문을 제기할 것이고, 달러화의 가치가 떨어질 수 있다. 이는 미국의 무역수지 및 재정수지 적자를 가속화할 것이고, 미국 경제의 운용에 심각한 영향을 미칠 수 있다. 미국 연방준비위원회 버냉키 의장이 이러한 유동성 회수 과정을 기존의 '타이트닝'이라는 용어 대신 '테이퍼링'이라고 언급한 것의 의미를 잘 생각해봐야 할 것이다.

위기를 극복하기 위한 대안 중의 하나, 영구국채?

모두 잘 아는 얘기지만 일본은 1985년 플라자 합의에 따른 엔화 가치 절상을 극복하기 위해 저금리 정책을 시행하게 되었고, 너무 낮은 금리를 지속시킨 결과 너도나도 대출로 증권과 부동산 등의 자산의 매입을 하게 되었다. 이 과정에서 과도한 버블이 자산시장에 형성되었고, 결국 버블이 붕괴됨에 따라 일본은 소위 '잃어버린 20년'을 겪게 된다. 2008년 경제 위기가 현재 진행형인 것과 마찬가지로 일본의 잃어버린 20년 역시 현재진행형이다. 최근 아베 정권이 단행한 엔화가치 절하 정책은 이러한 잃어버린 20년을 탈출하기 위한 타개책의 일환이다.

이 책의 '영구국채'라는 개념은 바로 이 지점에서 출발한다. 지속적인 경기 불황을 타개하고 부의 재분배가 가능한 하나의 메커니즘으로서의 영구국채인 것이다. 즉, 채권 소유자에게 이자만 지급하고 원금의 지급은 없는 이 영구국채는 언뜻 생각해보면 채권 소유에 대한 대가라 할 수 있는 이자의 형성 자체가 불가능한 것으로 보인다. 왜냐하면 이자라는 것이 채권의 상환기간이 길어질수록 높아지게 되는데, 이 상환 기간이 무한이기 때문에 수익률 곡선 자체가 성립되지 않기 때문이다. 그러나 저자는 이러한 영구국채가 현실적으로 불가능하지 않은 이유로 두 가지를 들고 있다. 첫 번째는 영국이나 일본에서 영구에 가까운, 몇 백 년에 걸쳐 상환된 국채 발행의 실례가 있다는 것이다. 두 번째는 상속 재산이 많은 부유층의 경우 과세 문제가 해결되고 금리의 적정 수준이 보장될 경우 영구국채에 대한 수요가 충분하다는 것이다. 여기에서 저자는 한 걸음 더 나아간다. 일본이라는 국가가 번영을 유지하고 지탱하기 위한 필수적인 요건으로 사회에서 '공공성'의 회복이 필수임을 지적하면서, 이 공공성의 유지를 위해서라도 개인이 축적한 부의 사회적 환원 차원에서 이러한 상환기간이 존재하지 않는 국채의 발행이 필요하다는 것이다.

현실성이 있을까, 나아가 혹시 우리나라에 적용할 수 있을까?

사실 이 책의 논의는 일본의 과도한 정부부채 규모에 대한 고민이 기저에 깔려있다. 2012년 기준으로 일본의 국가채무는 GDP 대비 219%에 달한다. 이는 미국의 106.3%이나 프랑스 109.7%, 영국의 103.9%는 물론이고 OECD 평균 108.7%의 두 배가 넘는 심각한 수준이다. 게다가 인구의 고령화로 인한 경제 활력의 저하는 이러한 심각한 수준의 국가채무에 위기감을 불러일으킨다. 현실적인 구현 가능성과 무관하게 저자의 영구국채 아이디어는 이러한 심각한 국가채무의 증가 속도를 낮추기 위한, 나아가 국가채무 규모를 줄여보고자 하는 노력의 일환이라 평가할 수 있다. 그렇다면 이러한 논의는 우리나라와 무관한 것일까? 국가채무만 떼어놓고 본다면, 우리나라의 국가채무는 세계적으로 매우 건전한 수준이다. 2012년 기준으로 우리나라의 국가채무 수준은 34.8%에 불과해 세계적으로 건전한 재정 지출 규모를 가지고 있는 호주의 32.4% 등과 함께 매우 건전한 수준의 채무 수준을 가진 나라로 평가할 수 있다. 그러나 안심하기는 힘들다. 1997년 외환위기 극복 과정에서 빠르게 증가하기 시작한 국가채무는 2008년 미국발 금융 위기의 극복 과정과 뒤이은 대규모 국책 사업 등으로 인해 증가 속도가 매우 빠르기 때문이다. 게다가 일본과 마찬가지로 빠르게 진행되고 있는 고령화는 경제의 활력을 둔화시키기 때문에 이에 상응해서 국가의 지출 소요 역시 빠르게 늘어날 것이기 때문에 현재의 국채 수준이 낮다고 해서 결코 안심할 수는 없다. 이러한 상황에서 영구국채에 대한 논의는 우리나라에서도 유효하다고 판단된다. 미래는 준비하는 사람의 몫이다. 우리나라 경제의 지속 가능성 측면에서 먼 미래를 바라보고 논의를 시작하면 그만큼 우리나라 경제의 미래는 밝아질 것이다. 영구국채에 대한 논의 과정은 그러한 준비의 일환이 될 것이다.

역자

고두갑

차례

서론

서론

이제 곧 전 세계의 나라들이 재정위기에 직면한다

현재 세계는 동시불황에 빠져있다. 일본 경제는 물론 불황의 진원지인 미국에서부터 유럽, 중국, 러시아, 인도에 이르기까지 세계 전체가 무너진 상태이다. 이 불황이 언제쯤 회복될 것인가를 논하기 전에 이 세계 대불황의 출구가 있는지 없는지 그것조차 알 수 없는 상황이 계속되고 있다.

2008년 9월 리먼 브러더스 파산 이후, 전 세계 각국은 불황타개를 위해 유례를 찾아볼 수 없을 정도의 규모로 재정확대정책을 실시하고 있다. 재정확대정책은 버블 붕괴 후 일본의 전매특허 정책이었지만, 지금은 전 세계가 재정확대정책을 시행하고 있다. 그러나 재정확대정책의 결과 일본은 거액의 재정적자 누적으로 국가파산위기에 놓여있다. 얼마 전까지만 해도 주요 선진국 중에서 일본의 재정적자 대비 GDP 비가 최악의 상태라는 것이 문제되었다. 그런데 지금은 금융위기로 인해서 아일랜드, 헝가리 등의 소국을 비롯한 전 세계의 여러 국가가 재정적자를 초래해 국가재정 파탄 위기에 놓여있다.

지속적인 공적자금의 투입이 가능한가?

이미 미국도 재정파탄상황에 직면해있다. 사실 2008년 9월 리먼 브러더스 파산이 있기 전부터 미국에서는 거의 매일 한두 개의 투자은행 및 펀드가 파산하고 있었고, 이라크 전쟁에 거액의 군사비를 허비한 부시 전 정권의 방만한 재정도 더해져 국가재정적자는 사상 최대 규모까지 팽창하였다.

2007년 11월 미국회계검사원에 해당되는 GAO(Government Accounting Office)는 사실상 국가 재정파탄을 선언했다. 그 내용은 너무나도 충격적으로 누적적자가 53조 달러를 돌파해 회복가능성은 거의 제로에 가깝다는 것이었으나, 이 경고는 부시 전 정권에 의해서 묵살되었고 미디어에서도 크게 다루지 않았다. 일본에서도 지금까지 여러 차례에 걸쳐 재정적자에 대한 경고가 학자나 연구기관에 의해서 나왔지만 국민전체의 의식을 환기시키기에는 부족했다.

'정부지폐'는 디플레이션 탈피를 위한 비장한 카드인가?

그러면 현 시점에서 어떤 좋은 아이디어는 없는 것인가? 2009년 자민당

내에서 급부상한 것이 '정부지폐'와 '무이자국채'라는 아이디어였다. 정부지폐는 일본은행권 이외에 정부가 독자적으로 발행하는 화폐를 말하며, 상속세를 면제하는 조건부의 국채가 무이자국채이다.

이 2개의 아이디어 중 정부지폐에 대한 평가는 그다지 좋지 않다. 이 구상이 나왔을 때는 이부키분메이(伊吹文明) 전 재무장관은 정부지폐는 대마초라고 비판하였고, 쓰시마유지(律島雄二) 자민당 세제조사회 회장도 엔텐(円天)사건[1]을 참조하여 정부가 엔텐을 하는 것과 같다고 비꼬아 말했다. 그렇지만 정부지폐의 구상은 구조적인 디플레이션 탈피의 비장한 카드로 이전부터 제창되어 왔다. 예를 들면 사카키바라(榊原英資) 와세다 교수는 「쥬오코론(中央公論)」 2002년 7월호에 일본이 구조적 디플레이션을 극복하기 위해서는 정부지폐 발행으로 과잉채무를 일소할 필요가 있다는 논문을 게재하였고, 노벨경제학자 스티글리츠도 일본 강연에서 정부지폐의 발행을 제언하고 "점진적으로 정부지폐를 발행한다면 하이퍼인플레이션을 발생시키지 않을 것이고, 국채는 채무를 상환할 의무가 있지만 정부지폐는 이러한 의무가 없다는 장점이 있다."고 강조했다.

또한 고이즈미 내각(小泉)에서 개혁을 추진한 다케나가헤이조(竹中平蔵)의 측근으로 당시 재무성에서 수완을 발휘한 다카하시요우이찌(高橋洋一)씨도 '정부지폐 발행의 재정금융상의 역할'이라는 문서를 작성하고 정부지폐발행을 제창하였다.

---

1) 일본에서 고액배당을 약속하고 엔텐(円天)이라는 유사통화로 회원의 환심을 사면서 무려 1,260억 엔에 이르는 거액의 자금을 끌어들인 사기사건. 2005년에 도입한 엔텐은 일종의 포인트카드로, 회원이 보증금 10만 엔 이상을 입금하면 회사가 같은 금액의 포인트가 담긴 엔텐을 지급해 상품을 거래하게 하는 구조

그는 현재까지 이러한 주장을 계속하고 있으며 정부지폐의 발행을 경기부양책의 일환으로 설정하고, 현재의 디플레이션과 엔고를 시정하기 위한 수단으로 25조 엔 규모의 정부지폐를 발행한다면 물가를 1~2% 상승시켜, 환율도 1달러에 120엔 정도의 엔화 약세가 진행될 것이라고 주장하고 있다.

통화의 평가절하가 결국 제2차 세계대전을 초래했다

그러나 정부지폐는 중앙은행이 발행하는 지폐 이외에 또 다른 하나의 지폐가 존재하는 것으로 대량발행하면 통화량이 급증해 수습 불가능한 인플레이션, 즉 하이퍼인플레이션을 초래할 위험성이 높다. 또한 엔고의 시정(是正)보다는 일본통화인 엔의 가치를 하락시킬 가능성이 높고, 이 것도 인플레이션을 초래할 수 있다.

원래 정부지폐는 정부가 정부의 신용을 배경으로 단순한 종이를 지폐로 바꾸는 행위이기 때문에 발행이익은 모두 정부에 귀속된다. 또한 정부가 발행한 국채라면 이자를 지불해야 하고 만기가 돌아오면 상환해야만 한다. 그러나 정부지폐는 상환할 필요가 없고 얼마를 발행하는가는 정부의 자유이다. 그래서 정부지폐의 발행을 억제하기 위해 통화법 제5조에서는 기념통화로써 10,000엔까지를 발행한도로 정하고 있다. 만약 통화법을 개정해서 발행 한도액을 없앤다면 정부지폐는 시중에 유통시킬 필요가 없다. 예를 들어 액면가격 10조 엔을 한 장으로 인쇄해 일본은행에 가지고 가서 일본은행권으로 인출할 수 있다. 그렇게 되면 일본은행권의 가치는 크게 하락할 것이다.

이러한 정부지폐의 발행은 현대자본주의 체제하에서 금지되어 있다. 그 이유는 타국의 입장에서 봤을 때, 이러한 정부지폐의 발행은 자국통화의 평가절하 행위이고 그런 일을 제멋대로 행한다면 현재의 글로벌 경제체제를 유지하기 어렵기 때문이다.

세계 대공황 후 각국이 경쟁적으로 자국통화를 평가절하했고, 그 결과 각국은 자국경제를 방어하기 위해 블록경제체제로 이행했다. 이것이 제2차 세계대전을 초래한 역사적 교훈이다.

그때의 상황을 알면서도 정부지폐의 발행을 주장하는 것은 순진하면서도 지식이 부족한 사람이고, 만약에 이러한 경제침체 상황에서 정부지폐를 발행한다면 세계에서 비난을 받게 될 것이다. 그러면 왜 유명한 경제학자 스티글리츠도 재정적자에 허덕이는 일본에 정부지폐의 발행을 제창한 것인가.

그것은 그의 말치레가 아니라면, 일본을 경제원칙이 적용되지 않는 후진국으로 보고 있는 것이라고 할 수 있다. 단, 다카하시요우이찌(高橋洋一) 등은 취지를 달리하는 정부통화 발행론을 제창하고 있다. 그 이론의 필두에는 오사카학원대학 명예교수인 니와하루키(丹羽春喜)가 있으며 이니와(丹羽) 이론에 대해서는 제4장에서 후지이(藤井)가 해설하고 있다.

부유층에게는 매력적인 '무이자국채'

그러면 또 하나의 아이디어인 '무이자국채'는 어떠한가? 실은 이 무이자국채는 본서의 주제인 영구국채와 가까운 아이디어이다.

우선 무이자국채는 상속세를 지불하는 사람들이 구입한다는 것을 염두에 둔 국채이다. 즉 국채를 구입하면 상속세를 지불할 의무가 면제되기 때문에 손자에게 재산을 남기고 싶어하는 사람에게는 상당히 매력적인 상품일 것이다. 자산을 무이자국채로 바꾸면 사망 후에 상속자산을 늘리는 것이 가능하기 때문이다.

예를 들어 10년 국채를 연이율 약 1.3%로 1,000만 엔 분을 구입하였다고 가정하면, 이자세금을 제외하고 만기에는 약 100만 엔 분의 이자수입이 발생한다. 이자를 받는 것보다 상속세를 줄이는 데 관심을 갖는 부유층에 있어서는 틀림없이 수요가 발생할 것이다.

단, 현재 일본의 개인 금융 자산은 1,500조 엔이라고 알려져있지만, 이 중에 부유층이 가지고 있는 자산이 어느 정도 무이자국채로 움직일 것인가는 확실치 않다. 현재 상속세의 대상이 되는 개인 금융 자산 중 사망자의 금융 자산의 비율은 약 4% 정도로 예상된다. 따라서 이자부담의 경감을 훨씬 상회하는 세수감소가 발생할 가능성이 있다.

또한 부유층을 대상으로 하기 때문에 소득격차의 고정화를 촉진할 수 있다는 비판이 있다. 때문에 무이자국채의 재원 이익을 실업 대책 등 사회보장분야에 충당해야 한다는 견해도 있지만, 상속세의 감세분은 결국 국민 전체의 부담이 되기 때문에 과연 국민적 의견 일치를 얻을 수 있을지는 불명확하다.

자민당 유지(有志)의원의 '긴급제안' 내용

2009년 3월 11일 자민당의 '정부지폐·무이자국채의 발행을 검토하는 의원 연맹'은 아소타로(麻生太郎) 수상에게 긴급제안을 했다.

이 제안을 받은 아소 수상은 긍정적인 모습을 보였지만 그는 일본이 '미증유(未曾有)의 위기'에 있다는 인식이 상당히 부족해보였다. 긴급제안은 일본 경제를 위기적 상황으로 설정하고 정부지폐 및 상속세 면제 조건의 무이자국채의 발행은 물론, 증여세의 면제, 중앙은행에 대한 국채의 공개시장 조작, 양적완화정책 도입 등을 요구하였다. 이 제안들의 거의 대부분은 헌법 및 재정법을 무시하고 있다. 애초부터 일본은행이 정부로부터 직접국채를 인수하는 것은 금지되어 있다. 그러나 이제는 미국조차도 재무성이 발행한 미국국채(재무성국채)를 FRB가 매입하고 있다.

이 의원연맹의 제언은 무이자국채에 대해서 상당히 적극적으로 주장하고 있다. 즉 가계의 금융자산을 향후 경기대책의 재원으로써 유효하게 활용하기 위해서는 마땅히 무이자국채를 발행해야 한다는 것이다.

그리고 그 상품성은 상속세 면제의 특전 이외에 상환기간을 10년 내지는 20년으로 하고, 그 중도환급에 대해서도 인정해야 한다고 주장하고 있다. 무이자국채발행은 고령자세대가 보유하고 있는 자산을 장래세대로 원활하게 계승시키기 위해서는 증여세의 감면도 필요하다는 것이다. 물론 정부지폐의 발행도 제언되었다. 그리고 이 발행은 "무이자·무기한의 국채를 중앙은행이 인수한 것과 같다."고 해석되고 있다.

스가요시히데(菅義偉)는 아소 수상과의 회담 후 "어려운 상황이지만 수상은 가능한 모든 것을 하고 싶다는 생각이 강하다. 그는 전체적으로 이 제언에 긍정적인 생각을 갖고 있다."라고 말했지만, 그 효과의 정도가 불투명한 아이디어이기 때문에 실현가능할 것인가에 대해서는 현 시점에서 전혀 예측 불가능하다.

약 433만 엔에 달하는 국민 1인당 채무액

현재 세계가 동시불황에 빠져있기 때문에 일본의 재정위기 문제는 크게 부각되지 않고 있다. 그렇지만 일본의 재정상황은 상당히 심각한 수준에 있다.

그러면 본서의 주제인 영구국채를 논하기 전에 일본 재정위기 상황을 간단히 정리해두자.

먼저, 국가의 채무인 보통잔고를 보면 2008년 말 당시 약 553조 엔이었다. 이 금액은 일본의 한 해의 세수 50조 엔의 10배에 해당하는 거액이라고 할 수 있다. 그런데 이번 세계동시불황을 타개하기 위해 2009년 4월 추가 경제대책을 발표했다. 그 주요 내용은 총사업비 56조 8000억 엔, 재정지출은 과거 대비 최대 금액인 15조 4,000억 엔이다. 이 조달재원의 대부분은 국채로 금액은 10조 엔을 초과하기 때문에 2009년도 국채발행은 43조 엔을 넘어 금년 말에는 국채발행 잔고가 590조 엔을 초과하게 될 것이다.[2]

이는 상당히 심각한 수준이지만, 여기서 우려되는 것은 불황으로 인해 세수가 감소하는 것이다. 2009년도 세수는 약 46조 엔으로 예상되고 있지만, 세수가 이 금액에 달하지 못하게 되면 국채발행액이 세수를 상회하게 된다. 이것은 일본 재정역사상 없었던 것으로 긴급사태로 보도한

---

2) 2013년 8월 기준 1,000조 엔을 돌파함

신문도 있었지만, 이것은 일본의 긴급사태라기보다 재정파탄이라고 해도 과언이 아닐 것이다. 좀 더 알기 쉽게 설명을 하면, 국가채무를 국민 1인당 채무로 환산하면(2008년도 채무 잔고에서) 약 433만 엔이 된다. 만약 당신이 독신이 아닌 가정을 가지고 있다면 표준세대(부부, 자녀 2명) 가정에서는 1,742만 엔이 된다. 이러한 채무는 간단하게 변제하기는 불가능하다. 만약, 일본 정부가 553조 엔의 채무액을 10년에 걸쳐 변제한다면, 매년 55조 엔 규모로 매년 그만큼 세수가 사라지게 된다. 만약 100년에 걸쳐 변제한다면 5조 5,300억 엔으로 이것도 굉장히 심각한 수준이다.

그러나 이것은 국채만의 이야기이다. 여기에 차입금, 정부단기증권, 정부보증채 등을 합하면 900조 엔 이상이 되고, 그 위에 지방이 안고 있는 채무(지방채무)를 더하면 일본 전체의 채무 합계는 1,000조 엔을 돌파한다. 또한 연금 등을 채무에 합산한다면 1,500조 엔을 넘을 것으로 예상되기 때문에 이것은 이미 재정위기를 넘어 파산이라고 해도 과언이 아닐 것이다.

일본의 대차대조표는 채무초과 상태

일본의 재정은 '채무초과' 상태이다. 일반적으로 기업의 대차대조표를 보면 그 기업이 채무초과인지 아닌지를 알 수 있다. 그러나 일본은 어느 시기에 이르기까지 대차대조표를 작성하지 않았다. 일본 전체의 대차대조표가 공개된 것은 2001년이다. 이때 재무성은 대장성(大蔵省) 설치 이후 100년 이상의 역사를 통해 처음으로 공개한 후, 이것을 5년간 공개했다. 그러나 최근 3년간은 공개되지 않고 있다.

다음은 5년간의 대차대조표이다.

2001년도(헤이세이 13년도) 198조 엔 ▲

2002년도(헤이세이 14년도) 213조 엔 ▲

2003년도(헤이세이 15년도) 253조 엔 ▲

2004년도(헤이세이 16년도) 276조 엔 ▲

2005년도(헤이세이 17년도) 289조 엔 ▲

2006년도(헤이세이 18년도) 261조 엔 ▲

이상에서 보면 알 수 있듯이 어느 해 할 것 없이 모두 큰 폭의 채무초과 상태이고 그 초과액은 매년 확대되고 있으며, 이 미증유의 금융위기와 대불황으로 수치는 더욱 악화될 것이다. 채무초과액은 아마도 현시점에서 300조 엔을 초과할 것으로 예상된다.

여기서 확실히 논하고 싶은 것은 국가채무는 국가가 아닌 국민의 채무라는 것이다. 채무가 주로 국채이기 때문에 국채를 구입하지 않는 국민은 관계가 없다고 생각할 수 있지만, 사실 국채는 국민이 지불하는 세금으로 상환되고 있는 이상 지불은 국민의 몫이다. 국채의 인수는 우체국을 비롯한 금융기관이지만, 금융기관에 국민들이 예금을 하고 있는 이상 국민이 간접적으로 국가에 돈을 빌려주고 있는 것이 된다. 즉 국민은 채권자인 동시에 연대보증인인 것이다.

애덤 스미스는 『국부론』에서 다음과 같이 설명하고 있다.

정부가 파산을 어쩔 수 없이 승낙할 경우, 국민이 파산신청을 하게 될 경우와 마찬가지로 공정하게 공공연히 파산을 선언하는 것이 채무자로서는 명예를 지키는 최선의 방법이며, 채권자는 손실을 최소한으로 억제하는 방법이다. 파산이라는 불명예스러운 현실을 감추기 위해서 극단적으로 이러한 유해한 종류의 정책에 의존해서는 정부의 명예를 지키는 것이 어렵다. 그렇지만 근대에도 거의 모든 국가는 필요에 따라서 몇 번이고 이러한 의미 없는 정책에 의존해왔다.

여기서 스미스가 말하는 무의미한 정책은 전쟁을 말하는 것이다. 그러나 글로벌화가 진행되고 있는 21세기에 있어서 국민국가끼리의 전쟁은 생각할 수 없다. 그렇다면 채무초과 국가는 채무 장부를 없애기 위한 어떠한 정책이 필요하다. 스미스는 이것에 대해서 다음과 같이 논하고 있다.

정부채무가 어느 정도까지 축적되었을 때 파산에 의해 해결하는 방법밖에 없다.

무이자국채도 정부지폐도 불황대책이라고 말하고 있지만, 사실은 파산처리 정책이라고도 말할 수 있다.

법적으로 근거가 없는 '차환채(借換債)'

그렇다면 일본의 재정적자는 왜 이렇게 팽창된 것인가? 왜 재정규율을 무시하며 이렇게까지 대량의 국채가 현재까지 계속해서 발행되어 왔는가?

그것은 헌법의 정신과 재정법을 정치가와 대장성(현재 일본 재무성의 전신)이 결탁해서 깨뜨렸기 때문이다. 그 결과 법률적으로 잊을 수 없는 '차환채'라는 것이 탄생했다.

당초 도쿄올림픽이 끝난 다음 해 '쇼와 40년(1965년) 불황' 대책으로 발행한 건설국채는 석유파동 후 1975년부터는 적자국채(재정적자를 보전하기 위한 국채)로서 대량 발행되었다. 단, 10년 후인 1985년도에는 상환되는 조건이었다. 그런데 여기서 차환채라는 것이 등장하였다. 상환해야 하는 국채의 1/6만을 상환하고 나머지는 신규국채를 발행해서 연장했던 것이다. 재정특례법에서는 "(국채)의 상환을 위한 채권은 발행하지 않는다."고 명시되어 있다. 그래서 국채의 상환은 일반회계에서 이월해서 적립하기로 되어있었다. 그러나 버블 경기로 인해 일반회계세수는 증가하고 있었음에도 불구하고 대장성과 정치가는 이 규칙을 무시해 버렸다. 즉 이때부터 일본의 재정규율은 없는 것과 다름없이 되었다. 버블 붕괴 후 '잃어버린 10년' 동안에 국채는 대량으로 발행되었다. 그리고 국채의 많은 부분이 공공사업에 낭비적으로 사용되었고 재정적자는 눈덩이처럼 불어났다.

'국채의 60년 상환 규칙'도 근거 없음

국채의 상환에는 '60년 규칙'이 있다. 이것은 60년 후에 원금과 이자 모두를 상환하면 된다는 것이다.

예를 들어 60년 규칙을 적용하면 상환기간 10년의 장기부채의 경우 10년이 지난 후에 금액의 1/6만을 현금으로 상환하고, 나머지 5/6은 적자보전을 위해 차환채를 발행해서 조달하게 된다. 이렇게 하면, 완전상환까지 거액의 이자지불이 필요하게 된다는 것은 말할 필요도 없다.

국채를 대량으로 발행하게 되면 그만큼 차환채도 거액이 된다. 그리고 차환채를 갚기 위해서 새로운 차환채를 발행하게 된다. 실로 채무지옥이다. 그런데 왜 '60년'인가라고 물으면 그 근거는 전혀 명백하지 않다. 원래 국채는 건설국채였기 때문에, 정부의 해석상으로는 사회자본의 내용연수를 60년으로 정했기 때문이라고밖에 말할 수 없다. 즉 도로, 건물의 내용연수를 60년으로 하고 국채는 여기에 맞춰서 상환한다는 해석이다.

그러나 일반적으로 사회자본의 내용연수는 평균 32년이다. 경제기획청의 자료에 의하면 도로 45년, 항만 50년, JR 22년, 하수도 34년, 도시공원 19년, 학교시설·학술시설 53년, 사회교육시설·문화시설 48년 등으로 되어있어 그 평균은 32년이다. 60년에 달하는 것은 하나도 없다.

그럼에도 불구하고 같은 정부 내에서 해석을 바꿔 일시적으로 국채상환 규칙을 만든 것이다. 상환 연한은 '쇼와 59년(1984년)도 재정운영에 필요한 재원을 확보하기 위한 특별조치 등에 관한 법률'에 근거하여 결정된 것이지만, 근거가 없는 한낱 해석에 지나지 않는다. 회계학에서는 내용연수가 32년이라면 20년 이내에 상환하는 것이 상식으로 되어있지만 그러한 것은 무시되었다.

그리고 일본의 지방채 대부분은 20년 상환이고, 외국에서는 20년에서 40년이 많다. 이러한 사례에서 보아도 일본의 60년 상환은 이상한 것이다.

'영구국채'는 영구히 상환되지 않는 국채

이와 같이 모든 점에서 모순되는 부분이 겹쳐져 일본의 재정적자는 누적되어왔다. 따라서 이대로 가면 재정이 파탄될 것이 예상된다.

그래서 과거는 과거라 하더라도 향후 일본을 위해 이 모순을 해결할 아이디어는 없는 것인가하는 관점에서 본서가 제안하는 것이 '영구국채'이다.

앞에서 설명한 것처럼 이것은 무이자국채와 유사하지만, 구상으로서는 더욱더 규모가 큰 것이다. '영구'라고 하는 것은 "영구히 상환되지 않는다."라는 것으로 그 대신에 "이자는 영구히 지불된다."는 것이다. 다만, 영구라고 해도 언어적 의미상의 영구를 뜻하는 것은 아니다. 인간사회와 국가의 역사에서의 영구라는 것으로 이 기간이 수백 년에 걸쳐있다고 생각하면 된다. 사실 이 영구국채에 관해서는 과거 몇 사람의 식자들이 제언하고 있다. 또한 역사적으로 실례가 존재하기 때문에 완전히 황당한 이야기는 아니다. 오히려 실현시키기 위한 방향으로 생각한다면 향후 일본의 바람직한 모습이 보인다는 관점에서 본서는 영구국채를 제언하고 있다.

역사적으로 중요한 2개의 '영구공채'

본문에 들어가기 전에 영구국채의 과거 사례에 대해 설명하자면 그 하나는 1749년 이후에 영국에서 발행된 '콘솔공채(Console Bond)'가 있다. 이것은 영구연금공채로 1980년대에 대처 정권이 상환할 때까지 거의 2세기 반이나 계속되었던 믿기 어려운 역사가 있다.

연금공채라는 명목을 내세고우고 있지만, 당시 영국은 전쟁의 나날을 보내고 있었으므로 사실상 그 전쟁 비용의 조달을 위한 수단이었다. 그때까지도 영국에서는 많은 국채가 발행되어 있었고, 이때 상환기한이 없는 3% 국채로 정리 통합되어, '콘솔'이라고 불려진 것이다. 콘솔이란 "(사람의 슬픔 등을)위로한다."라는 의미도 있기 때문에, 채권자에 대해서 정부는 "미안하다."라는 입장을 표현한 것이라고 할 수 있다.

또 하나는 일본의 에도(江戸) 시대 후기 사쓰마번(薩摩藩)에서 행해진 채무상환의 '250년 부(賦)'이다.

당시의 사쓰마는 500만 량(兩)이라는 부채를 안고 있었지만 사쓰마의 연공세입(年貢歳入)은 14만 량 전후(前後)였다. 오사카 상인자본의 금리는 약 10%, 바쿠후(幕府) 자금을 운영하는 다이묘(大名) 대출은 금리가 5%였기 때문에 사쓰마의 전 세입은 이자만으로 사라지는 상황에 있었다. 즉 이 채무는 거의 변제불가능이었던 것이다.

그러한 상황에서 즈쇼 히로사토(調所広郷)는 "무이자로 매년 2만 량씩 갚아 250년에 걸쳐서 상환한다."고 말했다. 이러한 사태에 이르면 채권자는 격노해야 하지만 이 계획은 순조롭게 진행되어, 그 결과 사쓰마번은 마쿠후 말기에 정치를 움직이는 일대 세력으로 부상할 수 있었다.

어쨌든 250년이라는 세월은 영국정부가 콘솔공채를 최종적으로 상환을 완료하는 것에 필요한 연수와 거의 일치한다. 즉 영구국채는 가능한 것으로 현재 일본이 이것을 추진한다면 일본의 장래는 밝아질 가능성을 내포하고 있다.

제 1 부

이제 일본은
끝난 것인가?

일 년에 30만 명 이상이 자살을 시도하는 나라

제1장은 본서의 주제인 영구국채의 구상을 위해 현재 일본이 얼마나 비참한 상태에 있는지에 관한 인식을 나타내고자 한다.

나는 1980년부터 17년간 월가(Wall街)에서 일했고 1997년에 일본으로 귀국했다. 귀국해서 놀란 것은 일본의 자살자의 수가 많다는 것이었다. 일본에서는 매년 3만 명 이상의 귀중한 생명이 자살로 목숨을 잃고 있고, 현재에도 그 수는 줄어들지 않고 있다. 오히려 이번 금융위기, 세계불황으로 인해 많은 사람들이 자살을 선택할 가능성이 높아졌다.

연간 자살자 수 3만 명이라는 수치는 교통사고와 암으로 사망한 수를 합한 것보다 많다. 그리고 자살 미수자는 자살자의 10배라는 설도 있어 매년 30만 명 이상의 사람이 자살을 시도했다고 할 수 있다. 그렇다면 현재의 일본은 자살을 선택할 수밖에 없을 정도로 미래의 희망을 상실한 국가라는 생각을 할 수 있다.

자살자 수 3만 명의 원인을 조사해보면, 그들 중에는 책임감이 강하고 착한 사람이 많다. 자신이 안고 있는 문제의 원인을 국가 및 사회와 다른 사람의 탓으로 돌리지 않고 자신의 탓으로 생각하여 자신에 대한 책임감과 실망감에서 자살을 생각하는 사람, 그리고 자신 이외의 다른 사람의 행복을 바라면서 자살하는 사람이 많다.

이에 대한 아주 가까운 예로 중소기업의 경영자가 가족과 사원을 구하기 위해 자신이 가입했던 생명보험금을 채무변제를 위해 사용했던 경우가 있다. 최근에는 자살한 사람이 너무 많아 보도되고 있지는 않지만, 대부분의 자살의 원인은 경제적인 어려움 때문이다.

그러나 한편으로는 자신의 일을 뒤로 미루고 국가와 사회 및 다른 사람이 나쁘다고 불만을 토로하며 살고 있는 사람이 증가하고 있는 슬픈 현실도 있다. 성실하고 책임감이 강하며, 마음이 착해서 타인을 위해 자신의 목숨을 끊는 일본인은 국가의 보물이므로 이러한 사람을 자살까지 몰고 가서는 안 된다. 그 원인을 추궁하여 성실한 사람이 건강하고 긍정적으로 살 수 있는 기회를 제공하여야 한다. 그것이 정치의 중요한 역할이라고 생각되지만, 안타깝게도 현재의 일본정치는 기능 정지 상태에 있다.

불황과 재정위기에 직면하고 있어서 사용할 수 있는 정책이 한정되어 있지만, 국민은 국가에 맡겨진 것이고 국부의 원천이라는 사실을 잊어서는 안 된다.

결혼할 수 없는 젊은이, 자동차를 살 수 없는 젊은이

일본에서는 결혼하지 않는 젊은이가 늘어나고 있다. 여러 가지 이유가 있지만 이것도 또한 경제적인 것이 가장 크다. 저출산 문제도 원인을 추궁해보면 역시 경제적 어려움 때문이다.

여성은 "결혼해도 맞벌이를 하지 않으면 지금의 생활수준을 그대로 유지할 수 없다. 지금도 힘든데 결혼해서 남편의 내조뿐만 아니라 아이가 태어나면 양육과 일을 병행해야 한다."라고 생각해 결혼하지 않는 여성이 증가하고 있다. 그리고 결혼을 하더라도 경제적인 이유로 아이를 갖는 것을 포기해버린다.

남성 역시 "편의점 같은 편의시설도 있어서 굳이 결혼하지 않아도 불편함이 없다. 게다가 결혼하면 경제적인 불안, 주택구입, 자식을 대학까지 보낼 수 있을 정도의 수입을 얻을 수 있을지도 불안하고 미래가 보이지 않는다."라고 말하며 역시 결혼하려 하지 않는다. 또한 최근 좀 더 젊은 세대를 보면 컴퓨터나 자동차를 사지 않고, 여행도 하지 않는다는 젊은이들이 있다. 세계 동시불황으로 자동차의 매상이 급감하고 있지만, 일본에서는 수년 전부터 20대 젊은이들을 위한 자동차 판매 대수는 감소하고 있다. 이런 상황에서 2008년 국내 신차 수요는 전년 대비 5%를 밑도는 508만 대로 1980년(502만 대) 정도의 수준이 되어버렸다. 이것은 자동차 시장의 정점이었던 1990년(777만 대)의 3분의 2 수준이다.

젊은이가 자동차를 구입하지 않는 것에 대한 분석으로는 "태어날 때부터 자동차가 있어 이미 일용상품화되었기 때문에 흥미가 없다.", "소비가 다양화되었고 휴대폰 등에 돈을 사용한다.", "자동차 업계가 젊은

이들이 매력을 느낄만한 자동차를 개발하지 않았다." 등의 여러 이유를 들고 있지만 진짜 이유는 다른 데 있다.

그것은 누구도 무서워서 말하지 않았던 '구매력의 저하'이다. 말하자면 젊은이들은 자동차에서 멀어진 것이 아니라 자동차를 살 수 없는 것이다. 여기서도 또한 경제적 이유가 첫 번째이고, 지금의 일본은 가난한 나라가 되어버렸다.

버블 붕괴 이후 일본 정치는 국민의 생활을 윤택하게 하는 정책을 아무것도 시행하지 않았다고 해도 과언이 아니다. 실제 최근 20년에 걸쳐 회사원을 포함한 노동자 임금은 계속 하락하고 있다.

소비할 수 없는 젊은이가 증가하고, 결혼도 할 수 없다. 또한 결혼해도 아이를 가질 수 없고, 성실하게 일해도 자살을 선택할 수밖에 없는 것이 일본의 슬픈 현실이다.

이러한 사회에서는 저출산 고령화가 가속화되고, 인구도 감소하여 경제성장의 잠재력이 점점 떨어질 것이다. 다만 선진국 중에 유일하게 인구가 증가하고 있는 곳은 미국으로 13초에 1명씩 증가하고 있다. 미국의 인구는 2009년 4월 말 현재 3억 600만 명을 넘어섰다.

디플레이션 스파이럴이라는 '축소균형' 함정

디플레이션에서 탈출했다고 생각했지만 2008년 9월 15일 리먼 쇼크로부터 시작된 세계 금융위기에 따른 세계적인 디플레이션 파도에 재차 삼켜져, 지금 일본 경제는 디플레이션 스파이럴에 돌입했다.

디플레이션의 압력은 개인도, 기업도 악순환의 함정이라고 알면서도 재차 축소균형으로 향하고 있다. 일본 경제문제의 본질은 거시적 측면이 아닌 미시적 측면에 있다. 즉, 개인이 얼마나 긍정적이고 적극적으로 행동하느냐에 달려있다. 장래에 희망이 없이는 사람은 노력하지 않는다.

10년 이상의 디플레이션이 계속되면 국가나 개인, 기업 모두 발상이나 행동이 축소 균형의 경향에 빠지고, 잠재의식은 약화되어 나쁘고 어두운 뉴스에 반응하기 쉽게 된다. 성실한 일본인은 미래의 전망이 어두워서 좌절하고 있다. 일본의 경기를 좋게 하기 위해서는 재정지출 확대도 중요하지만, 장래에 대한 국민의 불안 심리를 제거하는 것이 먼저일 것이다. 1990년대와 변함없이 '돈 뿌리는 정책'으로는 일시적으로 수요는 증가해도 세금투입이 멈추면 결과는 더욱 더 나쁘게 나타난다.

일본은 아직까지도 세계 제2의 경제대국이고 아무리 어렵다고 해도 잠재력은 있다. 국민에게는 1,500조 엔이라는 금융자산이 있기 때문에 이것을 잘 활용하면 다시 국민은 풍요로워질 수 있다. 소비가 침체되어 있는 것은 돈이 없어서가 아니라 장래가 너무 불안하기 때문에 소비를 억제하고 있는 것이다.

일본 정부는 어두운 잠재의식을 갖고 있는 국민에게 밝은 미래를 느낄 수 있는 구체적인 비전을 제시하고 정책을 실시해 국민의 불안을 일소해야 할 책임이 있다.

내가 아는 젊은이들 모두가 일본의 미래에 대해서 비관하고 있다. 장래가 밝다고 생각하는 젊은이를 만난 적이 없다. 인간은 현재보다도 미래에 산다. 앞으로 성장과 번영의 희망이 있는 일본 경제 재생의 청사진을 명확히 하고 실행하는 것만이 일본의 장래를 밝게 할 것이다. 그렇게 하면 가난해도 젊은이는 꿈을 갖게 되고, 그 결과 결혼과 출산율이 증가하게 되는 토대가 될 것이다. 우선은 일본이 피할 수 없는 저출산 초고령화 사회라는 어두운 재료를 가지고 장래세대의 밝은 미래로 어떻게 전환할지에 대한 발상이 필요하다고 생각한다.

세계적 규모의 신용버블 붕괴

무엇을 믿고 의지할 것인가. 앞이 보이지 않는 상태가 10년 이상 지속되고 있다.

1997년에 망할 리가 없던 야마이찌(山一) 증권과 호카이도 탁쇼쿠(拓植) 은행의 파탄, 2008년 세계의 거대 증권회사 리먼브라더스 증권이 도산, 올해 들어 세계를 석권하고 있었던 시티그룹이 국유화되고 더불어 영국의 대형은행인 RBS, 로이즈도 국유화되었다.

이번에는 일본뿐만 아니라 미국을 진원지로 하여 세계를 휩쓴 금융버블 붕괴로 전 세계가 큰 충격에 빠져있다. 얼마 전까지만 해도 선진적이라고 인기 있었던 시장기구 중심의 직접금융, 증권화, 디리버티브(금융파생상품) 등은 이제는 통용되지 않게 되었다. 레버리지 금융상품에 대표되는 '금융글로벌 스탠더드'는 높은 위험을 무시한 증권화와 과도한 부채의존에 따른 신용버블 붕괴에 의해 전부 사라져버렸다. 이것은 영·미를 중심으로 하는 시장 주도형 경제시스템의 붕괴이다. 디리버티브라는 금융파생상품의 잔고는 놀랍게도 세계 GDP의 384%, 세계 전체 유동성의 41%를 차지하고, 세계 현금의 20배까지 팽창했다. 헤지펀드나 증권회사는 레버리지를 이용해 자기자금의 80배에서 100배를 투자했다. 그 결과 세계의 유동성자금은 세계 GDP의 612%까지 팽창했다. 그러나 현금은 전체 유동성의 단지 2%에 지나지 않았고, 이것은 세계 GDP의 7%였다. 또한 전통적인 은행대부는 전체 유동성의 19%로 세계 GDP의 75%였다. 증권화된 채무는 전체 유동성의 38%, 세계 GDP의 146%로 은행대부의 약 2배였다. 그림 1은 이러한 상태를 나타내고 있다. 그림을 보면 역피라미드의 최하위에 위치하는 현금이 거대한 신용 버블을 떠받치지 못하고 붕괴했음을 알 수 있다.

이 세계금융위기의 수준은 메가톤급의 폭발 수준이다. 이후 처리를 위해 G20의 각 중앙은행은 "비전통적인 정책을 포함한 모든 수단을 사용하고, 필요로 하는 시간 동안 금융완화를 지속하여 세계 경제의 성장이 회복될 때까지 모든 필요한 행동을 취한다."고 공동성명을 발표했다.

그러나 2009년 4월의 런던 G20을 보아도 각국은 공동의 행동을 취하지 못하고 있으며, 미국 또한 지금과 같이 세계 경제를 이끌어갈 수 있는 방안을 제시하지 못하고 있다. 그러므로 아무리 낙관적으로 생각해도

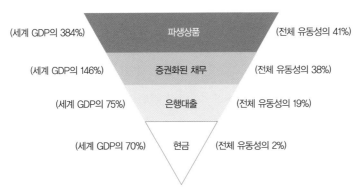

(세계 GDP의 384%)　파생상품　(전체 유동성의 41%)

(세계 GDP의 146%)　증권화된 채무　(전체 유동성의 38%)

(세계 GDP의 75%)　은행대출　(전체 유동성의 19%)

(세계 GDP의 70%)　현금　(전체 유동성의 2%)

자료 : INDEPENDENT STRATEGY사

그림 1　신용위기 시작 시의 세계의 유동성

세계 경제는 수년간 제자리걸음을 할 것이다.

또다시 '불리한 제비'를 뽑게 된 일본

유럽이 신용과 부동산버블로 큰 이익을 얻고 기쁨에 취해있었던 2003년부터 6년간, 일본은 1990년도 초기 주식과 부동산버블 붕괴의 후유증으로 학습효과가 작용해 큰 이익의 행렬에 참여하지 않았고, 유럽 측에서도 받아주지 않았다. 그래서 일본은 서브프라임론에서 시작된 일련의 신용버블 붕괴에 따른 피해는 유럽에 비해 가벼웠다.

그러나 경제의 선행지표인 일본의 주가는 유럽과 함께 하락하였고 하락률은 유럽보다 컸다. 이것은 일본의 주식시장에서 외국인 투자가가 빠져나간 이유도 크지만, 일본 경제가 외수의존에 치우친 것도 큰 원인이었다. 즉 일본은 자력으로 이 위기를 탈출할 수 없는 상황에 있다. 세계 경제가 회복하지 않는 한 일본 경제도 회복하기 어려울 것이다.

현재 미국이나 영국의 주요한 금융기관은 국유화되었고 어려운 상황에 처해있다. 바야흐로, 전 세계는 시장경제가 아닌 국가가 경제를 통제하는 통제경제가 되어버린 느낌이 든다. 미국보다도 오히려 중국이 시장경제가 아니가 하는 비꼬는 말도 당연한 것이다.

그러나 2003년부터 2008년의 6년간 런던의 시티은행과 뉴욕의 월가에서 실컷 벌고, 그 벌이의 일부를 이번 금융위기에서 잃게 된 사람도 많다. 지금 그들은 금융위기 속에서 눈에 띄지 않게 조용히 다음 벌이의 기회를 노리고 있다. 따라서 언제가 회복의 조짐이 있다면 그들의 자본이 움직일 것이다. 그런데 일본은 신용버블 붕괴 후 처리의 책임부담만이 평등하게 분배되어 있는 상태이다. 일본은 위기를 초래한 책임이 없는데도 부담을 요구하고 있다. 영·미 양국이 이번 버블 붕괴를 일으킨 장본인이다. 그들의 과거 통계와 확률에 기초한 금융공학의 독이 전 세계에 뿌려져 세계 동시불황을 일으킨 것이다.

버블 붕괴 전 영국은 GDP의 30% 이상을 부동산 및 헤지펀드를 포함한 금융서비스로 벌었고, 미국은 20% 이상을 벌었다. 덧붙여서 말하면 일본의 GDP에 차지하는 금융서비스의 비율은 10% 이하이다.

30년 전, 연방펀드율(Federal Fund Rate)은 20%를 넘었다

앞에서 설명한 것처럼 나는 1980년부터 17년간 월가에서 일했고, 1997년 귀국했다. 귀국하자마자 월가에서 실제 체험한 내용을 써서 출판한 『일본인은 월가의 늑대에게 배워라(1998)』가 약 3만 부 팔려 베스트셀러가 되었다.

그리고 벌써 10년이 지났다. 현재는 일본금융통신사의 편집국 국제부장으로서 매일 세계금융정세를 중심에서 쫓고 있다. 따라서 되돌아보면 33년간이나 국제금융시장과 관계해온 것이 된다. 국제금융시장이라는 것은 모든 것의 역사이기도 하다.

생각해보면 내가 대학 1학년 때인 1971년 8월 15일에 닉슨쇼크가 일어났고, 미국은 일방적으로 달러에 대한 금태환(兌換)을 정지시켰다. 왜 이러한 부조리한 일이 일어나는 것일까라는 소박한 의문에서 시작한 것이 내가 국제금융시장과 관계하는 계기가 되었다. 1975년 대학의 졸업과 동시에 머린미드랜드은행(현 HSBC USA)에 입사해, 1980년에 뉴욕본점으로 전근했다. 그때 당시의 연방펀드(FF)율은 지금까지도 선명하게 기억하고 있지만 놀랍게도 20%를 넘었고, 미국 10년 만기 재무성증권은 15% 이율이었다. 덧붙이면 현재(2009년 4월 시점)의 연방펀드율은 사실상 제로 금리이다. 그리고 미국채 10년물의 이율은 3% 이하로 거래되고 있다.

이것은 분명히 미국의 국력 저하를 말해주고 있다. 이 상태에서 재정확대로 인해 적자가 누적되면, 재정파탄의 우려에서 달러가 폭락하고 미국은 세계의 패권을 상실할 것이다.

미국국채버블 붕괴에 대비한 대책이 필요

지금부터는 향후 일본과 세계가 어떻게 될 것인가에 대해 내 나름의 전망을 제시한다.

앞으로 일어날 수 있는 시나리오를 생각하면, 맨 처음 떠오른 것이 인플레이션 정책에 의한 국채버블 붕괴이다. 예를 들면 미국채 10년물의 이율이 2%대에서 15%까지 상승하는 시나리오이다. 미국의 재정적자는 1980년 당시와 비교하면 현재 상당히 위험한 수준에 있다. 부시 전 정권의 방만한 재정이 쌓아올린 적자는 천문학적이다. 이 상황에서 오바마 정권은 확대재정정책으로 재정적자를 현재 진행형으로 쌓아올리고 있다. 실로 달러를 계속 인쇄하여 GM 등의 대기업에서 주택론 파산자까지 구제하고 있는 것이다.

이것이 계속되면 미국채의 가치는 상실된다. 그림 2는 FRB 총자산을

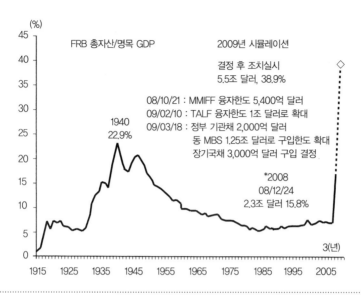

그림 2 이미 미국은 파탄하고 있다.
주 : 명목 GDP의 1915~1928년은 NBER 추계, 시뮬레이션은 미츠비시 UFJ 증권
자료 : FRB, NBER자료를 토대로 미츠비시 UFJ 증권 작성

명목 GDP 비율로 나타낸 것이며, 이 퍼센트가 크면 클수록 FRB의 자산

가치는 훼손되는 것이 된다.

지금까지의 역사에서 이 수치가 최대였을 때는 제2차 세계대전 당시

인 1940년이었지만, 2009년 현재의 시점에서 이미 그때 상황 이상으로

악화되고 있다. 언제가 가치를 상실하게 될 미국채를 세계에서 두 번째

로 많이 보유하고 있는 것이 일본이다. 덧붙이면 미국채를 가장 많이 보

유하고 있는 나라는 중국이다.

미국 재무성이 2009년 3월에 발표한 2008년 말 현재 각국의 미국채

보유 잔고는 중국이 7,274억 달러, 일본은 6,260억 달러이다. 일본이 땀

흘려서 저축했던 달러는 외화준비금으로서 거의 대부분이 미국채에 투

자되고 있다. 따라서 미국채의 버블이 붕괴하면 일본이 입을 피해는 가

늠하기 어렵다. 지금 일본의 긴급과제는 미국채버블의 희생자가 되지 않기 위해서 일어날 수 있는 최악의 시나리오에 대한 대책을 강구하는 것이다. 그렇지 않으면 일본의 금융자산이 크게 축소되어 상상을 초월하는 비극이 일어날 것이다.

달러를 찍을 대로 찍어서 뿌리는 헬리콥터 머니

2009년 3월 14일 영국 남부 호샵에서 개최된 G20에서는 신흥국을 가입시켜, 세계 20개국의 재무·중앙은행 총재가 참가하였고, 그 후의 런던 G20 수뇌회담을 위한 사전 정지작업이 이루어졌다. 이때 공동성명에서 주목할 만한 것은 앞에서 설명한 바와 같이 각국이 "모든 수단을 사용하고, 필요로 하는 시간 동안 금융완화를 지속하여 세계 경제의 성장이 회복될 때까지 모든 필요한 행동을 취한다."라는 부분이다. 과연 이러한 조치를 계속해도 좋은 것일까? 이것으로 세계 경제는 회복할 수 있을 것인가? 지금은 출구조차 보이지 않는다. 그러나 미국은 이것을 계속하는 방법 이외에는 없는 것 같다.

지금까지 미국은 정책금리를 0.25%까지 내리고, FRB에 의한 장기국채의 구입을 축으로 하는 대량자금공급을 실시해왔다. 재무성이 인쇄한 증권(미국채)을 FRB가 구입해 정부에 넘겨준다. 그리고 정부는 이 달러를 구제에 사용한다. 이미 FRB는 금융위기발생부터 6개월간 장기채를 3,000억 달러를 구입하고, 또한 추가적으로 주택담보증권과 정부기관채를 합쳐서 8,500달러를 구입했다. FRB는 외양 따위는 개의치 않고 달러를 인쇄하여 최후의 자금 수단을 준비하고 있다.

그 결과 2009년 신규국채발행액은 2조 달러라는 천문학적인 수치에 달할 것이다. "금융안정 없이는 경기회복도 없다."라고 버냉키 FRB 의장은 반복하여 말하고 있지만, 이것은 바로 헬리콥터로 달러를 뿌리고 있는 것과 같다.

미국채의 이율은 머지않아 상승한다

경제학에는 경기에 자극을 주기 위해 헬리콥터에서 돈을 뿌리듯 통화 공급을 늘리는 '헬리콥터 머니'라는 이론이 있다. 이번 금융위기가 일어났을 때 노벨경제학 폴 사무엘슨 교수는 이 헬리콥터 머니를 계속해서 제창했다. 그러나 이러한 정책에 대해서 반론하는 학자도 있다.

아소(麻生) 정권이 국민 1인당 1만 2천 엔씩 배분하는 급부금(給付金)도 헬리콥터 머니이다. 요컨대 돈을 뿌리는 선심정책이고, 이것은 국민이 원숭이처럼 멍청할수록 효과가 크게 나타나는 우민정책이라 할 수 있다.

FRB가 미국채의 매입을 발표한 2009년 3월 18일 미국채의 10년물 이율은 하루에 0.48% 낮은 2.53%로 급저하했다.

국가가 거액의 돈을 빌려서 금융기관에 자금 주입이나 대출의 형태로 자금을 공급한다. 이것은 납세자로부터 금융기관의 주주로의 극적인 부의 이전이다. 국가가 발행한 거액의 국채는 언젠가는 상환하지 않으면 안 된다. 이미 수익률이 급격히 저하한 것도 있고, 해외에서의 미국채 구입의욕이 저하해, 금으로 자금을 옮기는 움직임도 있다.

어쨌든 이 이상 미국정부에 의한 미국채의 대량발행은 어렵게 되어가고 있다. 미국채 시장은 세계 자금의 창고이고, 지금과 같이 세계 경제의 불황으로 자금에 대한 수요가 없을 때에는 안전하고 유동성이 높은 미국 채 시장으로 자금이 모이기 때문에 문제는 없다.

그러나 경기가 조금이라도 좋아지면 자금은 미국채 시장에서 한꺼번 에 이탈하는 경향이 있다. 이탈하는 자금을 막기 위해서는 미국채의 이 율을 상승시킬 수밖에 없다. 즉 미국채는 향후 폭락위기에 직면해있는 것이다. 덧붙이면 미국채의 해외보유율은 22%로, 그 금액은 2조 달러를 초과하고 있다. 그리고 70%는 5년 이내에 만기가 돌아와, 차환을 필요 로 한다.

미국은 금가격의 폭등으로 재정적자를 해소한다

그런데 내가 22년 전에 쓴 시나리오가 최근 현실화되었다. 그 시나리오 는 일본경제연구센터의 기관지(1987년 7월 1일)에 투고한 논문으로 제 목은 「세계 경제 전쟁과 금 가격의 향방」이라는 것이다.

이 논문에서 나는 "미국은 세계 경제의 파이를 크게 한다는 의미에서 세계최대의 소비국으로서 공헌해왔다. 그러나 달러의 신용상실 및 거대 재정적자를 생각하면 미국은 세계 경제의 파이를 크게 할 수도 없고, 하 려고 해서도 안 된다."고 기술했다.

그러면 당시의 논문을 인용해보자.

파이 획득경쟁이라는 것은 플로(flow)에서 보면, 무역불균형 시정을 기치로 한 보호무역이고, 자본의 관점에서 보면 금융자산의 획득경쟁이다. 이것을 '전쟁'이라고밖에 부를 수 없다. 종래의 전쟁과 다른 점은 무기 대신에 정보라는 보이지 않는 무기를 사용하는 것이다. 그 때문에 누가 적이고 아군인지를 구분할 수 없게 되었다.

이 보이지 않는 것을 굳이 직감적으로 살펴보면, '세계 경제 전쟁'의 시나리오가 보인다. 자연법칙에서 보면 사물이 안정되기 위해서는 중심이 필요하다. 중심이 없으면 균형을 잡지 못하고 상하좌우로 움직인다. 지금의 세계를 보면 정말로 중심이 없어져버렸다.

미국은 해외의 과잉 축적된 달러의 일소와 재정적자를 일거에 해결할 수 있는 카드를 지니고 있다. 그것은 금 가격을 1온스당 5,000달러 또는 그 이상으로 상승시키는 것이다. 미국도 소련도 군사대국이며 금 수출국 및 보유국이다. 양국 모두 경제 약체화 때문에 세계 경제에 미치는 영향력, 지도력이 저하하고 있다. 이 2대 강국이 일시적으로 손을 잡아야 할 이유는 매우 충분하다. 미국의 인근 국가인 캐나다, 멕시코, 브라질은 모두 금 산출국이다. 금 가격의 상승에 의해서 미국과 관련된 문제를 해결해야 하는 많은 국가 및 사람들을 행복하게 할 수 있다. 이런 의미에서 미국은 정의의 이름 아래 금 가격의 인상을 실행할 수 있다. 특히 1986년부터 미국, 일본, 영국, 홍콩, 호주 등이 금화를 발행한 것은 보다 많은 사람들에게 금을 살 수 있는 기회를 주었다.

현재(1987년) 1온스당 450달러 정도의 물건이 10배 이상 오를까라는 의문이 있을지도 모른다. 그러나 현재의 세계적 디플레이션 상황에서 세계적 주가상승, 채권수익률이 정점에 달하고 하락이 시작될 때, 세계의 양식 있는 사람들은 최후의 가치보유수단으로서 금을 사러올 것이다. 만약 지금부터 세계의 주식 채권 시장에 투자되어 있는 10% 또는 그 이상의 자금이 금 투자로 돌려진다면, 금은 단숨에 500달러 이상이 되어도 이상하지 않다.

세계의 투자가는 금을 사기위해 달러를 사고 그 달러로 금을 사기 때문에, 달러는 재차 강력한 통화가 되어 결과적으로 금이 세계에 과잉 누적된 달러를 흡수하는 스펀지 역할을 할 것이다. 재정적자도 비싸진 금의 변제로 줄일 수 있다.

계속 증가한 미국의 채무와 소비

안타깝지만, 이 시나리오는 그 후 20년간 일어나지 않았다. 미국은 재정적자에 허덕였고 달러의 폭락이 우려되었지만, 금 가격의 상승은 없었다.

그 후 20년간 실제 일어난 것은 내가 경고한, 크게 해서는 안 될 세계경제의 파이를 크게 한 것이다.

그 후도 미국은 변함없이 채무에 의한 소비의 확대로 경제를 계속 키웠다. 미국에서는 과거 25년간(1982년 1월부터 2008년 7월), 2개월을 제외한 모든 달에서 실질 개인 소비가 상승했다. 일본은 이 소비시장에 수출을 증가시켜 대미 흑자 규모를 늘려왔다.

미국은 1987년 이후에도 재정적자와 무역적자가 계속 증가했다. 1990년대 클린턴 정권시대에 일시적으로 재정적자는 해결한 것처럼 보였지만, 그 후 부시 정권은 적자를 부풀렸고 결국 버블 붕괴를 초래했다.

그 결과 미국 사람이 보유하는 주택 및 주식 채권 등의 금융자산액을 합한 부에서 부채를 공제한 가계의 순자산의 합계는 2007년 4사분기 말에 62조 6,898억 달러였고 2008년 4사분기 말에는 51조 4,769억 달러로 1년간 11.2조 달러 이상 감소했다. 이것은 미국의 GDP 1년분이 가계의 순자산으로부터 사라진 것이 된다.

이번 금융버블 붕괴에 따른 재정적자의 규모가 사상최대가 되어, 이것을 금가격의 상승만으로 흡수하는 것은 어렵다는 상황까지 와버렸다. 그렇다면, 금가격의 상승과 동시에 국가 시책으로 인플레이션을 일으켜, 금리를 상승시키는 방법으로 재정적자의 실질적인 부담을 줄이는 것이 최선의 정책일 것이다.

특별한 수법에 의한 재정파탄의 회피

이미 미국의 재정적자를 해결하는 방법은 특별한 수법에 의존할 수밖에 없다는 것이 대부분 견해이다. 달러를 국제결제통화로서 존속시키면서 재정적자를 삭감하게 되면, 미국은 '최후의 수단'으로써 '금본위체제의 부활과 달러의 이중가격제'를 취하는 방법밖에 없을 것이다.

실은 이 시나리오도 나는 1988년 「경제 세미나(1988년 8월 1일호)」에 다음과 같은 내용으로 기고했다.

1971년 닉슨쇼크 이후의 변동환율은 미국이 무엇을 해도 좋다는 매우 불안 정한 국제통화제도라고 해도 지나치지 않다. 미국이 이번 금본위제로 이행 할 때에, 국내에 있는 달러(온쇼어 달러)만 금태환성을 인정하는 방책을 취 했다. 해외에 있는 달러(오프쇼어 달러)에 대해서 미국은 국가통화권(세금의 징수 등)을 행사하고 있지 않기 때문에 오프쇼어 달러를 지킬 의무는 없다고 발표한다면, 옳고 그름을 떠나 미국 나름의 구실은 통하게 되는 것이다.

미국이 온쇼어 달러만으로 금태환성을 회복시킨다면, 금의 뒷받침이 없 는 오프쇼어 달러는 온쇼어 달러에 대한 가치가 대폭 하락하고, 미국의 오 프쇼어 달러에의 지불의무가 대폭 경감된다. 달러의 이중가격제가 탄생하 고 동시에 금본위제가 부활한다면, 미국채의 금리도 하락하기 때문에 재정 적자의 삭감에도 크게 도움이 될 것이다.

1971년 미국이 일방적으로 달러의 금태환을 정지한 것을 생각하면 미국 이 '온쇼어 달러만으로 금태환을 부활하는 금본위제'를 일방적으로 실시할 가능성은 충분하다. 과거의 금본위 체제를 보아도, 국제금본위협정이라는 것이 있어서 국제적 합의하에 금본위체제가 성립한 것이 아니다. 2개국 이 상이 금본위제를 채택한다면 그것으로 통하는 것이다.

이와 같은 일이 이번 금융위기에서는 정말로 현실화될 가능성이 크다. 왜냐하면 내가 20년 전에 제시한 시나리오보다 현재 상황이 매우 나쁘기 때문이다. 미국은 고집이 센 국가이다. 그들은 세계적인 규칙을 만들고 지속시키는 것을 제일로 생각하고 있다. 닉슨쇼크도 세계주도권을 양도하지 않는다는 표명이었다. 금의 보증이 없이도 달러를 인쇄하는 것만으로 적자를 대비할 수 있도록 강제로 시행한 것이 바로 닉슨쇼크인 것이다.

그러나 이러한 방법은 이제 사용할 수 없기 때문에 이번에는 다시 금본위제로 돌아가 금의 보증이 있는 달러와 보증 없는 달러의 이중가격제로 하면 된다는 것이다.

엔화의 약세에도 불구하고 무역수지는 적자

이상은 어디까지나 시나리오이기 때문에 그것이 발생할지 안 할지는 예측할 수 없다. 단지 여기까지 미국이 궁지에 몰린 것은 사실이다.

그러면 일본의 미래는 어떻게 될 것인가.

말할 것도 없이 일본은 수출중심 국가이고 이 구조가 변함이 없는 한, 수출이 경제부활의 열쇠를 쥐고 있다. 그러나 이 수출이 부활할 가능성은 있는 것일까?

지금까지의 일본을 되돌아보면 "엔화약세가 되면 수출경쟁력이 생겨 수출이 늘어난다."는 것이 일반적인 일본인의 생각이다. 그러나 실제는 달러 · 엔의 환율조정에 관계없이 미 · 일의 무역불균형은 거의 시정되지 않았다.

예를 들면 1985년과 1995년을 비교하면 1985년의 평균 1달러 238엔이 1995년에는 2.5배의 엔고가 되었음에도 불구하고 대미수출은 1985년의 1,756달러에서 1995년에는 4,429억 달러로 오히려 2.5배나 증가했다. 즉 환율의 동향과 전혀 관계가 없고 일본 경제는 대미수출을 늘리지 않는 한 성장하지 않는다.

그러나 이번에는 GDP 세계 최대의 미국을 진원지로 하는 금융위기이기 때문에 이미 미국인은 빚을 내서 소비하는 것이 어렵게 되었다. 미국은 세계로부터 상품을 수입해 소비해주는 국가가 더 이상 아닌 것이다.

주택 가격이 바닥을 쳤고, 고용률이 하락에서 증가로 바뀌지 않는 한 앞으로 미국에서는 소비가 늘지 않고 수입(輸入)도 증가하지 않는다. 말하자면 앞으로 아무리 환율이 엔화약세가 되더라도 미국 경제가 회복하지 않는 한 일본의 수출은 늘지 않는다. 엔화약세로 수출경쟁력이 생겨도 제품을 사는 사람이 없기 때문에 상품생산국이 아무리 상품을 생산하더라도 판매부진으로 재고만 쌓일 뿐이다.

현재의 엔고 동향은 머지않아 끝이 올 것이다.

나카가와(中川) 전 재무상 겸 금융담당 장관이 7개국 재무상·중앙은행총재회의(G7) 종료 후의 기자회견에서 추태를 부린 이래, 해외의 일본에 대한 기대는 실망으로 바뀌었다. 일본에 엔고는 이제 오지 않을지도 모른다. 이대로라면 이제부터 엔화약세가 시작되고 수출증가의 혜택을 얻지 못한 채, 수입가격 상승이라는 최악의 시나리오가 다가올지도 모른다.

이미 일본의 무역흑자는 급속히 축소되고 있고, 급속히 적자로 바뀌고 있다. 그러면 일본은 에너지와 식료품을 수입하는 데 곤란을 겪게 된다.

일본은 자원수입대국으로서 에너지 수입대금으로 최저 20조 엔, 식료품 수입에 6조 엔을 합하여 합계 26조 엔을 수출로 벌어들이지 않으면 안 된다. 만약 재차 원유 가격이 1배럴당 150달러가 되고, 엔화약세로 1달러에 150엔이 될 경우, 그리고 수출이 증가하지 않는다면 일본의 재정 적자의 확대는 지금의 속도보다 빨라질 것이다.

경상수지 적자가 일상화되어 스태그플레이션으로

실제 일본의 경상수지는 2009년 1월에 13년 만에 적자로 전락했다. 1월의 국제수지와 관련된 속보는 수출에서 수입을 차감한 무역수지가 8,400억 엔 정도의 적자가 발생한 것으로 해외로부터의 배당금수취 등의 소득수지도 경기후퇴로 흑자폭이 줄었기 때문에 전체 경상수지는 1,728억 엔의 적자가 되어 버린 것이다.

무역수지는 이미 2008년 8월에 적자로 전락하였다. 즉 수출로 벌어들인다는 일본의 비즈니스 모델은 붕괴해버렸다고 해도 좋다. 세계 속에서 일본이라고 하면 지금까지는 도요타나 소니의 이름이 떠오르고 '수출로 돈을 벌어들이는 나라'로서 인식되고 있었다. 그러나 그 때문에 바로 경상수지 적자로 전락해버린 것이다.

일본의 경상수지 흑자에서 적자로의 전락은 국내의 저축초과가 급속히 축소해서 자금의 여유가 없게 된 것을 의미한다. 일본은 미국과 달리 국채의 신규발행분을 해외에 의존할 수 있는 상황이 아니기 때문에 적자가 계속되면 국채의 금리가 상승하고, 국채버블 붕괴로 이어질 가능성이 커진다.

자금부족은 일본뿐만 아니라 세계로 확대되어 '자금쟁탈전'이 발생된다. IMF의 시산에 의하면 GDP에 대한 정부채무비율이 10 포인트 상승하면 실질금리가 0.39% 상승하고 GDP 성장률을 1.3 포인트 하락시킨다. 이미 GDP 두 배에 달하는 정부채무를 안고 있는 일본이 경상적자국으로 전락하면 그 폐해는 크다.

금후 일본은 경기후퇴와 수입인플레이션으로 스태그플레이션에 빠진다. 스태그플레이션이란 정체와 인플레이션의 합성어로 불황이 계속되는 속에서 물가가 점점 오르는 상태를 말한다. 스태그플레이션은 정말로 두렵다. 우선 국민생활이 파괴되고 국가재정도 파탄에 이르게 된다. 터키나 아르헨티나 등 과거에 국가파산을 경험한 나라는 모두 스태그플레이션의 상황으로부터 시작되었다.

지금이야말로 필요한 것은 '획기적인 수단'

이와 같이 사면초가의 상황에 빠진 일본에서 지금 행해지고 있는 것은 변함없이 재정확대정책에 의한 경기 자극책이다. 그리고 다음은 세계경제의 회복을 기다릴 뿐이다. 과연 이대로 좋은 것인가?

일본이 앞으로도 전후의 연장선상에서 종래의 정책을 계속한다면, 인구가 줄어드는 상황에서 금융자산이 축소되고 이러지도 저러지도 못하는 난처한 상황에 빠지게 될 것이다.

내가 가장 신뢰하고 있는 경제학자로 현재 미쓰비시증권 경기순환연구소 소장 시마나까유지(嶋中雄二)는 "콘트라체프와 태양흑점의 사이클로 분석하면 약 60년을 주기로 금리는 정점을 찍는다. 금리가 정점일 때는 1861년, 1921년, 그리고 1981년에 일어났다. 1981년부터는 디플레이션 사이클에 들었고, 금년 2009년이나 2010년부터는 인플레이션 사이클에 들어가 태양의 흑점수도 증가하고, 2041년까지 인플레와 금리상승이 계속된다."고 예상하고 있다.

이 장의 서두에서 기술한 것처럼 젊은이들은 희망을 잃고 개혁조차 할 수 없는 상황에 빠져버릴 것이다.

그래서 지금이야말로 '획기적인 수단'을 취해야만 한다. 그 선택의 하나가 '영구국채'이다.

다음 장에서는 사쓰마번(薩摩藩)의 재정개혁의 입안자인 즈쇼 소자에몬히로사토(調所笑左衛門広郷)의 자손인 즈쇼 이치로(調所一郎) 씨가 당시의 개혁에 대해서 상세하게 서술하겠지만, 이때 즈쇼가 취한 획기적인 수단이 영구국채였다. 이 비일상적인 수단으로 사쓰마번은 훌륭히 부활했다.

현재의 일본과 당시의 사쓰마번을 겹쳐보면 영국국채는 선택지로서 유효하다. 만약 이대로 일본이 계속 꾸물거린다면, 미국이 먼저 즈쇼 소자에몬(調所笑左衛門)도 감탄할 '빚 장부 지우기'를 실행할 가능성이 높다. 그것이 이 장에서 기술한 금본위제 복귀와 달러의 이중가격제이다. 이것을 실시한다면 일본의 대미자산은 크게 상실하게 될 것이다.

제 2 부

사쓰마번(薩摩藩)의 역사를 통해 배운다

제2부

사쓰마번(薩摩藩)의
역사를 통해 배운다

하이퍼인플레이션을 피하기 위해서도 유효

현재 일본의 국가부채가 국채잔고와 지방 채무를 합해서 1,000조 엔을 돌파하고 있는 것은 틀림없는 사실이다. 개인이든 기업이든 그리고 국가든 빚은 갚는 게 규칙이고 갚지 못하면 파산한다. 그래서 빚을 갚을 방책을 생각하지 않으면 안 된다.

방책 중 하나가 이 책의 주제인 '영구국채'이다.

나의 조상이 150년 이상 전에 이 영구국채와 거의 같은 것을 생각하고, 그것을 실시하고 있었던 것에 나는 뭔가 운명적인 것을 느끼고 있다.

영구국채라는 말을 듣게 된 것은 수년 전이다. 디플레이션 경제하에서 재정위기가 심각화되는 가운데 파탄회피의 선택지로서 영구국채가 부상했다. 당초 디플레이션의 회피책으로서는 인플레이션 타게팅 정책론이 우세였고 영구국채는 거의 무시되고 있었다. 그러나 이 세계금융위기로 무이자국채 등이 논의에 올려지고 지금 다시 주목을 받고 있다.

인플레이션이라는 개념이 아직 존재하지 않았던 18세기경 경제학의 시조인 애덤 스미스는 『국부론』(1776년)에서 "국가가 과도한 국채발행을 할 경우, 그 끝에는 화폐가치의 하락밖에 없다."고 기술하고 있다. 화폐가치의 하락, 즉 인플레이션이다.

지금 일본이 국채를 난발하고 채무를 쌓아올리고 있는 이상, 결국 화폐가치가 하락하여 인플레이션이 발생하는 것은 피할 수 없다. 최악의 경우는 통제가 안 되는 하이퍼인플레이션이 되기 때문에, 그것을 피하기 위해서도 영구국채라는 선택지는 꽤 유효하다고 나는 생각하고 있다. 영구국채라는 것은 간단하게 말하면 그것을 산 사람은 영구적으로 자자손손까지 이자만을 받고 원금 자체는 상환되지 않는다. 그리고 상환기한을 설정하지 않는 국채이다.

이러한 것은 있을 수 없다고 생각할지 모르지만 실은 애덤 스미스의 모국인 영국에 그 예가 있다.

이자는 영구적으로 지불되지만 상환은 되지 않는다

일반적으로 영국국채라고 하면 제일 먼저 떠오르는 것은 18세기에 영국 정부가 발행한 국채 '콘솔공채'이다.

명예혁명(1688) 이래 영국은 끊임없이 전쟁을 되풀이하고 있었기 때문에 전비 조달의 수단으로써 수많은 국채를 발행하여 왔다. 국채를 대량으로 발행하면 그 이자 지불로 정부재정은 힘들어진다.

당시의 영국에는 32년물이나 99년물 등의 이른바 '비상환국채'도 존재했다고 한다. 어째든 영국재정은 국채의 이자비용이 계속 늘어만 가서 그 비용을 염출하기 위한 세금부담도 가중되어 있었다. 그래서 1749년부터 국가재정위원장(수상) 헨리 펠럼(Henry Pelham)에 의해서 국채에 대한 대규모의 저리차환이 시행되었고, 여러 종류였던 국채가 상환기한이 없는 3% 국채로 정리통합되었다. 이것이 콘솔공채라고 불리는 영구국채이다.

콘솔공채에는 상환기한이 없다. 즉 이자는 영구적으로 지불되지만 상환되지는 않는다. 단, 1980년대 대처 정권이 상환을 완료했기 때문에 '영구'는 약 2세기 반으로 종료하게 되었다.

이 콘솔공채는 워털루 전쟁(1815)의 출정비용을 조달하기 위해 사용되었고, 나폴레옹의 야망을 쳐부수는 원동력도 되었다. 덧붙이면 웰링턴(Wellington)이 이끄는 영국군과 프랑스 나폴레옹군과의 전쟁의 기회로, 로스차일드 가는 콘솔공채를 중심으로 영국채권의 65%를 손에 넣었다고 한다. 이 로스차일드 가는 독일의 프랑크푸르트에서 환전상을 경영하고 있던 마이어 암셀 로스차일드(Mayer Amschel Rothschild)를 시조로 하는 로스차일드 가의 3남으로, 런던지점을 맡고 있었던 나탄 마이어 로스차일드 가이다. 그는 영국 정부 대리상으로서 반 나폴레옹제국에 대부를 하는 등 그 집안이 대대로 국제금융자본으로서 발전하는 단서를 열었고, 아들 대에 이르러서 귀족 축에 끼게 되었다.

로스차일드 가의 이야기를 여기서 언급한 것에는 이유가 있다. 단지 그렇게 높지도 않는 금리에 이점을 느끼고 로스차일드 가가 채권을 구입할 리가 없지 않은가라는 것이다. 정부어용상인으로서, 또한 귀족 축에 낌으로써 얻을 수 있는 인맥의 활용 등 여러 가지 이점을 염두에 두고 한 것은 말할 것도 없다.

무이자로 매년 2만 량씩 변제의 '250년 부(賦)'

나의 조상 사쓰마번가노(薩摩藩家老) 즈쇼 소자에몬히로사토(調所笑左衛門広郷)도 콘솔공채와 동일한 발상으로 빚을 뒤로 미루었다.

바쿠마츠(幕末) 사쓰마번의 여러 가지 개혁을 '텐포의 개혁(天保の改革)'이라고 부르지만 이것은 노중미즈노다다구니(老中水野忠邦)의 주도 아래 진행된 바쿠후의 개혁(天保の改革)과는 별개이다.

당시의 사쓰마번은 500만 량이라는 부채를 안고 있었지만 이 당시 번(藩)의 조공세입은 14만 량 전후였고, 오사카 상인자본의 금리는 약 10%, 바쿠후자금을 운영하는 우에노칸에이지(上野寛永寺)의 대출[이른바 다이묘(大名)에 대한 대출] 금리가 5%여서, 사쓰마의 전체세입은 이 자만으로 사라지는 상태였다.

여기서 소자에몬(笑左衛門)은 부채를 무이자로 매년 2만 량씩 원금 반제의 '250년 부'로 했다. 500만 량이라는 부채에 대해 매년 2만 량밖에 지불하지 않는다는 것이다. 조금씩 줄어드는 원금은 현대경제에 옮겨놓으면 인플레이션 상쇄분으로 볼 수 있다. 즉 표면적 사상(事象)으로서는 '영구공채'라고 말할 수 있을 것이다.

기이하게도 소자에몬이 내세운 250년이라는 세월은 영국정부가 콘솔공채를 최종적으로 상환하는 데 필요했던 연수와 거의 일치한다. 파탄을 초래한 재정을 건전화하기 위해 2세기 반이라는 시간을 전제로 해야 한다는 것일까?

텐포잔(天保山) 공원에 세워진 즈쇼 히로사토 동상

　여기서 하나 덧붙인다면 일부 거액의 상인 자본에 대해서는 일방적으로 무이자 250년 부만을 강요한 것이 아니라, 그들의 주도로 행해진 사쓰마번의 밀무역품을 우선적으로 팔아 치우게 하고 돈을 벌게 했다. (250년 부의 양해를 구할 때는 이러한 대체조치를 포함한 밀약이 존재하고 있었다고 생각된다. 왜냐하면 그러한 이면에는 편의에 대한 상가(商家)의 감사편지가 남아있기 때문이다. 어쨌든 이 250년 부에 따라 사쓰마번의 재정은 단숨에 건전화하고, 사쓰마번은 바쿠마츠의 유력세력이 되어 바쿠후정권을 쓰러뜨린 것이었다.

'부자'에게는 아주 매력적인 상품

사쓰마번의 개혁에 대해 상세히 서술하기 전에 영구국채의 이점을 정리

해두고 싶다. 영국의 콘솔공채의 경우나 사쓰마번의 250년 부의 경우에도 그것을 실시한 측, 즉 정부쪽에는 막대한 이득을 가져다주었다. 그렇다면 구입한 쪽의 이점은 도대체 무엇일까?

내 주변에도 버블 붕괴를 잘 극복하고 이른바 검은돈을 포함해서 막대한 현금을 가지고 있는 사람이 몇 명 존재한다. 그 사람들의 대부분은 페이오프 해금(解禁) 속에서 현금을 은행에게 맡길 수도 없고, 자신이 죽은 후 멍청한 아들이 순식간에 돈을 다 써버리고 단숨에 몰락해버리는 것이 아닌가하고 걱정하는 경우가 많다.

그래서 그런 사람들에게 영구국채 이야기를 하면 다음 두 조건을 채우면 얼마든지 산다고 말한다. 그중에는 10억이나 20억 엔 정도까지 산다고 말하는 사람도 있다.

그럼 그 두 조건이란 무엇일까?

1. 돈의 출처를 일절 묻지 않는다.
2. 대대로 영구적으로 상속세 증여세는 비과세이다.

영구적으로 이자 지불만이 보증되고 원금이 상환되지 않는 것이야말로, 멍청한 아들이나 자손이 낭비할 걱정이 없어서 좋다 한다. 즉 영구국채는 그 조건 여하에 따라서 부자에게는 큰 매력이 있는 상품이다. 예를 들어 10억 엔을 자녀에게 남기고 싶다고 생각하는 경우 영구국채를 10억 엔어치 사서 이것을 자녀에게 상속하거나 또는 증여한다. 영구국채의 상속증여를 받은 사람은 상속세도 증여세도 없이 대대로 영구적으로 이자를 받을 수 있다. 이것은 확실히 '부자우대'이다. 그렇지만 부자들의 돈을 나라가 저금리로 영구적으로 팔기 때문에 이 정도의 우대와 어느 정도의 이율을 보증하지 않으면 이 국채는 팔리지 않을 것이다.

현재 일본인의 개인 금융자산이 1,500조 엔이 있다고 하는데 이중 매년 약 30조 엔이 상속되고 상속세의 수입은 약 3조 엔이라고 한다. 그런데 이 3조 엔을 상회하는 수입을 영구국채는 정부에게 가져다줄 것인가?

여기서 문제가 되는 것은 앞에서 말한 조건의 하나 "출처는 일절 묻지 않는다."이다. 즉 표면의(공식적인) 돈이 아니더라도 영구국채를 사주면 좋은 것이기 때문에, 여기서는 지하금융의 돈이 어느 정도 있는지가 중요하다. 매년 30조 엔이 상속되는 것이 공식적인 돈이라면 그 금액의 약 5~10배에 가까운 비자금이 상속되고 있을 것이라고 한다. 따라서 영구국채는 이 비자금을 음지에서 양지로 나오도록 하고 게다가 국가재정을 위해 공헌하게 만드는 것이 된다.

현재 융통하고 있는 통화총액과 여러 공적기관 등이 파악하고 있는 시중의 준비금이나 저축, 기타의 자산총액과의 괴리로부터 지하금융은 일설에 의하면 적어도 150조 엔은 밑돌지 않는다고 한다. 이 지하금융의 유효활용수단으로써도 영구국채는 일고할 가치가 있지 않은가.

바쿠마츠(幕末) 사쓰마번의 위기적인 재정상황

그러면 지금부터 나의 조상이 관여한 사쓰마번의 재정개혁에 대해서 서술하고자 한다.

아쉽지만 현재 사쓰마번의 관한 자료는 거의 남아있지 않다. 재정뿐만 아니라 조직 인원 배치 등 번의 공적기록은 전무에 가깝다.

이것은 메이지유신(明治維新) 때 에도번(江戶藩) 저택이 구바쿠후(旧幕府) 쪽의 번(藩)에게 화공을 당하거나, 유신 후 번으로부터 정치를 계승한 오오야마츠나요시(大山綱良) 현령(県令)이 구폐타파를 외치고 현청(県令)이 계승한 번의 문서를 태워버렸기 때문이다. 또한 서남전쟁(1877) 시 많은 귀중한 문서가 소실되었다. 따라서 번의 재정상황 등은 단편적인 것밖에 알 수 없다.

국보로 지정되어 있는 '시마즈 가 문서(島律家文書)'가 있지만 이것은 번주(藩主) 시마즈 가의 역사 문화를 전하는 내용이 중심으로 번의 재정상황 등을 기록한 것은 거의 포함되어 있지 않다.

사쓰마번의 빚

어쨌든 사쓰마번은 에도시대 초기부터 만성적인 재정적자가 계속되고 있었다. 그 액수는 시간이 지날수록 증가하여 19세기에 들어서자 약 500만 량(両)에 달하였다.

그 재정 상황에 대해서는 주로 명저 『바쿠마츠의 사쓰마(幕末の薩摩)』(쥬코 신서)를 저술한 고(故) 하라구치토라오(原口虎雄) 선생의 자료를 토대로 소개한다. 먼저 소개할 것은 사쓰마번의 빚인데 다음 그림 3은 가고시마대학교 교수인 하라구이즈미(原口泉)로부터 받은 것이다.

일반적으로 말하기를 '사쓰마 77만 석(薩摩77万石)'이라고 하기 때문에 500만 량이라고 하면 번의 연간 수입를 훨씬 넘은 막대한 금액이다. 당시의 사쓰마번의 연간 수입이 어느 정도였는지는 번의 수지를 기록한 문서가 남아있지 않기 때문에 확실하지는 않다. 다만 분카이(文化) 12년(1815)에 시마즈 시게히데(島律重豪)가 검약을 명령한 문서 속에 '일 년분

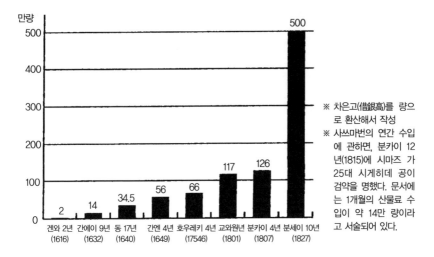

만량

| 500 |
| 400 |
| 300 |
| 200 |
| 100 |
| 0 |

2	14	34.5	56	66	117	126	500
겐와 2년	간에이 9년	동 17년	간엔 4년	호우레키 4년	교와원년	분카이 4년	분세이 10년
(1616)	(1632)	(1640)	(1649)	(17546)	(1801)	(1807)	(1827)

※ 차은고(借銀高)를 량으로 환산해서 작성
※ 사쓰마번의 연간 수입에 관하면, 분카이 12년(1815)에 시마즈 가 25대 시게히데 공이 검약을 명했다. 문서에는 1개월의 산물료 수입이 약 14만 량이라고 서술되어 있다.

그림 3 사쓰마번의 빚

의 산물요 수입(産物料收入)이 약 14만 량' 이라고 쓰여있어서, 500만 량의 부채를 안고 있던 때의 번의 연간 수입이 약 14만 량이었던 것으로 예상된다.

참고로 일본은행의 HP에 따라 1량을 현재가치에 환금하면 다음과 같다.

일단 시험적인 계산으로써 에도시대 중기의 1량[타원형의 금화(元文小判)]을 쌀값, 임금(목수의 일당), 메밀국수 값을 기초로 당시와 현재의 가격을 비교해보면 쌀값으로는 1량 = 약 4만 엔, 임금은 1량 = 30~40만 엔, 메밀국수 값으로는 1량 = 12~13만 엔이 된다. 또한 쌀값으로 계산한 금 1량의 가치는 에도시대의 각 시기에 따라 차이가 있고 대략 초기에는 10만 엔, 중~후기에는 3~5만 엔, 말기쯤에는 3~4천 엔이 된다.

그러면 왜 이렇게까지 사쓰마번은 막대한 빚을 안게 된 것일까?

번의 재정기록이 거의 없는 상태라서 부채의 정확한 숫자와 그것이 증가한 원인을 자세히 알 수 없다. 다만 일반적으로 거론되어 온 것은 번의 재정기반이 원래 취약한 상태에서 키소가와(木曾川) 치수공사나 장군가(將軍家)·다이묘 가(大名家)와의 혈연 강화, 시마즈시게히데(島律重豪)의 개화정책 등으로 지출이 증가했기 때문에 위기 상황에 빠졌다는 것이다.

그러면 이하에서는 사쓰마번 그 자체를 소개하면서 재정 상황을 살펴보려고 한다. (2008년 12월 19일 나와 쇼고집성관(尚古集成館) 마쓰오 치토세(松尾千歳) 부관장과 즈쇼 히로사토(調所広郷) 사후 160년 기념강연을 하였을 때의 자료를 기초로 구성)

특이한 지정(地政)

에도시대의 사쓰마번의 지배 영역은 사쓰마국(薩摩國)·오오쿠마(大隈國)·휴가국[日向國：모로카타군(諸県郡)과 류쿠국(琉球國)]이었다. 이것은 현재의 가고시마 현과 오키나와 현의 전역, 미야자키 현 남서부(미야고노죠시·고바야시시·에비노시 등)를 포함한 광대한 영지(領地)였다. 게다가 그 범위는 남북 1,200Km에 이르러 사쓰마번은 다른 번과는 전혀 규모가 달랐다.

또한 류쿠국[아마미(奄美)를 제외]은 중국 황제가 임명하는 류쿠국왕이 통치하는 이국으로 그곳을 사쓰마번이 통치하는 특이한 지배체제였다[1].

---

1) 사쓰마번은 게이조(慶長) 14년(1609)에 류쿠국을 지배하에 두었다. 게다가 시마즈 가의 거성(居城)인 가고시마로부터 사쓰마번영남단(薩摩藩領南端) 류쿠야에야마(琉球八重山)는 에도보다 먼 곳에 있었다.

사쯔마번의 영역
(마쓰오 치토쿠라 씨 제공)

- 사쓰마 · 오오쿠마 · 휴가(薩摩 · 大隈 · 日向) …사쓰마번 통치 중세 이래의 외성(外城)제도
- 류쿠국[오키나와본토 · 야에야마(八重山 등)] … 류쿠왕부 통치, 사쓰마번은 간접 통치
- 류쿠국[아마미군도(奄美群島)] … 사쓰마번 통치, 대관(代官)을 파견

사쓰마번의 고쿠다카(石高)[2]

사쓰마번의 역대번주(歷代藩主)가 장군으로부터 수여받는 반물(判物 : 영지지배를 인정한 문서)에는 사쓰마, 오오쿠마 양국 및 휴가국 모로카타군

---

2) 고쿠다카(石高)는 근세 일본에서 고쿠[石 (こく) : 석]라는 단위를 이용하여 토지의 생산성을 나타낸 수치를 말한다. 이에 의거하여 토지에 대한 과세가 이루어졌고, 여기에서 파생되어 다이묘와 하타모토의 영지 면적을 나타내는 말이 되었다.

의 60만 5,000석과 류쿠국 12만 3,700만 석을 합해 72만 8,700만 석의 (일반적으로 77만 석으로 말했다.) 지배를 인정한다고 기록되어 있다.

사쓰마번주(薩摩藩主)의 시마즈 씨(島律氏)의 고쿠다카 72만 8,700석은 카가번(加賀藩) 마에다 씨(前田家氏)의 100만 석에 이어서 천하 제2의 고쿠다카이다. 그러나 사쓰마번의 고쿠다카는 모미다카(籾高 : 에도시대 모미(籾)로 나타내는 생산고)로, 이것은 겉겨를 포함해서 누계한 것이었다. 이것을 다른 번처럼 정미하면 약 반 정도로 줄어든다.

사쓰마번이 왜 이러한 변칙적인 모미다카로 산출하였을까? 그 이유는 확실치 않다. 쇼고집성관(尙古集成館)인 마쓰오치토세(松尾千歳) 부관장에 의하면 사쓰마번주 시마즈 씨는 쇄국령이 내려지기 이전, 적극적인 해외교역을 통해서 막대한 이익을 올리고 있었다. 그 밖의 다이묘는 영지의 농작물 생산고로 그 다이묘의 경제력을 나타냈으나, 무역으로 윤택했던 시마즈 씨는 농산물의 생산고만으로는 경제력을 나타 낼 수 없었다. 그래서 무역의 이익을 고려하여 이러한 변칙적 모미다카로 한 것이 아닌가라고 추측된다.

막대한 가신(집안에서 일보는 신하)단

카마쿠라(鎌倉)시대부터 계속해서 남큐슈(南九州)를 지배해 온 시마즈 씨는 중세적 지배체제를 유지하고 막대한 가신단(家臣団)을 부하로 쓰고 있었다. 다음은 메이지 초기의 전 인구에 대한 무사족의 비율과 가고시마 현의 비율을 비교한 것이다.

전국 : 33,148,286명, 내무사족(內土卒族) : 1,895,278명(5.72%)

메이지 6년 (1873)

가고시마 현 : 772,354명, 내무사족(內土卒族) : 203,711명(26.38%)

메이지 4년(1871)

전국 평균으로는 인구의 5% 정도가 사족(土族)이었는데 반해, 사쓰마번에서는 그 5배인 26% 정도가 사족계급에 속했다. 즉 사쓰마번에서는 압도적으로 무사의 수가 많았다.

이처럼 막대한 무사단을 거느리고 있어서 사쓰마번 통치형태는 다른 번과 달랐다. 시마즈 가 무사를 거성(居城)이 있는 가고시마 성하(城下)에 모두 수용하는 것은 불가능했기 때문에 영내(류쿠국을 제외)를 110여 의 행정구획(처음에는 '외성(外城)', 나중에는 '향(鄕)'이라고 부름)으로 나누고 거기에 번 무사들을 배치했다. 지금도 사쓰마령(薩摩領)이었던 곳에 무사가옥군(武士屋敷群)이 그 흔적으로 남아있다.

앞에서 서술한 것처럼 사쓰마번에는 고쿠다카는 72만여 석이 있었지만 이 가운데 12만 석은 류쿠의 고쿠다카였다. 이 12만 석을 빼고 남은 60만 석 중, 가신들에게 나누어준 급지고(給地高)[3]가 약 60%를 차지하고 있었다. 즉 번 재정은 그 나머지 40%로 조달했다.

현재 회사로 예를 들면 모회사에서 매출을 배로 분식(粉飾)하고 그것에 상응한 부담을 요구하고 있다. 그리고 그 반면에 일반적인 회사의 5배에 해당하는 종업원을 고용하여 급여지불에 허덕이고, 지출할 수 있

---

3) 급지(給地)는 에도시대 다이묘영주가 가신에게 내준 토지 또는 지배권. 다카(高)는 수량, 분량, 금액을 나타냄

는 회사 경비는 거의 없는 상태였다.

에비하라 기요히로(海老原淸熙)의 증언에서

즈쇼 히로사토의 심복으로서 재정개혁에 종사한 에비하라 키요히로(海老原淸熙)는 도요토미 히데요시(豊臣秀吉)의 규슈공격·조선출병·세키가하라(関ヶ原) 전투 등의 전비, 3대 장군 토쿠가와 이에미츠(德川家光)의 사쿠라다번(桜田藩)저택 행차, 다케히메(竹姫)결혼, 키소가와(木曾川) 치수공사의 공사지원 등의 경비, 게다가 시게히데(重豪)의 시대에 시작한 장군가나 여러 다이묘 가와의 결혼, 11대 장군 이에나리(家斉)시대에 전국적으로 사치풍조가 널리 퍼진 것, 거듭되는 화재[에도번(江戸藩) 저택의 소실, 가고시마의 큰 불], 천재[풍수해나 사쿠라지마(桜島) 대폭발] 등으로 재정이 파탄했다고 기술하고 있다. 그러면 이 에비하라(海老原)의 증언을 하나하나 검증해보자.

사쿠라다번 저택 행차

간에이(寛永) 7년(1630) 4월 에도의 사쿠라다번 저택에 장군가가 연이어 방문했다. 먼저 18일에 3대 장군 토쿠가와 이에미츠가, 21일에는 전 장군 토쿠가와 히데타다(德川 秀忠)가 방문했다. 이 사쿠라다번 저택 행차로 사쓰마번은 막대한 경비를 썼다. 세키가하라(関ヶ原) 전쟁 이후, 토쿠가와 장군가와의 관계수복에 힘을 써온 사쓰마번은 토쿠가와·시마즈 양가의 관계강화를 꾀하기 위해 아낌없이 돈을 써서 이에미츠(家光) 등을 접대했다. 예를 들면 최고로 사치스러운 큰 방, 서원, 행차문을 신축했는데 그 비용만으로도 9,170량에 이르렀다. 거기다가 정원에 심는 나무를 가고시마에서 주문해 가지고와서 무로마치(室町) 시대의 무가고실(武家故實)에 준하는 마루 장식을 하거나, 또는 고액의 진상품을 준비하여 호화스러운 음식을 대접하는 등 막대한 비용을 아낌없이 투입했다.

다케히메(竹姬) 결혼

쿄호(亨保) 14년(1729) 5대 장군 츠나요시(綱吉)의 양녀 다케히메가 22대 번주 시마즈 츠기도요(島律継豊)의 슬하로 시집갔다. 이것은 토쿠가와 가(德川家)와 시마즈 가(島律家) 사이의 첫 번째 결혼이었다. 다케히메는 2번의 약혼 모두 약혼자가 죽어 혼기를 놓치고 있었다. 그래서 이 혼담을 진행한 8대 장군 요시무네(吉宗)는 이 혼담에 많은 힘을 썼다. 넓은 영지를 가진 무사들에게 혼례 가구의 헌상을 명하고, 다케히메가 사는 저택의 용지로서 시바번(芝藩) 저택에 인접한 무가부지(武家屋敷)·상가부지(町屋敷)·신사, 절 앞에 이루어진 시가(門前町) 6,890평을 몰수해서 사쓰마번에 하사했다. 사쓰마번도 이러한 후대에 응해 훌륭한 저택을 신축하고 호화스러운 가구 등을 준비하여 다케히메를 맞이하였다. 또한 다케히메는 200명이 넘는 식모를 데리고 시집왔다. 다케히메의 생활비나 식모들 월급 등 저택의 경비는 연간 6,000량에 달했다고 한다.

키소가와(木曾川) 치수공사

호우레키(宝暦) 3년(1753) 12월 에도바쿠후는 사쓰마번 즉 시마즈 시게도시에게 키소산센[木曾三川은 키소가와(木曾川)·나가라가와(長良川)·이비가와(揖斐川)를 칭함]의 치수공사를 도우도록 명령했다. 단 도움이라는 것은 이름뿐이고 실제로는 도움의 명목으로 공사를 강제로 시킨 것이었다. 이러한 공사를 '오테쓰다이 후신(御手伝普請)[4]'이라고 한다. 이 키소가와 치수공사는 오테쓰다이 후신의 공사 속에서도 최대규모 급이었다.

사쓰마번은 가로(家老[5])) 하라타 유키에(平田靭負)를 총봉행(奉行)에 임명하고, 1,000여 명의 번사(藩士 : 번의 무사)와 함께 미노[美濃 : 지금의 기후(岐阜)]에 보냈다. 그리고 호우레키 4년 2월에 공사를 착수하여 호우레키 5년 5월에 이것을 완료시켰다.

현장 수는 100곳 이상으로 공사구간의 총연장은 약 70km에 달하였고, 사쓰마번은 40만 량이라고 하는 공사비를 투입하였으며(22만 량은 새로 빚을 내서 조달), 총 봉공 히라타 유키에를 포함한 80명의 번사가 목숨을 잃었다. 참고로 이 공사가 인연이 되어 지금도 가고시마 현과 기후 현은 자매 현이 되어있다. 그리고 이 히라타 가(平田家)에는 쇼자에몬의 손녀딸이 시집을 가서 그 집과는 먼 친척이 된다.

시마즈 가(島律家)의 혼인정책

시마즈 가의 역대당주(当主)는 구게 가(公家[6]) · 다이묘 가에서 부인을 맞이하는 것이 관례가 되어 있었다. 다만 자녀들의 결혼 상대는 에도시대 전반과 후반에서는 전혀 달랐다. 에도 전기 번주의 자녀들은 거의 가신의 양자가 되거나 시집갔다. 19대 시마즈 미츠히사(島律光久)를 예로

---

4) 오테쓰다이 후신(御手伝普請)이란 도요토미(豊臣)정권이나 에도바쿠후가 여러 다이묘에게 명령하여 수행한 대규모의 토목 · 건축공사를 말함
5) 에도시대에 다이묘의 으뜸 가신으로 정무를 총괄하던 직책 또는 그 사람
6) 조정(朝廷)에서 봉직하는 귀족과 관리의 총칭

들면, 미츠히사는 역대당주로 최다 38명이나 되는 자식을 두었는데 이 가운데 장남인 츠나히사(綱久)가 이요마츠야마번(伊予松山藩)의 마츠야마 요리사다(松山頼定)의 딸을 부인으로 맞이하였고, 장녀 오만(お滿)이 사도번주(佐土原藩主) 시마즈 히사오(島律久雄)에게 시집을 갔고 열 번째 딸인 오쯔루(お鶴)가 오바다번(小幡藩)의 오다 노부모리(織田信盛)의 슬하로 시집간 것 이외에 다른 자녀들은 모두 가신단(家臣団)과 혈연관계를 맺었다.

이러한 전통을 25대 시마즈 시게히데(島律重豪)가 바꿔버렸다. 시게히데의 자식은 27명(양녀 4명 포함)이었는데, 이 가운데 13명은 일찍이 세상을 떠났지만 남은 14명 중 적자(嫡子)로 나중에 사쓰마번주가 되는 나리노부(斉宣)가 먼저 쿠보다번주(久保田藩主) 사타게 요시아츠(佐竹義敦)의 딸을 맞이하였다. 이 사타케로부터 맞이한 딸이 죽었기 때문에, 후처로 니온마츠번주(二本松藩主) 단바 나가타카(丹羽長貴)의 딸을 맞이하였다. 여기까지는 좋다고 치더라도 옛날이었다면 가신단과 혈연관계를 맺었을만한 다른 대부분의 자식들이 장군 가, 다이묘 가에 출가했다.

시게히메(茂姫)가 11대 장군 토쿠가와 이에나리(德川家斉)의 부인으로, 마사타카(昌高)가 나카츠번주(中律藩主) 오쿠다이라 마사오(奧平昌男)의 양자로, 나리우스(斉薄)가 후쿠오카번주(福岡藩主) 쿠로다 나리키요(黑田斉淸)의 양자로, 신준(信順)이 하치노헤번주(八戸藩主) 난부 노부마사(南部信真)의 양자로, 아키히메(明姫)가 사도하라번주(佐土原藩主) 시마즈 다다모치(島律忠持夫人) 부인으로, 가카히메(孝姫)가 쿠와나번주(桑名藩主) 마츠다이라 사다카츠(松平定和夫人) 부인이 된 것처럼, 13명까지 장군 가·대명 가와 혼인관계를 맺었다. 결국 가신과 혼인

관계를 맺은 것은 다다아츠(忠厚)뿐이었다.

그 후 26대 나리노부(斉宣), 27대 나리오키(斉興) 등의 자식들도 같은
경향을 따랐고, 시마즈 가가 맺은 혼인관계는 시게히데를 기로로 가신
단을 중심으로 한 혼인에서 구게 가·다이묘를 중심으로 변질했다.

시마즈(島律家)와 토쿠가와 가(德川家), 다이묘 가(大名家), 구게 가(公家)와의 혼인의 예

    25대 시마즈 시게히데(島律重豪)

      딸 시게히메(茂姫)

          → 히도츠바시(一橋) 도쿠가와 토요치요(德川豊千代)

      딸 오야히메(親姫)

          → 오가키번(大垣藩) 토다 우지마사(戸田氏正)

      딸 토시히메(淑姫)

          → 야마토 코오리야마번(大和郡山藩)
            야나기사와 야스오키(柳沢保興)

    26대 시마즈 나리노부(島律斉宣) 딸 미사오히메(操姫)

          → 젠쇼번(膳所藩) 혼다 야수다다(本多康禎)

      딸 하루히메(春姫)

          → 구루메번(久留米藩) 아리마 요리나가(有馬賴永)

      딸 이쿠히메(郁姫)

          → 코노에 다다히로(近衛忠姫)

    27대 시마즈 나리오키(島律斉興) 딸 이와이히메(祝姫)

          → 토사번(土佐藩) 야미우치 토요히로(山内豊熙)

    ※ 토요치요(豊千代)는 나중에 토쿠가와(德川) 장군 가 11대 이에나리(家斉)
      가 된다.

이러한 혈연관계가 되면 혼례 등의 의식에는 막대한 돈이 든다. 또한

다른 번에 시집간 히메(딸)에게는 '오쯔즈게료(御續料)'라고 해서 생활비를 보냈기 때문에 그 비용도 무시 못했다.

11대 장군 이에나리의 사치풍조

에비하라 키요히로는 11대 장군 이에나리[1773~1841, 장군 재위 (1787~1837)] 시대에 사쓰마번에 만연한 사치풍조를 기록하고 있다. 확실히 이 시대에는 전국적으로 사치풍조가 널리 퍼져있었다. 그러나 그것은 시게히데의 생활방식이나 개화정책을 넌지시 나타내고 있는지도 모른다. 이에나리의 부인이었던 코다이인(広大院)은 25대 시마즈 시게히데의 딸이다. 따라서 시게히데는 장군 장인으로서 절대 권력을 손에 넣었지만, 권력을 유지하기 위해서는 그에 상응하는 지출이 따랐다. 사쓰마번의 장군 가·바카쿠(幕閣)·여러 다이묘와의 교류가 이전과는 비교가 안 될 정도로 활발해졌다.

시게히데의 자녀들이 여러 다이묘 가에 양자·며느리로 갈 수 있었던 것도 시마즈 가와 장군 가와의 밀접한 관계에 혜택을 얻으려고 하는 사람들이 많이 있었다는 것을 나타내고 있다.

그리고 시게히데는 '란벽(蘭癖[7])'이라고 불릴 정도로 해외 문화에 관심이 많아서 국내외 진귀한 것을 수집하고 '취진보고(聚珍宝庫)'라는 창고를 만들었다. 또한 사쓰마번의 문화수준을 향상시키기 위해 번교조사관(藩校造士館), 연무관(演武館), 의학원, 천문관 등을 창설하였고 『성형도설(成形図説)』, 『질문본초(質問本草)』, 『남산속어고(南山俗語考)』, 『원

---

7) 에도시대 난학에 경주하거나 네덜란드식(또는 서양식)의 습관을 동경·모방하는 사람을 지칭하여 부르는 명칭

구 만국지해전도(円球万國地海全図)」 등 수많은 서적을 출판하는 등 개화정책을 열심히 추진했다. 이것 또한 상당한 지출을 동반했다.

거듭되는 화재 · 천재(天災)

화재는 에도시대 동안 계속 따라다녔고 또 천재도 거듭되었다. 그때마다 번의 출비가 매우 많아졌다. 텐포의 개혁(天保改革) 이전의 주된 재해는 다음과 같다. (『가고시마현사(鹿兒島縣史)』등의 자료로부터)

〔에도〕

　겐와(元和) 원년(1615) 사쿠라다번(桜田藩)저택 소실

　겐로쿠(元禄) 15년(1702) 다카나와(高輪) · 시바번(芝藩)저택 소실

　쿄호(亨保) 16년(1731) 사쿠라다번(桜田藩) 저택 소실

　호우레키(宝暦) 12년(1762) 시바(芝) 저택 소실

　텐메이(天明) 원년(1781) 시바(芝) 저택 화재

　텐메이(天明) 6년(1786) 타마치(田町) · 사쿠라다(桜田) 저택 화재

　텐메이(天明) 9년(1789) 시바(芝)저택 화재

　분카이(文化) 3년(1806) 에도대화(江戸大火), 번(藩) 저택 소실

〔교토〕

　텐메이(天明) 8년(1789) 교토대화(京都大火), 번(藩) 저택 소실

〔가고시마〕

　엔보우 8년(1680) 가고시마 대화재

　겐로쿠(元禄) 9년(1696) 가고시마(鹿児島) 대화재, 츠루마루섬 소실

　겐로쿠(元禄) 10년(1697) 가고시마 대화재(가미마치(上町) 2/3 소실)

　겐로쿠(元禄) 12년(1699) 가고시마 대화재(가미마치(上町) 2/3 소실)

　겐로쿠(元禄) 16년(1673) 가고시마 대화재(시타마치(下町) 소실)

분세이(文政) 5년(1822) 가고시마 시다마치(下町) 대화재

메이레키(明曆) 3년(1657) 대수해

겐로쿠(元祿) 4년(1691) 가고시마 대수해

겐로쿠(元祿) 6년(1693) 가고시마 대수해

엔보우(延宝) 6년(1709) 류큐(琉球) 풍해 · 기근

쿄호(亨保) 12년(1727) 기근

호우레키(宝曆) 5년(1755) 아마미(奄美) 기근 아사자 다수

메이와(明和) 6년(1769) 풍해, 충해 비해가 몹시 큼

안에이(安永) 원년(1772) 도쿠노시마(德之島) 악역(惡疫) 유행, 병사자 다수

안에이(安永) 6년(1777) 도쿠노시마(德之島) 풍해

텐메이(天明) 6년(1786) 풍수해

분카이(文化) 6년(1809) 아마미(奄美) 가뭄

분카이(文化) 13년(1816) 류큐(琉球)기근, 아사자 다수

분세이(文政) 2년(1819) 아마미(奄美) 대흉작

쿄호(亨保) 원년(1716) 기리시마(霧島)폭발, 화산재로 논밭 매몰

안에이(安永) 8년(1779) 사쿠라시마(桜島) 대폭발, 사망자(死者) 다수, 논밭 매몰

  남규슈(南九州)는 태풍의 상습지대인데다가 화산재해 · 토사재해 등도 많아서 타 지역보다도 천재에 약했다. 그래서 천재는 번의 재정에도 막대한 손실 영향을 가져왔다.

사채지옥

여기까지 살펴본 이유만으로는 사쓰마번이 500만 량이라는 거액의 부채를 지게 된 경위에 대한 설명이라 할 수 없다. 왜냐하면 분세이 원년(文政元年, 1818년)에 은 5만 4,426관[8](90.7만 량)이었던 부채총액이 불

과 10년 후인 분세이 12년(1829)에 300만 관(500만 량)으로 급증하였기 때문이다. 왜 이렇게 단기간에 거액의 부채를 안게 된 것일까? 쇼코슈세이관(尚古集成館)의 전 관장 칸바시노리마사(芳卽正) 씨가 이것을 보충하는 자료를 발견, 인물 전기 『시마즈 시게히데(島律重豪)』[요시카와 코우분칸(吉川弘文館)]에 그 개요를 썼다. 그것에 의하면 시마즈 번에는 타 번에서는 볼 수 없는 자금 조달 방법이 있었고, 그것을 안일하게 너무 많이 이용해서 스스로의 목을 조른 것 같다고 하였다.

사쓰마번에는 영영은(永々銀)이라는 독특한 빚을 내는 방법이 있었다. 이것은 대부금의 원금은 그대로 하고, 2주(朱)[9]의 이자(2%)만을 지불한다는 영대대부금(永代貸付金)이었다.

그래서 적자재정이 계속되어도 자금 조달은 쉬웠다. 다른 번은 자주 '덕정(德政)[10]'을 했지만, 사쓰마번은 덕정을 하지 않아 원금이 보증되기 때문에, 상인들은 안심하고 사쓰마번에 초저금리로 돈을 빌려주고 있었다.

그런데 분카이 10년(1813) 사쓰마번은 덕정을 단행했다. 이 때문에 상인들의 신용을 잃어, 저리로 빚에 응해주는 사람이 없어져버렸다. 그 결과, 이후 사쓰마번은 높은 금리로 돈을 빌릴 수밖에 없어서 단숨에 재정이 악화된 것이다. 지금으로 말하자면 블랙리스트에 올라서 금리가 낮은 곳에서는 상대를 해주지 않기 때문에, 사채, 무허가 금융 같은 고리대금업자에게 빌린 것이다. 그렇게 되면 빚은 눈덩이처럼 불어나서 이

---

8) 관(貫)은 일본 옛날의 화폐 단위, 1관은 1,000文
9) 주(朱)는 일본 옛날의 화폐 단위, 一朱는 一両의 16분의 1
10) 무사나 농민의 가난을 구하기 위해 채무를 탕감함

자가 연수입을 상회하여 변제해도 부채는 계속 늘어나는 '사채지옥'에 빠지고 만다. 텐포의 개혁 전의 사쓰마번은 그런 상태였다.

사쓰마번이 기사회생할 수 있었던 '덴포의 개혁'이란?

여기서는 나의 선조 즈쇼 소자에몬히로사토가 중심이 되서 한 '텐포의 개혁(天保の改革)'(정확하게는 텐포의 재정개혁)에 대해 설명하고자 한다.

단, 그 전에 다음의 기술에 있어서 『즈쇼 히로사토(調所広郷)』책을 내는 데 요시카와 코우분칸(吉川弘文館)을 하나의 참고자료로 썼고, 저자인 칸바시 노리마사(芳卽正) 씨에게 많은 조언을 받았다. 또한 쇼코슈세이관(尚古集成館)의 마쓰오 치토세(松尾千歳) 부관장과 가고시마대학교 교수 하라구치 이즈미(原口泉鹿)에게도 많은 조언과 자료제공을 받았다. 또한 쇼코슈세이관 다무라 쇼조(田村省三) 관장에게도 귀중한 이야기를 들을 수 있었다.

그래서 먼저 이 자리에서 선생님들께 감사의 말을 전하고 싶다.

즈쇼 소자에몬히로사토의 등장

사쓰마번이 500만 량이나 되는 부채를 안고 허덕이고 있었을 때, 류쿠(琉球)에서 행해지고 있었던 당물(唐物 : 중국 제품) 무역으로 착실하게 이익을 올리고 있던 사쓰마번사(藩士)가 있었다. 전다도방(元茶道方)의 즈쇼 소자에몬이다. 즈쇼는 죠카시(城下士 : 본성 밑 또는 곁에서 사는 무사들을 칭하며, 이들의 신분은 무사 중에서도 상위에 속함) 최하급 오고쇼구미(御小性)[사이고 다카모리(西鄕隆盛)나 오쿠보 도시미치(大久保利通)등도 오코쇼구미] 출신으로, 당시의 번주 시마즈 시게히데의 전속 다도방주(茶道坊主)나 오고난도(御小納戶 : 에도바쿠후의 직명으로 이발이나 식사 등 신변의 일을 맡아봄) 등을 역임한 후, 시게히데(重豪)·나리노부(齊宣) 두 사람의 은거료(隱居料)를 마련하는 양 은거님(시게히데·나리노부) 오쯔즈게료우카가리(御續料掛)라는 직책에 올랐다.

이 즈쇼의 수완에 주목한 시마즈 시게히데는 분세이 11년(1828) 즈쇼를 재정개혁 주임으로 발탁하고 번의 재정재건를 명령했다. 그리고 다음 해인 텐포 원년 (1830) 주인서(朱印書)를 주고 본격적인 개혁에 착수시켰다. 시게히데가 소자에몬에게 명한 내용은 다음과 같다.

- 텐포 2년(1831)부터 10년간 50만 량의 비축금 준비
- 그 외에 바쿠후로의 상납금과 군용금(軍用金) 준비
- 고차증문(古借證文) : 상인들에 대한 번채(藩債 : 증문)를 되찾음

즈쇼는 시게히데의 기대에 응하여 텐포 3년(1832) 시게히데보다 더 빨리 가로격(家老格)·측힐근(側詰勤)에 진급했다. 대외적으로는 가로로 행동하도록 지시를 받고 다음 해 시게히데가 죽은 후에는 27대 번주 시마즈 나리오키(島律齊興)와 함께 개혁을 계속했다. (텐포 9년 정식으로 가로가 됐다.)

번채(藩債)를 250년 부(賦) 무이자 상환
즈쇼는 텐포 6년(1835)에 교토·오사카에서 이자를 지불하지 않고, 원

금 1,000량에 대해 해마다 4량씩 지불하고 250년에 걸쳐서 원금을 변제하는 것을 선언했다. 약 1년 후에는 에도에서도 같은 것을 실시했다. 차용증문은 모두 번이 보관하고 채권자들에게는 차입액만을 기록한 통장을 건넸다.

이것으로 번채(藩債)의 연간 변제액은 2만 량으로 해결되었지만, 빚을 떼어먹는 것과 같은 일방적인 상환 방법에 상인들은 노하고 바쿠후에 호소하는 자들도 있었다. 그러나 소자에몬은 미리 10만 량을 바쿠후에 상납하는 등 뒤에서 공작을 하고 있었기 때문에 바쿠후는 상인들의 호소를 듣지 않았다.

그리고 그 후 즈쇼는 일부 거액상인에 대해서 특산품이나 밀무역품을 우선적으로 취급하게 하고 반발을 진정시키는 작전을 썼다.

그런데 여기서 '250년'이라는 세월이 의미하는 것을 생각해보자. 텐포 6~7년부터 250년 후라면 2085~2086년이 된다. 그렇다면 원래는 사쓰마번은 아직도 당시의 빚을 계속 갚아나가고 있어야 한다. 그러나 지금은 시대가 바뀌어서 사쓰마번은 존재하지 않는다. 그러면 당시의 채무는 어떻게 된 것인가? 메이지 4년(1871)에 폐번치 현(廢藩置県)[11]에 의해서 번이 폐지되었기 때문에 그 빚은 메이지 신 정부가 계승했다. 그 후 각 번의 채무실태를 조사한 다음에 1872년(메이지 5년) 2월 번채처분 (藩債處分)의 대강을 결정했다. 번채를 발생 연차에 따라서 1843년(텐포 14) 이전의 것은 '고차(古借)'(古債), 1844년[코우카 원년(弘化元年)]부터 1867년[게이오(慶應) 3년]까지의 것은 '중차(中借)'(旧債), 1868년[메이

---

11) 폐번치 현은 메이지 유신 시기인 1871년 8월 29일에, 이전까지 지방 통치를 담당하였던 번을 폐지하고, 지방통치기관을 중앙정부가 통제하는 부와 현으로 일원화한 행정개혁

지 원년(明治元年)]부터 폐번까지의 것은 '신차(新借)'(新債)로 구분하고, 고차(古借)는 모두 잘라버리고 중차는 무이자 50년부 상환의 구공채로(旧公債), 신차는 3년 거치 25년부 4분(分) 이자의 신공채로 변제하게 되었다.

즉 텐포 14년 이전의 사쓰마번의 번채는 잘라버려졌지만 적어도 폐번치현까지는 사쓰마번은 잘 변제하고 있었다.

쇼코슈세이관에는 즈쇼 등이 발행한 고차은통장(古借銀通帳)이 보관되어 있고, 그것에 의하면 마스야쇼유에몬(桝屋小右衛門)으로부터 빌린 은 25관(貫) 50목(目)(2만 5,050목)을 250으로 나눈 100목 2분(分)이 메이지 4년(1871)의 폐번치현까지 매년 잘 변제되고 있었던 것을 알 수 있다.

부채의 250년부 무이자 상환은 현대풍으로 말하면 회사갱생법의 적용을 부채자(당사자)의 사쓰마번이 강제적으로 수행하여, 부채를 감면하고 조직의 존속을 꾀했다고 말할 수 있겠다. 즉 파산처리이다. 현재의 일본정부도 견해에 따라서는 파산상태에 있기 때문에 이러한 긴급 처치를 취할 필요가 있다. 어쨌든 신속히 처리함으로써 장래의 전망이 밝게 열렸다. 부채를 250년부 무이자 변제함으로써 사쓰마번의 부담은 대폭 경감되었다. 피해를 입은 것은 고리 대금업를 하고 있던 일부 상인들로, 원래 영영은(永々銀) 등으로 사쓰마번에 대출을 해주던 상인들은 원금이 보증된 것을 기뻐했다고 한다.

이것에 의해서 사쓰마번의 재정개혁이 성공하고 설탕이나 약용식물 등의 사쓰마 특산품이 안정적으로 공급되면 그들도 이익을 올릴 수 있었기 때문이다.

특산품 국산품의 생산확대 · 관리철저

번채의 250년부라는 대담한 조치를 강구하는 한편, 소자에몬은 쌀이나 유채 등의 국산품, 설탕 · 약용식물 등의 특산품의 생산 확대, 품질향상, 출하방법 등을 개선하고 번의 수익을 올리는 개혁도 실행하였다. 예를 들면 사쓰마미(米)는 자루에 채워넣는 방법이 좋지 않고, 쌀의 품질 · 양도 일정하지 않아서 쌀 상인들에게 인기가 없었다. 그런데 즈쇼는 쌀 만들기 · 수납 · 쌀섬 만들기 등을 정밀히 조사하고 나쁜 점을 개선시켰기 때문에, 오사카 시장에서 평판이 좋게 형성되어 가격도 향상(약 80% 상승)했다.

또한 다른 번(藩)에서는 별로 생산되지 않는 설탕 · 약용식물 등은 사쓰마번에서는 이미 전매체제가 채택되어 있었지만, 품질관리가 불충분하고 통제 외의 물품이 몰래 유통되고 있어서 가격이 폭락하고 있었다.

난킹사라야마(南京四山) 가마터. 소자에몬은 식산흥업의 일환으로써 나에시로가와(苗代川)사쓰마 도자기 진흥에도 주력했다.

아마미오오시마의 경제를 지탱하는 사탕수수 밭과 흑설탕을 만드는 공장(부국제당)

이것도 관리를 철저히 하여 막대한 이익을 내었다.

이처럼 부채감면 조치와 산업진흥의 양쪽 모두를 진행시킴으로써 사쓰마번은 재건되었고 계획대로 10년간 50만 량의 비축금을 모으게 되었다.

그러면 즈쇼의 산업진흥책을 살펴보자.

흑설탕의 생산관리와 전매

아마미 오오시마(奄美大島) 일대에서 사탕수수 재배가 본격적으로 시작된 것은 17세기 초 쯤으로 본다. 사탕수수에서 만들어지는 흑설탕은 대단히 높은 상품가치를 지니고 있었다. 이것에 주목한 사쓰마번은 생산·유통의 감시를 강화하여 엔쿄(延享) 2년(1745)에 '환당상납령(換糖上納令)'을 공포하고 아마미의 세금을 쌀에서 흑설탕으로 바꿨다.

또한 안에이(安永) 6년(1777)에는 생산된 흑설탕을 모두 번이 강제적으로 사들이는 총 매입(제1차 사탕전매제도)을 실시했지만 도민(島民)들의 불평불만이 많아서 텐메이(天明) 7년(1787)에 폐지했다.

그러나 번 재정의 핍박과 더불어 도민들을 배려할 여유가 없어져 텐포(天保) 원년(1830) 즈쇼는 흑설탕의 총 매입제를 부활시켰다(제2차 설탕전매제도). 즈쇼는 설탕수수의 생산과 품질향상을 '개혁제일근본'의 목표로 삼고 본격적인 개혁을 개시했다.

그렇지만 설탕수수의 생산은 이미 한계에 달하여 급격한 증산은 곤란했다. 그래서 즈쇼는 먼저 흑당제법이나 통 만들기 등의 생산공정 개선을 자세히 지시하고 그 감시를 엄중히 하여 품질향상을 꾀했다. 또한 지도에 따르지 않는 자나 제법이 조악한 자는 수갑과 족쇄 등의 형벌에 처하고 흑설탕의 뒷거래(밀무역 밀매)에 대해서는 사형·유배라는 극형으로 임했다고 한다.

당시 자료에 따르면 '밀무역은 사형'이라고 위협하였고 실제로 사형된 자는 한 명도 기록에 남아있지 않지만, 부농의 하인으로 전락시킨 기록이나 수갑과 족쇄를 채운 그림이 남아있다. 아마미 거주 연구자인 유미게즈리 마사미(弓削政己) 선생님에 의하면 "근대의 차별적 대우와 더불어 번정하의 부정적인 상황이 과장되어 있을 가능성이 있다."고 하지만, 즈쇼가 미시마(三島)라는 부서를 설치하고 사탕총매입제(砂糖惣買入制)를 실시한 것으로부터 아마미에서 가렴주구(苛斂誅求)를 한 것은 사실일 것이다.

이러한 일련의 개혁으로 하등품과 밀매품에 의해서 가격이 폭락했던 흑설탕의 가격은 치솟았다. 분세이 2년(1819)부터 12년(1829)까지와 텐포 원년(1830)부터 텐포 10년(1840)까지를 비교하면 출하량은 별로 변화가 없지만, 흑설탕 가격이 약 2배로 폭등해서 이익이 은 5만 9,040관(貫)(약 98만 4,000량)이나 증가했다.

이처럼 아마미의 흑설탕이 사쓰마번의 재정재건에 크게 공헌한 것은 틀림없다.

이전에 역사작가인 키리노 사쿠진(桐野作人) 씨와 아마미에 취재하러 갔을 때, 온통 푸른 사탕수수 밭과 막 수확한 사탕수수를 산더미처럼 쌓은 대형 트럭이 쉴새없이 들어오는 대규모 제당공장을 봤다. 흑설탕이나 흑탕소주 생산뿐만 아니라 그 운반을 포함하여, 사탕수수는 지금도 아마미의 경제 활성화에 중요한 위치를 차지하고 있다.

유채의 생산 확대와 상표 확립

사탕수수와 똑같이 유채나 거망옻나무에 관해서도 즈쇼 소자에몬은 자세히 지도하고 있다. 특히 유채는 NHK 대하드라마로 화제가 된 '아츠히메(篤姬)'의 친정 이마이즈 미시마즈가(今和泉律家)의 재정재건의 방책으로서 즈쇼는 부하 에비하라 키요히로(海老原淸熙) 등을 배치하고 지도하였다.

그때까지의 사쓰마 생산 유채는 작은 돌이 섞여있거나, 가마니의 짜임이 조잡하여 알맹이가 새어나가 내용물의 부족이 잦았기 때문에 오사카 시장에서는 싼 값에 거래되고 있었다. 그래서 즈쇼는 뼈가루 비료를 보급시키고 품질 향상을 위해 노력함과 동시에 돌 혼입을 막는 방법을 궁리하여 가마니가 아닌 종이 봉지에 넣어 출하하도록 지도했다. 이러한 노력의 결과 사쓰마번 유채는 최고급품으로 인식되고 높은 가격으로 판매되게 되었다. 이것은 지금 시대상으로 말하면 브랜드의 확립이라고 말할 수 있다.

그리고 야마카와(山川)·이부스키(指宿)·이마이즈마(今和泉)·지란(知覽)·마쿠라자키(枕崎)·네지메(根占)·사타(佐多) 등에서 유채 재배를 장려하고 야카카와에 물레방아를 만들어, 여기서 유채를 짜서 유채 기름을 생산해 오사카 방면에 출하도 했다.

울금 시장을 독점

지혈약 황색 염료로서 이용된 울금은 사쓰마번령 이외에서는 생산되지 않았기 때문에 높은 가격으로 거래되고 있었다. 사쓰마번은 세이호(正保) 3년(1646)부터 이것을 전매품으로 하고 있었지만, 작은 물품이었기 때문에 숨기기 쉬워서 밀수 단속은 아주 어려웠다. 밀수품이 성행하면 울금은 금방 폭락한다. 그래서 즈쇼는 아마미제도 등의 울금을 모두 뽑아버리고 류쿠에서만 재배할 것을 명령했다. 류쿠의 특산품화 함으로써 밀수를 단속하고 가격의 폭락을 방지했다. 즉 유통하는 울금의 거의 100%를 번 관리하에 두고 독점시장을 형성하여 가격을 유지한 것이다.

당물 무역의 확대

도쿠가와 바쿠후는 쇄국령을 내린 후에도 류쿠왕국과 중국과의 교역을 허가하고 있었다. 이것은 만일 나가사키 무역에 지장이 생길 경우 필요한 외국 물자를 입수할 창구가 필요하다고 생각하고 있었기 때문이다.

그러나 당초부터 밀수가 횡행하고, 바쿠후는 죠우쿄우(貞亨) 3년(1686)에 류쿠국의 무역액을 연간 3,000~2,000량으로 감액시키고, 간세이(寛政) 원년(1789)에는 생사(生絲)·사릉(絲綾) 이외의 당물(唐物)의 영외 판매를 금지했다. 그 위에 분카이(文化) 7년(1810)에는 당물 판매를 나가사키회소(長崎會所)의 관할하에 두고 통제를 강화하였다.

반면 사쓰마번에서는 재정악화와 더불어 무역확대를 꾀할 필요성이 생겼다. 다행이 25대 번주 시마즈 시게히데 가 이에나리(家齊)의 장인이었기 때문에 그 관계를 잘 이용하여 당물품목의 증가를 바쿠후에 부탁해 분카 7년(1810)에는 오색당지·양모직·단자 등의 8품목을, 분세이 원년(1818)에는 천잠사·봉사·참나무 가지·후박의 4품의 판매 허가를 얻었다. 그러나 이것들을 추가해도 바쿠후 관리하의 당물 매매로는 그다지 이익을 올리지 못했다. 그래서 사쓰마번은 바쿠후의 통제를 무시하고 이른바 밀무역도 활발히 하였다.

개혁에 있어서 즈쇼는 취급품목의 확대를 바쿠후에 부탁은 했지만 한편으로는 밀무역체제를 더욱더 강화해나갔다.

즈쇼는 유례가 드문 아이디어맨으로 장사의 착안점이 늘 요점을 찌르고 있었다고 한다. 당시 이미 일본 각지에 약 행상으로 판매망을 구축하고 있었던 것이 도야마(富山)의 약상인들이었다. 이것을 즈쇼는 밀무역에 이용하려고 생각했다.

즉 그들에게 홋카이도(北海道) 산 다시마 등의 해산물(대 중국 수출품)을 사들이게 하고 류쿠 경유로 수출하는 한편, 중국의 약을 수입하고 전국에 팔게 하였다. 동시에 일종의 스파이로서 제국의 풍토 및 여러 사정을 보고시켰다고 한다.

그들은 '옛쥬사쓰마구미(越中薩摩組)'라고 불리고, 카에이(嘉永) 원년(1848)에 즈쇼가 에도의 사쓰마번 저택에서 사망한 후, "소자에몬께서

돌아가서서 우리들은 어떻게 되어버리는 것일까"하고 장래를 걱정하는
서면도 남아있다.

즈쇼 소자에몬히로사토의 죽음

텐포 6년(1835) 니이가타 난바다(新潟沖)에서 사쓰마번의 배가 난파되
고 표착했다. 이것을 기회로 다음 해 텐포 7년 나이가타와 에도에서 대
규모의 밀수가 적발되고 많은 상인이 재산몰수·유형에 처해졌다.

이 사태를 심각하게 본 노중(老中) 마즈노 다다쿠니(水野忠邦)는 가와
무라 나가타카(川村修就)를 니이가타에 파견해 실태를 구명하도록 명령
했다. 그 보고서「北越秘説」이 니이가타시 향토자료관에 남아있고 그것
에는 다음과 같이 쓰여있었다.

> 나이가타에 입항하는 사쓰마 선은 봄에는 고구마, 여름 이후에는 백설탕·
> 얼음사탕을 싣고 온 것으로 되어있지만, 그 밑에는 약종이나 광명주 등의
> 금제품이 대량으로 실어져있다.

즉 사쓰마번이 밀 무역에 관여하고 있었던 것을 이 문서에서 알 수 있
다. 또한 가와무라(川村)는 도야마의 매약 상인들이 밀수에 관여하고 있
는 것, 도야마 방면에서 유출한 당물(중국 제품)이 동북관동 중부지방에
나돌고, 니이가타에서도 밀수가 계속되고 있다는 것을 미즈노에게 보고
하였다.

보고받은 미즈노는 사쓰마번에 대해서 텐포 10년(1839) 이후 류쿠무
역을 금지하도록 명령하고, 텐포 14년에는 니이가타를 나카오카번(長岡
藩)에서 몰수하여 천령(바쿠후직활지)으로 하고 초대 니이가타 봉행으

번 전체의 밀무역을 취급하는 사무소로써 기능한 류쿠관 흔적(가고시마 현 나가타 중학교 내)

로 가와무라를 취임시켰다.

그러나 즈쇼가 획책한 밀무역이 이것으로 박멸된 것은 아니었다. 밀무역 그렇게 쉽게 없어질 리도 없고, 또한 코우가 2년(1845)에는 미즈노가 실각했기 때문에 사쓰마번은 류쿠무역도 유지하고 계속할 수 있었다.

그런 가운데 즈쇼 소자에몬히로사토는 카에이 원년(1848) 12월 19일에 급사하였다. 공식적 사인은 병사지만 밀무역을 추궁당해 음독자살했다고 한다.

당시 사쓰마번은 통상을 요구하는 영국·프랑스의 거센 외압을 받았다. 미즈노의 뒤를 이은 노중·아베 마사히로(阿部正弘)는 류쿠의 상황을 걱정하고, 세계정세를 잘 아는 시마즈 나리아키라(島律齊彬)를 빨리 사쓰마번주로 취임시켜서 문제를 해결하고 싶다고 생각하고 있었다. 그러나 아버지 나리오키(齊興)는 나리아키라에게 좀처럼 가독(家督)을 양보하려고 하지 않았다.

그래서 화가 치밀어 속을 태우던 아베가 사쓰마번의 밀수를 추궁해서 나리오키를 은퇴시키려고 하자, 즈쇼는 이것을 저지하기 위해 밀수의 책임을 자신이 지고 음독자살했다고 한다.

어쨌든 500만 량이라는 부채를 보류해둘 수 있었던 것이 나중의 적극재정, 더 나아가서는 메이지 유신에 연결된 것이다.

생활대국으로서의 일본의 장래를 위해

이전에 나의 저서 『사쓰마 코시라에(薩摩拵)』(리분(里文)출판)에서 쓴 내용이지만 에도시대의 도쿠가와 바쿠후와 사쓰마번의 관계를 미국(미국 바쿠후)과 일본의 관계에 비교해보면 일본이 서 있는 위치는 어디쯤일까?

EU나 중국 · 러시아가 대두된 지도 오래된 가운데, 금융위기를 일으킨 형편없는 미국 바쿠후를 보고 있으면 바쿠후 말기를 느끼지만, 현재의 일본은 도쿠가와 바쿠후 말기에 사쓰마번이 보여준 것과 같은 역할을 잘 할 수 있을 것인가. 나는 앞으로 일본은 '생활대국'을 지향해야 한다고 생각하고 있다. 일본은 그러기 위한 자질을 충분히 가지고 있다. 그러나 그것을 실현시키기 위한 재정이 아무것도 없다.

그래서 영구국채는 현실성이 있다.

매년 예산중에서 3분의 1 정도가 빚(국채발행과 이자 지불)이기 때문에 장기적 비전에 기초한 적극적인 재정은 기대할 수 없다. 영구국채를 발행함으로써 먼저 그러한 부담으로부터 해방될 필요가 있다.

단 영구국채 발행에는 다음과 같은 반론이 있다.

1) 애초 국채에는 60년 상환법이라는 규칙이 있다.

2) 영구국채를 구입한 자에 대해서 그 자금의 출처를 묻지 않고 게다가 자자손손까지 비과세라는 것은 이른바 부자 우대제도가 아닌가?

1)에 대해서는 법을 바꾸면 되는 이야기이고 현재까지 국채는 오래된 것이 상환을 끝내도, 해마다 계속 발행되고 있어 실질적으로 60년 상환은 유명무실화하고 있다.

또한 2)에 대해서는 그대로 남겨두면 범죄에 관련되어 사용되거나 해외에 유출될 가능성도 있는 자금을 철저히 사회보장 제도의 설비 확립 · 충실화 등 국민의 복지와 자선 사업적 측면에 투자함과 동시에 농업에 투자하여 자급률을 향상시킬 수 있다. 또한 해외 부유층에게까지 어필하고, 가능한 한 의료에 투자하여 장래의 일본이 세계에 자랑할 생활대국으로서 살아남기 위한 정책이라고 납득시켜야 한다.

영구국채를 외국인 부유층에게 사들이게 하자

내가 거듭 제안하고 싶은 것은 이 영구국채에 외국인 전용 특전을 부여하는 것과 국채펀드의 창설이다.

앞으로는 해외 부유층이 계속 일본에 오게 만들 필요가 있다. 예를 들어 그런 사람들에게 영구국채를 어필하기 위해서는 영구국채를 산 사람들에게는 일본의 영주권은 물론 선거권 등을 부여하는 것도 생각해볼 만한 아이디어이다.

중국이나 러시아의 부유층에는 의외로 자국정부의 자국통화에 대한 불신감을 갖는 자가 적지 않다. 범죄 발생률이 극히 적은 평화로운 사회는 물론 식품의 안전, 의료에 대한 신뢰 등을 원하고 마지막의 휴양지, 마음이 평온한 땅으로서 "가능하면 일본을 선택하고 싶다."고 말하는 사람도 실제로 많다.

나의 친구 중에도 중국 공산당 간부 아들이 있는데 요전에 일본 여성과 결혼한 사람이 있다. 그의 입에서는 "어떻게는 일본에 계속 살고 싶다."라는 말이 자주 나오는데, 그것은 앞서 서술한 이유에 의한 바가 크다.

원래 단일 민족이라는 이미지가 강한 일본이지만 실제로는 그러지 않다. 유전자과학이 진보한 지금 실은 대륙 계, 남방 계, 적지만 코카사스 계(백인종) 등이 섞여서 지금의 일본인이 형성된 것으로 알려졌다.

그렇다면 해외 부유층이 자자손손 일본에 거주하고 지금의 일본인과 조금씩 동화해가는 것은 일본이라는 국가와 일본인이라는 민족의 활성화에 크게 기여할 것이다.

국책펀드(Sovereign Wealth Funds, SWF)에 관해서도 바로 창설해야 한다. 영구국채가 가능하다면 그것으로 부상한 자금을 펀드로서 사회보장, 생활기반의 확충과 자선사업 등에 활용했으면 한다. 또한 국영기업적인 투자도 생각할 수 있다. 단, 국영기업을 대상으로 투자하면 거기서 일하는 사람은 공무원화되어, 일본인에게 흔히 있는 제 아무리 예산을 써도 정부가 뒷받침해줄 것이라는 안일한 사고방식이나 의식을 가지면 곤란하기 때문에 국책펀드를 창설하는 것이 좋을 것이다.

중국이나 러시아의 국책펀드는 이미 금융을 통해서 자원쟁탈전에 참가하고 있다. 일본도 그러한 국책펀드를 창설하고 장기적 전략으로 이하의 3개를 기둥으로 생각해보면 어떨까?

즉 식량, 의료, 자원이다. 이하 구체적으로 예를 들어보자.

1) 대 산업으로서의 농업

현대에서는 거대 빌딩 군 속에서 채소 등의 농작물을 수경재배하는 일이
기술적으로 가능해졌다. 이전에는 PH의 관리가 어려웠지만 거의 잘 해
결되었고 무농약으로 효율적으로 대량으로 생산할 수 있다. 지방에는
유휴지가 많이 남아있기 때문에 거대 고층 수경농업 빌딩 군은 큰 가능
성을 내포하고 있는 것은 아닐까.

2) 의료대국으로의 길

이전부터 미국 거주 일본인 의사를 중심으로 한 팀이 난치병의 외과 수
술에 성공한 기사들이 나오고 있다. 일본인에게는 원래 손재주가 좋은
사람이 많아서 '신의손', '신기'라고 존경받고 그 외에도 고도의 기술을
가진 의사가 많이 있다. 또한 의료기기는 물론 의료로봇의 개발에서도
일본은 최첨단을 달리고 있으며, 신약 개발에 있어서도 대단한 가능성
을 가지고 있다.

이러한 일본의 유리한 점을 활용하여 의료대국으로 나아가기를 바란다.

3) 히시가리(菱刈) · 나가노 야마노가네산(永野山ケ野金山) (가고시마) 등의 재채굴

앞으로의 세계 경제를 전망하면 모든 실물자산이 더욱더 앙등할 것이 예
상된다. 그 가운데서도 달러의 기축통화체제가 계속되지 않는다는 불안
에서 금 가격이 앙등하고 있다. 그래서 나의 가까운 곳에 이야기라서 송

시마즈 가 경영의 야마노가네산 흔적(마쓰오 치토쿠라 씨 제공)

구스럽지만 가고시마의 히시가리(菱刈)·나가노 야마노가네산에 대해
서 마지막에 말하고 싶다.

에도시대 이 근처의 야마노가네산은 사도(佐渡)에 필적하는 일본을 대
표하는 금광이었다. 이 시기는 금이 너무 많이 나와서 도쿠가와 바쿠후
로부터 압력이 가해질 정도였다. 현재도 매장량은 꽤 있을 것으로 보이
지만 채굴 비용면에서 현재의 히시가리 광산에서조차 활발히 채굴되고
있지 않다. 그러나 앞으로 더욱더 앙등이 예상되고 되는 이상 바로 재채
굴할 수 있도록 준비해두는 것은 어떨까.

여담이지만 7, 8년 전 야마노(山ヶ野)에 있는 메이지기(明治期) 시마
즈가의 금광산의 모습을 보러간 적이 있었다. 그때 가까운 골짜기 마을
에 사는 노인을 만났다. 노인의 조상은 에도기(江戶期)에 도우고(豊後)
에서 금의 노천채굴자로 온 장인이었다고 한다. 그리고 '토지가네(とじ

金)'라는 금의 입자가 광석 속에 줄로 남아있는 돌을 보여주었다. 지금도 태풍이 온 후에 가까운 강에 가면 이런 토지가네(とじ金)를 발견할 때가 있다고 한다.

에도기에 이 땅에서 금을 풍부하게 채굴할 수 있었다는 것은 나의 전문인 사쓰마의 칼 장구에서도 알 수 있다. 칼의 날 밑이나 칼이 칼자루에서 빠지지 않도록 칼자루에 지르는 쇠못 등의 칼 장구에 상감되어 있는 금이 타국 물건보다 깊이 들어가 있어서 쉽게 벗겨지지 않게 되어있다.

그리고 금 및 소량의 은을 동에 가한 합금인 적동 제품의 칼 장구도 타국 물건보다 금 함유량이 많아서 그 색깔에 깊이가 있다.

일본에서는 현재 광물자원의 탐사는 거의 진행되고 있지 않다. 그러나 가고시마의 사례가 나타내는 것처럼 아직도 많은 자원이 잠자고 있는 것은 아닐까. 금을 재채굴을 하는 것은 결코 무모한 비전은 아니라고 생각한다.

이상 에도시대 후기에 사쓰마번에서 번주와 함께 나의 조상이 도전한 것을 힌트로 '영구국채를 장려'하는 태도로 내 생각을 말해왔다. 당연히 그대로 현재 경제에 응용하는 것은 불가능하지만 그 정신 자세는 현재와 장래에 걸쳐서 활용할 수 있는 것이라고 확신한다. 본격적인 연구는 재무 관료인 마쯔다(松田) 씨에게 맡기기로 하고 이 기획이 조금이라도 일본에 공헌할 수 있으면 다행이고 소자에몬의 DNA와 제사(祭祀)를 상속하고 있는 자로서 뜻밖의 기쁨이 될 것이다.

제3부

영구국채는
가능한가?

제3부

영구국채는 가능한가?

'공(公)'의 조직과 일본 재구축

'영구국채'는 좋은 점만 있는가?

원금을 영원히 돌려주지 않아도 되는 영구국채를 발행한다면, 국가는 지금까지 발행한 국채를 영구국채로 전환한 것으로 그만큼 국채의 원금 변제 부담을 하지 않아도 되기 때문에 재정재건이 일거에 진행될 것이다. 또한 같은 세금을 채무변제가 아닌 좀 더 유익한 세출에 사용할 수 있게 될 것이다.

여기에 영구국채의 상속세를 비과세로 설정한다면 구입희망자가 증가해 유동화되지 않았던 자산가의 자산이 유동화되어 공공목적에 유효하게 활용될 것이다.

또한 영구국채를 구입한 자본의 출처를 묻지 않는다면 세금을 회피하기 위해 숨겨두었던 지하자본이 유동화되어 그것 또한 유효하게 활용될 것이다. 해외에서도 안전한 운용처를 찾고 있는 많은 자본이 유입

될 것이다.

실제로 해외 및 일본에서도 영구국채를 발행한 역사가 있다. 이 책을 여기까지 읽은 독자는 무릎을 치면서 '일본 경제 재건을 위한 해결 방안은 이것이다' 라고 생각할지도 모른다.

그러나 한편으로 이러한 기책이 있다면 왜 지금까지 어려운 재정 상황에 처해있는 일본 정부는 이러한 방법을 쓰지 않았을까? 라고 의문을 제기하는 사람도 있을 것이다.

어쩌면 '매장금(埋藏金)[12]' 논쟁처럼 처음에는 얘기를 꺼내지도 않았던 재무성이 왜 나중에 매장금 카드를 꺼내든 것인가, 왜 정부는 이러한 지혜를 처음부터 발휘하지 못한 것인가, 지혜는 있는데 그렇게 간단히 돈을 염출시킬 수 있다면 더욱 돈을 지원해달라는 정치가들의 압박을 피하고 싶은 것인가? 아니면 단순하게 새로운 것은 무엇이든지 피하고 싶은 것인가? 그렇다면 영구국채를 발행하도록 정부에 압박하면 되지 않은가라고 생각하는 독자도 제법 있을지도 모르겠지만 세상은 그렇게 호락호락하지 않다. 지금까지 발행하지 않은 것은 무언가 이유가 있지 않을까? 영구히 원금을 변제하지 않는 공채는 사기성이 있지 않을까하는 독자도 있을 것이다.

현실성보다도 영구국채라는 발상이 중요

영구국채의 당위성을 주장하는 필자의 견해를 못마땅해 하는 독자에 대

[12) 중앙정부의 특별회계의 자산에서 부채를 제외한 잉여금이나 적립금 중에서 정책의 재원으로써 활용 가능한 부분. 기업의 내부유보에 해당

해서는 우선 개인적으로 사과의 말씀을 드린다. 이러한 논지가 사기라고 주장하더라도 집필진은 그에 대해 할 말이 없다. 이제 여기서는 재무성 관료를 오랫동안 역임했던 필자가 나설 차례인 것 같다.

먼저 명확히 해두고 싶은 것은 정부·재무성에는 적어도 국채를 대신해 영구국채를 발행할 생각은 전혀 없다는 것이다.

거기에는 확실한 이유가 있다.

그렇지만 이 책이 지금까지 말한 내용의 연장선에서 영구국채를 바로 발행하자고 하는 주장은 아무리 개인입장이라고 하더라도 필자의 재무관료로서의 경험이 의심스러울 것이다.

그럼에도 필자가 이 책의 집필에 참가하게 된 이유는 이 책이 전하고자 하는 메시지의 신빙성을 높이기 위함이다. 예를 들어 과거 사쓰마번이 영구국채를 발행했던 방법을 지금 현실에 적용하기는 어렵다. 이 점을 확실히 해두지 않으면 이 책의 신빙성은 떨어진다.

지금까지 영구국채발행을 진행하자는 주장은 먼저 독자에게 '영구국채'라는 발상을 먼저 갖게 하는 것이며, 또한 이 책의 목적은 앞으로 일본이 영구국채발행을 통해 무엇을 할 수 있게 될 것인가를 독자들과 함께 풀어나가는 것이다. 이 책은 영구국채발행의 진실성과 당위성을 찾고자 한다.

21세기의 '꿈을 가지는 나라'를 만들기 위해서는

실제 문제로 현 정부가 안고 있는 거액의 채무를 영구국채로 전환한다면 여러 가지 해결되어야 할 문제가 많다. 나중에 다시 언급하겠지만 재정규율을 근본적으로 개정할 필요가 있다. 다음의 기술을 읽고 역시 무리겠다는 결론이 도출될지도 모른다.

그러나 그렇다 하더라도 필자가 영구국채의 이름하에 이 집필에 참여한 것은 영구국채를 통해 우리가 얻을 수 있는 발상이 일본이 앞으로 21세기의 새로운 사회건설을 위해 꼭 필요하다고 생각하기 때문이다. 지금의 일본은 이러한 사회시스템의 전체설계를 할 수 있는 적절한 시기이다. 이 기회를 활용함으로써 일본은 경제사회에 이득이 될 여러 가지 개선들이 가능하다. 아마도 일본은 이러한 모델을 세계에 제시하는 선구자적 역할을 하게 될 것이다.

필자는 2008년 10월에 단독으로 집필한 저서인 『경쟁과 평등을 넘어서-도전하는 일본의 재설계도-』에서 일본의 미래를 위한 전체 설계를 시사했다. 일본의 장래를 신중하게 생각하는 사람이라면 이 책을 통해 많은 영향을 받았을 것이다. 영구국채의 발상은 위의 저서에서 언급했던 구체적인 부분과 연결되는 위치에 있기 때문에 가능하면 이 책도 독자가 같이 읽었으면 한다. 영구국채에 대해 현실성을 검토하고 실제로 실행가능한 것이 무엇인지 살펴보며, 또한 일본의 미래를 위래 우리들의 꿈을 가질 수 있는 구체적인 제안을 영구국채를 통해 살펴보도록 하자.

본서는 필자의 근무처였던 재무성과 현재 필자의 공직과 무관한 개인적인 견해임을 밝혀둔다. 본서의 기술은 정책론을 서술하는 것이 아니라 자유롭게 여러 가지 안을 논의하며 독자들과 어떻게 일본을 재생시킬 것인가에 대한 자료의 제공을 중시하는 것임을 미리 밝혀둔다.

제1장

영구국채 발행에 의한 재정운영은 정말 가능한가?

일본의 재정에 있어서 성립조건은?

1. 영구국채로 장래세대의 부담은 가벼워지는가?

영구국채 발행론자들의 논거는 무엇인가

영구국채 발행을 주장하는 지식인들이 많다. 대표적인 주장들을 살펴보도록 하자.

경제학자이자 소아이(相愛)대학교 학장인 다카하시 죠우센(高橋乘宣)은 유효수요를 대규모로 창출하기 위하여 영구국채를 발행해야만 한다고 하며, "정부는 이자를 지불하므로 상환의 필요는 없고, 장래 재정에 여유가 생겼을 때 상환해서 감채하면 된다. 이자는 비과세로 하고, 상속세 대상 외로 취급하는 것으로 특전을 부여한다면 상당한 수요가 나타날 것이다. 디플레이션 탈피까지로 기간을 설정하여 이것을 발행해 정부수요를 늘려야 한다."고 주장했다.

히토츠바시(一橋)대학교 명예교수인 시노하라 미요헤이(篠原三代平)

는 학계에서도 유명한 경제학자지만 영구국채 발행론자이다. 그는 일본의 국채발행 잔고가 이만큼 방대하게 되었어도 국채 가격이 폭락하고 금리가 급상승하는 사태가 발생하지 않는 것은 발행한 국채가 중앙은행 및 정부의 입김이 작용하는 기관에서 대량으로 보유하고 있기 때문이라고 말했다. 즉 비시장성 기관이 많이 보유하고 있기 때문이라고 설명하고 있다.

일본국채 해외 인수율이 현저히 낮은 것은 앞에서 설명한 이유 때문이고 국채가격폭락에 대처하는 데 있어서 정부기관이 중요한 역할을 해왔다. 그리고 우정 민영화에 의해 우체국 예금·간이생명보험을 통한 국채 소화가 크게 줄어든다면, 이를 피하기 위해 '콘솔공채와 같은 영구국채 발행의 조치'가 중요한 역할을 할 것이며 '국채차환분에 대해 금리는 지불하지만 원금은 상환하지 않는 영구국채발행'을 구상해야 될 때라고 주장하고 있다.

다시 말해 시노하라(篠原) 씨의 주장은 우체국예금·간이생명보험과 같은 기존의 안전한 국채인수기관을 대신하는 구조로써 영구국채를 구상하자는 것이다. 그렇지만 여기에 대해 간략히 말하자면 이러한 인수 대책은 일본의 장기금융시장이 확충되어야 할 것이다. 개인의 국채보유를 늘리거나 일본시장의 매력을 높이면 해외자본유입이 활발하게 되고, 국채를 포함한 금융상품 등의 활성화가 일본의 경제 전략에도 부합한다. 또한 영구국채발행의 논거에는 현재 국채잔고는 줄이지 않고 이대로 동결해야 한다는 목소리도 있다. 다음에서 이러한 내용을 설명하도록 하자.

국채 발행과 세금은 실질적으로 같은 것인가?

… 국채를 변제하면 어떻게 되는가, 국민으로부터 조달한 세금을 국채변제에 사용한다면 돈은 누구에게 흐를 것인가. 증세를 하였지만 사회보장 및 교육을 축소하고, 도로 보수도 하지 않고, 국채를 갚으면 국채를 보유하는 투자가들을 배불리는 것이다. 이렇게까지 해서 국채를 변제해야 하는 것인가? 국채는 자산가로부터 자금을 조달하는 방법이다. 이것을 변제하지 않으면 그것은 국가가 부담하는 자산세가 된다. 그러나 이것을 변제한다면 국채보유로 인해 발생하는 이자소득이 발생하기 때문에 장래세대의 부담이 늘어날 것이다. 국가가 책임지고 변제해야 되는 것은 대외채무뿐이다…

… 영국의 영구국채(콘솔)도 귀족들이 구입했다. 이것은 국가가 파산하기까지 변제하지 않아도 되기 때문에, 영구국채는 채권보다는 주식에 가깝다.

주식은 현실적으로 회사가 자주 청산 및 도산하지 않는 한 투자는 되돌아오지 않는다. 사업 목적이 원래의 목표만큼 달성되었다고 하더라도 청산하는 기업은 없다. 실질적으로 도산하지 않으면 되돌아오지 않는다. 또한 도산할 정도로 재무상황이 악화된다면 투자액은 돌아오지 않는다.

그러나 많은 사람들이 주식을 구입하고 있다. 콘솔공채형의 영구국채는 주식과 달리 배당보다 확실한 이자가 보장된다. 이 이자와, 가끔 실제 시장에서 형성되는 이자율로 계산되는 가격으로 전매에 의해 투자가의 환금이 가능하다 …

… 지금 일본의 국채도 변제 재원을 국채발행으로 조달해서 차환을 반복하고 있는 상황이기 때문에 실질적으로 영구적인 국채이다. 무조건적으로 차후에 변제한다고 하면 무리가 따르기 때문에 기한을 설정한 국채를 발행한다면(예를 들어 10년 만기일 경우) 만기 10년마다 금리 부담을 걱정하지 않으면 안 된다.

영구국채에 의해 재정수지에서, 세입 면에서는 공채금 수입이, 세출면에서는 공채비 중의 원금상환비가 제외된다. 이자만이 수지로 계상되는 것이다…

… 일본의 저명한 경제학자 중에서도 국채잔고가 지나치게 많다는 것을 지적하는 사람들도 있지만 변제하면 부작용이 더 크기 때문에 변제하지 않고 종결해서 정부의 관리하에 두고 이를 통해 매년 재정밸런스를 유지하면

된다고 주장하는 이들이 있다.

극단적으로 말하면 국가 재정은 자본을 좌에서 우로 혹은 우에서 좌로 움직이는 것에 불과하고 국채발행과 세금은 실질적으로 같으며 국채변제와 재정지출 또한 그 의미는 같다는 것이다. 국가는 A라는 사람에서 B라는 사람으로 자본을 전달하는 것에 의미가 있는가를 생각하여 재정운영을 해야 할 것이다…

… 국채는 국가와 정부가 신용으로 보증하는 것으로서 그 변제 재원은 국가 전체의 경제력이다. 일본처럼 국채가 국내에서 소화되고 있으면 국내에서 자본이 움직이는 것에 불과하고 주의할 것은 금리 위험에 의한 이자지불비용의 증대뿐이다.

금리 리스크가 있기 때문에 국채를 무턱대고 증대해서는 안 되지만, 국채를 변제하기 위해서 경제적 가치를 창출하기 위한 재정지출을 희생시킨다면 머지않아 국채보다도 그 담보가 되는 국가의 경제력이 약화될 것이다. 그 경계선의 결정은 정치가들의 손에 달렸다…

이상의 내용은 한편으로는 납득이 가는 주장이라고 할 수 있다.

국채는 장래세대에 부담을 주는 것인가?

확실히 국채의 문제점으로서는 세대 간 불공평 문제가 크다. 이 문제는 영구국채로 해결될지도 모른다. 이 절에서는 국채부담문제에 대해서 논의하기로 하자.

국채는 장래세대에 부담이 되기 때문에 세대 간 불공평이 문제가 된다. 현재 세대가 국채를 발행해 조달된 세입은 재정지출을 통해 편익을 누리지만 국채 상환 시 조세부담을 장래세대에 준다는 것이 문제가 된다. 하지만 건설공채 같은 경우 만약 현재 세대가 장래에 자산을 남기기 위해 국채를 발행한다면 그 혜택은 장래세대도 누릴 수 있기 때문에 장래세대에도 부담을 요구하는 것이 당연하다 여기며 이는 공공연히 인정되고 있다. 그 대신에 재산을 장래세대에 남기지 않는 적자공채는 아버지가 채무를 지고 자식이 지불하는 방식이기 때문에 바람직하지 못하다.

그래서 일본의 재정법 제4조에서는 건설공채발행의 근거규정을 두고 있지만 적자공채의 발행은 금지하고 있다. 그래도 매년 적자공채를 발행하지 않을 수 없는 상황이 계속되고 있다. 정부가 매년 예산과 함께 재정법 예외를 인정받기 위해 '특례법'을 국회에 제출하고 있는 상황이다.

이러한 예외적 사태는 오오히라 마사요시(大平正芳) 씨가 대장성 장관으로서 적자공채발행을 결단한 1975년도 이후, 1991~1993년을 빼고 30년 이상 지속되고 있다. 건설공채는 '4조 공채', 적자공채는 '특례공채'라 불리고 있다.

2009년도 당초 예산에서는 국가의 세입 약 88.5조 엔 중에 공채금수입이 33.3조 엔으로 공채의존도가 37.6%에 달하고 있다. 이 중 4조 공채는 7.6조 엔이지만 특례공채는 25.7조 엔을 발행하고 있다. 일본의 국채잔고는 2009년 말 581.1조 엔에 달하지만, 이 중 4조 공채는 234.7조 엔, 그리고 특례공채는 346.3조 엔에 달하고 있다.

장래세대 부담보다도 장래세대 '내'의 분배분제

그러나 잘 생각해보면 장래세대의 '부담'이라고 해도, 조세부담으로 국채를 상환할 때 실질적으로 부담하는 것은 누구인가? 그것은 국채를 가지고 있지 않은 사람이다.

논의를 쉽게 하기 위해서, 현재세대에서 발행한 국채는 전액 장래세대에 상환된다고 가정하자. 다음에 자세히 설명하겠지만 일본에서는 10년 경과 후에 원금이 전액 상환되는 10년 국채라 해도 실질적으로 차환국채로 연결하면서 60년에 걸쳐 조금씩 상환하게 되어 있다. 평균하면 30년으로 이것은 한 세대에 해당하는 기간이다.

장래세대의 시대가 되어서 국채가 상환될 때에 국채를 가지고 있는 사람은 국가가 국민으로부터 자금을 조달하는 세금에서 국채상환금을 받게 된다. 이때 국채를 가지고 있는 사람이 국채를 가지고 있지 않은 사람보다 부유하다면 저소득자에서 고소득자로 역소득분배가 일어나게 된다. 장래세대에 국채를 가지고 있는 사람은 현재세대의 아버지로부터 국채를 상속받은 사람이든 스스로 유통시장에서 국채를 구입한 사람이든 그 이외의 사람들과 비교하면 전체적으로 유복한 층이라고 생각해도 좋을 것이다. 따라서 국채발행은 장래세대에 '격차'를 조장하고 '불평등'을 확대한다.

여기서 국채가 가져오는 '부담'이 무엇인가에 대해서 생각해보자. 국채를 사는 사람은 스스로 자산을 유리하게 운용하는 가운데 국채를 선택하고 있다.

그것은 스스로 이익을 꾀하는 자유로운 선택의 결과다.

그러나 돈의 거출 중에서도 세금은 국가가 돈을 강제적으로 거출하는 것이다. 스스로 이자 등의 이익이 돌아오는 것을 바라고 자주적으로 선택하는 것이 아니다. 따라서 그것은 국채를 가지고 있는 사람을 위한 부담이 될 것이다.

이렇게 생각하면 국채의 문제는 '장래세대의 부담'보다도 '장래세대 '내' 의 분배문제'로 귀착하게 된다.

현재 기준으로 발행을 계속하게 된다면 반드시 한계가 온다

그러나 '건설공채'라면 도로 및 다리 등 국채를 가지고 있지 않은 사람들도 평등하게 편익을 누릴 수 있기 때문에 자산을 장래세대에 남기는 국채라고 생각할 수 있다. 장래세대 사람들이 그 부담을 평등하게 배분하면 된다.

그러나 여기에도 문제가 있다. 예를 들어 장래 자산을 남기는 건설공채라 해도 그 자산 모두가 장래세대에 도움이 되는 자산이라고는 말할수 없다. 부모의 지나친 배려로 인해 남겨진 자산이 자식에 있어서 가치가 없다면 채무를 부담하게 될 자식에게는 한낱 짐일 뿐이다.

예산의 지출은 민주주의 절차를 거쳐 결정된다 하더라도 장래세대는 현재의 투표에 참여하지 않는다. 재정은 대차대조표로 봐야한다는 점에서 예를 들어 채무가 거액에 달해도 부채에 상응하는 자산이 있으면 된다는 논의가 있지만, 문제는 자산의 내용이다. 그 내용 결정에 대해서는 장래세대가 관여하지 않기 때문에 장래세대에 도움이 되는 자산으로의 투자에 한정하여 신중하게 채무를 결정해야 할 것이다.

나아가 현재세대에서 증세하지 않고 지금의 일본처럼 국채를 계속 발행한다면 재정은 어떻게 될 것인가? 일본의 재정은 큰 적자를 기록하고 있지만 증세가 되지 않는 상황에서 국가는 세출을 축소해왔다.

그 결과 고령화 진전과 함께 사회보장급부가 매년 늘어날 수밖에 없지만, 국채비(국채의 이자 지불과 원금상환을 위한 지출)와 지방교부금 등 의무적 경비를 뺀 국가의 일반 세출은 실제적으로는 2001년부터 2008년까지 7년 동안 겨우 3.4%밖에 증가하지 않았다. 그 내역을 살펴보면 사회보장관계 비용은 32.6%가 증가했지만 다른 경비에 대해서는 공공사업비가 27.3%가 감소함을 필두로 나머지 항목 또한 감소하는 실정이다.

즉 계속 증가하고 있는 사회보장급부를 보충하기 위해 다른 경비를 축소하고 있는 것이다. 그렇지만 공공사업비, 문화교육ㆍ과학기술진흥비, 방위비, 정부개발원조 등도 많은 경비의 소요가 필요하기 때문에 이러한 재정운영은 언젠가 한계에 도달한다. 반영구적으로 사용하는 것은 불가능하다.

한편, 국채비는 2009년도 예산에서 20조 엔 규모로 세출전체의 20% 이상(88.5조 엔)을 차지하고 있다. 지금까지는 이상할 정도의 저금리를 통해 국채비를 억제해왔지만 국채발행잔고가 계속 증가해 언젠가 금리가 상승하게 될 경우 국채비는 현저하게 증가할 것이다.

세금을 부담해도 보답이 적은 장래세대

이상의 결과, 일본의 재정은 장래세대에게 '사회보장급부와 과거의 채무변제를 위한 희생'을 요구하게 될 것이다. 사회보장 이외에 아무것도 할 수 없는 재정, 그것도 많은 부분이 과거 채무변제에 사용되기 때문에 세금을 계속 지불해야 하는 납세자들은 곤경에 빠질 수밖에 없다. 국채비 압박으로 사회보장급부가 제대로 이루어지지 않는다면 누구를 위한 부담이 될 것인가?

국가가 빚을 내주고 있는 현재의 세대는 지불한 세금을 웃도는 정부서비스를 받을 수 있다. 그러나 장래세대는 지불한 세금 중에 과거 채무처리에 충당되는 부분이 있기 때문에 현재세대와 비교해 같은 금액의 조세 부담이라 하더라도 받을 수 있는 정부서비스는 상당히 작아지게 된다.

지금은 20% 정도의 국채비가 만약 장래세대에서 50% 정도로 변화한다면 장래세대는 지불한 세금의 절반밖에 정부서비스를 받을 수 없다. 나머지는 세대 내에서의 격차를 확대하는 역소득분배가 될 것이다. 이 중 건설국채에 상당하는 부분은 인정된다 하더라도 앞에서 설명한 것처럼 별로 반갑지 않은 자산이 있을 지도 모른다.

장래세대는 같은 세 부담을 하더라도 현역세대에 비교해 편익의 정도가 현저하게 줄어든다. 이러한 상태는 분명히 '장래세대의 부담'이다. 이것이 바로 세대 '간' 불공평일지 모른다.

이상과 같은 장래세대에 있어서 세대 '내' 불공평도 장래세대와의 세대 '간' 불공평도, 현재세대 동안에 증세를 해두는 것으로 해결될 수 있다. 증세가 싫다면 또 다른 해결책은 국채를 변제하지 않는 것이다.

즉, 앞에서 주장한 것처럼 지금의 국채를 영구국채로 차환한다면 적어도 원금은 장래세대에게 부담이 없기 때문에 이상의 문제는 소멸될 것이다. 이 이론은 성립한다. 문제는 이자부분 부담의 축소 여부이다.

'국채는 장래세대의 부담'의 본질적 의미

그러나 '장래세대'의 '부담'에는 본질적으로 다른 의미로서의 부담의 문제가 있다. 공채를 발행할 때 쉽게 일어나는 현상 중 하나가 본래 일본의 생산성을 향상시키고, 장래 국가 전체의 부를 더욱 증대시키는 민간투자를 촉진하는 데 쓰여야 할 자금이 공채로 몰리게 되는 것이다. 이를 구축 효과라 한다.

실제로 1990년대에는 매우 풍부한 재정출동이 생산성이 낮거나 또는 경제의 생산성의 향상으로 연결되지 않는 공공투자로 엄청난 재정이 몰린 결과, 일본 경제 전체로 포착된 대차대조표 상에서 전체적인 자산 수익률을 낮추게 만들었다는 것이 필자의 견해다.

물론 정부에 의한 공공투자 모두가 민간투자보다 생산성이 낮은 것은 아니다. 민간 경제활동의 기반으로써 유익한 사회 자본은 경제 전체의 생산성을 향상시켰다. 또한 사회자본 가치는 시장에서 평가할 수 없는 면이 있기 때문에 여기에는 개념적 의미에서의 사회적 수익률도 있었을 것이다. 원래 민간에서 할 수 없는 것을 정부에서 하기 때문에 같은 기준으로 비교할 수는 없다.

그렇지만 예를 들어 홋카이도에서 생산된 참마가 건강에 좋은 나머지 중국에서의 수요가 커서, 일본 국내로의 공급이 부족했을 때, 공공투자로 암거배수설비를 정비한다면 국내수요 또한 충분히 감당할 수 있을 것이다. 또 다른 예로서 오호츠크 해 연안에 접해 있는 마을이 가리비 생산으로 소득이 크게 상승한 것은 국가의 도로정비 사업을 통해 원료 구입비가 낮아져 가리비 채산성이 향상되었기 때문이라고 하자. 이것은 누가 보아도 호안공사(둑을 유수에 의한 침식과 침투로부터 보호하기 위하여 마련하는 구조물) 및 자동차가 거의 지나가지 않는 간선도로보다도 생산성이 높은 공공투자다.

물론 지나친 호안공사로 엄청난 시멘트와 재료가 투입된다면 여기에는 자본이 유입되어 고용이 창출된다. 도로에 구멍을 내고 또다시 메우는 공사라 할지라도 공공사업은 경기 부양효과를 갖는다고 케인스도 논한 바 있다. 경제파급효과가 기대가 되고 그것이 낭비적 사업이라 하더라도 생산성이 높은 민간투자를 유발할 수 있는 경제 상태라면 이것 또한 어느 정도 필요할 것이다. 그러나 경제가 위축되어 있을 때 국가가 재정 지출을 통해 자본을 유출한다 하더라도 그것이 민간투자를 유발할 수 없다는 것을 우리는 1990년대에 체험한 바 있다.

역시 공공투자의 효과가 나타나기까지 장기적인 시간을 필요로 한다 하더라도, 장래 일본의 경제 생산성 향상에 기여하는 것을 우선적으로 선별해야 할 것이다. 이를 위해 각 지역 및 일본 전역에서 어떠한 가치를 생성해 경제 생산성을 높일 것인가에 대한 명확한 비전과 로드맵을 제시할 필요가 있다. 이와 함께 종합적이고 효과적인 공공투자를 선택해야 한다. 이를 위한 국채 발행이라면 정당화가 가능하다.

원래 일국 전체의 자산수익률은 일국의 금리 수준을 반영하고 그것은 경제 전체의 장래 생산성의 상승 기대를 반영한다. 이 3개의 지표가 병렬적으로 움직인다고 생각한다면 일본에서 계속되어 온 이상한 저금리는 경제 전체의 자산수익률과 생산성 상승기대의 낮음을 반영하는 것이다.

저금리정책도 그리고 단기적인 부양효과를 목표로 한 나머지, 생산성이 낮은 분야에도 공공투자를 실시하는 '적극'재정 정책도 이러한 일본 경제의 장래에 대하여 비관적 가정에 대한 '과잉반응'이라 할 수 있다.

세금을 징수하는 것에 비해 공채발행은 저항이 조금 쉽다고 한다면, 그리고 그 결과 **재정 지출이 장래의 생산성 상승과 연결되지 않는 분야에 과도하게 자원이 쉽게 배분된다면, 장래세대가 누리는 부가 그만큼 감소되는 것이다.**

이것은 공채 발행이 초래하는 본질적인 '장래세대 부담'의 문제가 된다.

이 문제에 대해서 얘기하면 영구국채로는 해결이 되지 않으며 오히려 장래 증세가 크게 이루어지지 않기 때문에 지금의 국채보다도 영구국채를 발행하게 된다면 이 문제는 심각하게 될 것이다. 지금의 국채든 영구국채든 이 문제를 회피할 수 있는 것은 재정규율 문제가 될 것이다. 장래 생산성으로 연결되는 지출에 국가의 세출이 중점 배분되기 위해서는 재정규율에 있어서 방만한 재정 운영에 대한 제약을 설정해야 한다. 영구국채를 발행하기 위해서는 정치가 좀 더 재정규율에 책임을 가져야 할 것이다. 그러나 현대 민주주의국가에서 정치라 함은 어느 곳이든 마찬가지겠지만 선거에서 표를 얻어야 한다는 제약에 놓여있기 때문에 재정적자를 팽창시키는 경향에서 간단히 벗어날 수 없다. 그렇다면 재무성이 엄격한 사정을 시행해야 하지만 재무성은 집권여당이 국회에서 예산 및 법안을 통과시켜주지 않으면 아무것도 할 수 없는 입장이다. 특히 향후 전체적인 공무원제도 개혁에서 간부인사까지 집권여당의 힘이 뻗치고 있는 실정이기 때문에 관료들의 정치에 대한 종속성이 확대되고 있다. 그렇기 때문에 정치, 관료, 각계 관계자, 일반 국민까지도 모두가 납득해서 수용하고 지키려는 재정규율의 원리원칙이 일정 제도로서 존재하는 것이 필요하다.

2. 재정규율로서의 재정재건 목표

그러나 재정규율을 도대체 무엇으로 담보할 것인가는 간단한 문제가 아니다. 가장 강력한 것이 법률이지만 적자국채를 발행하지 않는 재정법상의 법률까지 특례법으로 파괴되고 있다.

결국 그 당시의 정권이 유권자와의 사이에서 어떠한 재정규율을 약속하고 있는가를 보는 수밖에 없다. 그것은 집권여당의 당초 정권공약(메

니페스토)이나 그 정권기간 중의 각의(閣議) 결정일 것이다.

그와 같은 재정규율로서 최근 일본의 정부·여당이 재정에 먼저 추진한 것이 2011년도 중앙과 지방을 합친 재정의 기초적 재정수지, 즉 프라이머리 밸런스(Primary Balance, PB)의 회복이라는 재정재건 목표이다.

프라이머리 밸런스(PB)란 무엇인가?

PB란 매년도 공채발행액이 **매년도 공채비(원금상환+이자비)와 동등한 상태**를 가리키는 것이다. 그것은 매년도 공채비 이외의 세출이 공채 이외의 재원, 즉 세수 등에 의해 조달되는 상태를 의미한다.

가계에 비유하자면 채무의 원리이자 이외의 가계 지출을 채무 이외의 '소득'으로 조달하고 있는 상태. 현재의 상태에서는 소득만으로 조달이 안 되어 매년 부족분을 빚을 내서 조달하고 있다.

매년도 세수 등의 '수입'이 공채비 이외의 세출에는 부족한 분을 프라이머리 적자라 부르며, 반대로 세수 등의 '수입'이 매년도의 이 채무 원리변제액 이외의 세출을 상회하는 분을 프라이머리 흑자라 부른다. 현재는 중앙과 지방을 합친 정부 부문에서 프라이머리 적자가 계속되고 있다. 이것을 프라이머리 밸런스의 상태로 가지고 가기 위한 수단은 세출을 삭감할 것인가, 세수를 늘릴 것인가 둘 중 하나밖에 없다.

그럼 PB상태란 무엇을 의미하는 것인가?

이것은 **목표 상태를 달성하고 장기금리와 명목성장률이 일치하는 상태가 겹친다면 공채잔고 대 GDP 비의 발산적 확대가 멈춘다는 것을 의미하는 것에 불과하다.**

이것은 무엇을 의미하는가하면, PB 상태에서는 신규공채발행액이 공채원금상환액에 이자비를 더한 금액과 일치하기 때문에 그 해에 있어서 공채발행 잔액은 이자비만 증가하게 된다. 즉 그 해 공채발행액의 증가율은 공채의 이율(%)과 같다. 한편 명목 GDP는 당해 년도의 명목경제성장률로 증가한다.

여기에서 공채금리가 시장에서 결정되는 장기금리와 같다고 하면

전년도의 공채잔고/전년도 GDP는

금년도 공채잔고 [＝전년도 공채잔고×{1＋장기금리(%)}]

÷금년도 GDP[전년도 GDP×(1＋명목경제성장률)]과 같게 된다.

왜냐하면 장기금리와 명목경제성장률이 동등하다면, [1＋장기금리(%)]와 (1＋명목경제성장률)이 같기 때문이다. 공채잔고도 GDP도 같은 증가율로 증가하기 때문에 PB의 상태에서는 공채잔고/GDP 비율은 일정하게 유지된다는 것이다.

재정운영에서 중요한 것은 공채잔고/GDP 비율이 점점 확대해가는 것으로, 공채잔고가 경제에 있어 부담이 되는 것을 막는 것이다. 결국은 부담이 생산적인 투자에 자금이 흐르는 것을 방해하고, 앞에서 본 것처럼 본질적인 부담을 장래에 남겨 경제가 유지되기 어려울 정도의 공채잔고가 금리를 과도하게 상승시켜 투자를 방해하고 경제를 정체시키게 된다.

그래서 먼저 PB를 달성하고 공채잔고/GDP 비율의 상승을 억제하는 전제를 만드는 것이 재정건전화의 제1의 목표가 된다.

그러나 이것은 재정건전화에 있어서 어디까지나 중간목표에 지나지 않는다. 예를 들면 신오사카에서 신칸센으로 도쿄를 향하는 도중에 나고야에 도착한 것이다. 이런 상태에서는 금리 〉 성장률의 경우에는 공채잔고/GDP 비율이 확대를 계속하기 때문이다.

재정재건의 네 가지 목표

여기서 논의를 쉽게 하기 위해 지방은 제외하고 중앙정부의 재정안에 대해서 그림 4를 참고로 재정건전화 목표를 단계적으로 정리해보자.

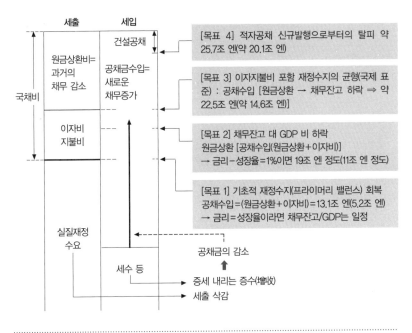

그림 4 재정재건목표와 현재 상태와의 갭
숫자는 중앙정부의 2009년도 당초 예산과의 괴리. [ ]는 2008년 당초 예산과의 괴리

목표 1 프라이머리 밸런스의 회복

2009년도 국가예산에서는 PB는 ▲13.1조 엔의 적자이기 때문에 이 목표 달성에는 신규공채발행액을 현재보다 **13.1조 엔**을 감축하는 것이 필요하다. 그러나 장기금리가 명목성장률과 같게 되는 것은 보증되어 있지 않다. 오히려 학설적으로 매년 변동은 있지만 장기금리가 명목성장률을 상회하는 것이 통례로 되어있다.

여기서 조금 어려운 이야기를 하면 경제학에서는 바람직한 금리수준은 시간선호율＋기술진보율(＝1인당 실질경제성장률)로 되어있다.

이 상태에서 사람들은 자신의 소득을 소비와 저축에 어떻게 배분할 것인가에 대해서 최적의 선택을 하게 된다. 시간선호율은 현 시점에서의 소비를 포기하고 장래시점에서의 소비를 선호하는 것이다. 예를 들면 아이가 아버지에게 장난감을 가지고 싶다고 응석부릴 때 다음 주에 좀 더 좋은 장난감을 사줄 테니 지금은 참으라고 설득할 때, 아이가 어느 정도 참고 있는가를 나타내고 있는 것이라고 해석해도 좋을 것이다.

또한 금리는 수익률을 반영하고 경제생산성의 상승 기대 및 경제성장률을 반영하지만 시장에서 결정되는 금리에는 리스크 프리미엄이 계산되어있기 때문에 그만큼 높은 수준이 된다는 것이다.

어쨌든 인위적인 저금리 정책이 취해지거나 금리에 규제가 있거나 하지 않는 한, 명목장기금리는 명목경제성장률보다 높은 수준이 된다는 것을 충분히 이해할 수 있고, 그것은 자연스러운 것으로 책임 있는 재정운영을 생각할 때 중요한 상정이라고 할 수 있다.

그렇다면 공채잔고/GDP 비율이 확대되지 않기 위해서는 PB로부터 더욱더 어느 정도의 프라이머리 흑자를 확보할 필요가 있다.

목표 2 프라이머리 흑자폭의 설정

PB 흑자폭에 대해서는 만약에 장기금리가 명목경제성장률을 1% 상회한다고 가정하면 공채발행 잔고의 1%의 분을 생각해두지 않으면 안 된다. 중앙정부의 입장에서 본다면 600조 엔에 가까운 국채잔고가 있기 때문에 그것은 6조 엔 정도의 금액이 되고, 앞에서 설명한 프라이머리

적자를 합해서 신규공채발행잔고액을 현재보다 **19조 엔 정도** 삭감하는 것이 목표가 된다. 이것으로 국채잔고/GDP 비율이 확대하지 않는 상태가 보증되는 것이다.

그러나 현재의 공채잔고/GDP 비율 그 자체가 지나치게 높다는 논의가 있다. 여기서 중앙정부뿐만 아니라 지방을 포함한 국민경제계상 기준에서 '일반정부'의 채무 잔고에 대한 GDP 비를 OECD 통계(2008년 12월)로 비교하면 2009년 시점에서 일본은 174.1%다.

이것은 다른 선진국과 비교해 지나치게 높다(미국 78.1%, 영국 63.6%, 독일 66.3%, 프랑스 75.9%, 이탈리아 114.4%, 캐나다 65.6%). 최근에는 이제껏 보지 못한 세계적 경제 불황으로 유럽 각국의 이 비율이 상승하고 있지만 유로에 가입할 수 있는 자격은 60% 이내이다. 만약에 일본이 유럽의 국가에 포함된다면 열등생에 속하기 때문에 유로를 사용하는 국가에 가입하는 것은 불가능하다. 이 비율을 축소하기 위해 생각할 수 있는 방안은 국채잔고를 늘리지 않는 것이다. **공채잔고가 일정하다면 GDP는 경제성장과 함께 확대되기 때문에, 공채잔고/GDP 비율은 자연적으로 감소하게 된다.** 공채의 대부분이 국채이기 때문에 이를 위해 적어도 국가가 국채발행 잔고를 일정하게 유지하는 것이 필요하다.

목표 3 채무 잔고가 증가하지 않도록 한다.

국가의 입장에서 보면 **국채의 이자비 부분까지 전액, 세수 등으로 조달한다**는 것을 목표로 해야 한다. 왜냐하면 이 상태에서 신규공채발행액은 국채원금상환액과 일치하게 되고 **매년도 국채신규발행액 = 매년도 국채상환비**가 되므로 국채잔고가 일정하게 되기 때문이다. 2009년도 예산

에서는 국채이자비가 9.4조 엔이기 때문에 신규공채발행액을 현재보다
도 13.1조 엔(프라이머리 적자액)에 9.4조 엔을 더한 22.5조 엔 정도 삭
감하는 것을 목표로 하게 된다.

이것은 공채의 이자비를 포함해 세출을 검토했을 경우로, 재정수지 균
형이 달성되는 상태를 의미한다. 즉 원금 상환비 이외의 경비와 이자를
포함해서 모두 지출했을 경우에 그 지출금액이 세수 등으로 조달되는 것
이다. 이것을 '이자비 포함의 수지균형'이라고 한다.

목표 4 신규적자공채발행(특례공채) 제로

이 목표는 적자국채를 금지하는 재정법 취지로 돌아가 건설공채원칙을
철저하게 고수하자는 것이다. 일본은 적자국채를 발행하기 시작한 이
래, 아주 짧은 시기만 이 목표를 달성한 적이 있다.

그것은 1990년대 초기에 버블이 발생했을 때 이상한 세수증가로 적자
국채발행에서 탈각했던 것이다. 이상한 경제 상태에서만 재정의 원칙에
되돌아올 수 있다는 것은, 세출에 대해 세입이 압도적으로 부족한 지금
의 일본재정구조 그 자체가 얼마나 이상한 것인가를 나타내는 것이다.
이 목표를 달성하기 위해서는 신규공채발행액을 25.7조 엔으로 축소할
필요가 있다.

국채잔고를 줄이는 장기적 목표

이상 4개의 목표를 검토했지만, 이번의 경제위기 이전에는 미국이나
EU도 재정건전화 목표로 〔목표 3〕(이자지불을 포함한 수지균형)을 설
정해 왔다. 영국은 좀 더 엄격한 〔목표 4〕를 설정했기 때문에 일본은 최

소한 〔목표 3〕을 설정하는 것이 국제표준에 맞는 목표설정이라고 할 수 있다.

여기에서 얻을 수 있는 결론은 **국채발행잔고/GDP 비율을 저하시켜, 국제표준에 맞는 재정운영을 위해서는 이자비도 공채금으로 조달해서는 안 된다**는 것이다.

이것은 일본에 있어 장기적인 목표가 될 것이다. 지금보다도 재정수지를 22.5조 엔 개선하지 않으면 안 된다. 그 수단은 세출을 삭감하든지, 세수를 늘릴 수밖에 없지만, 그 노력을 오로지 세출삭감에 요구하면 어떻게 될까?

2009년도 국가의 일반 회계 88.5조 엔 중에서 삭제할 수 없는 국채비(20.2조 엔), 법정(法定)으로 지방 재원이 되는 지방교부세교부금(16.6조 엔), 고령화와 함께 자동적으로 사회보장급부가 늘어나는 사회보장관계비(24.8조 엔)의 세 가지만으로 70% 가량을 차지한다. 나머지 30%인 26.9조 엔이 국가가 재량적으로 책정할 수 있는 경비라고 하지만, 그 중에서 22.5조 엔을 삭감한다는 생각은 너무나 비현실적이다.

정부는 사회보장비를 매년 2,200억 엔 정도 삭감하는 노력을 하고 있지만, 적어도 사회보장급부나 지방교부세를 몇 할 삭감해야 한다. 그러나 사회보장급부의 억제를 계속한 결과 의료 붕괴나 복지 붕괴가 진행되고 있는 것이 현실이다. 지방의 폐해가 심각한 상황에서 지방교부세를 크게 삭감한다면 지방세를 독자적으로 인상하지 않으면 안 되는 지방은 곤란한 상황에 처할 것이다.

경제성장이나 인플레이션에서도 재정 문제가 해결되지 않는다

세출 삭감을 어느 정도 한다면 다음은 경제성장에 따른 세금의 자연증수로 차이를 메꿀수 있다는 주장도 있다. 이러한 입장은 기업의 수익을 늘려 세수가 자연적으로 증가해 적자국채의 발행이 불필요하게 되어 재정 재건 및 기초적 재정수지의 건전화가 실현될 수 있다는 것이다. 그들은 〔목표 1〕로 충분하다고 주장할지도 모른다.

그러나 성장률이 상승하면 금리도 상승한다. '명목금리 〉 명목경제성장률'의 관계에서 경제성장률이 1% 상승하면 금리도 1% 상승할 것이다. 금리가 1% 상승하면 어떻게 될 것인가. 본서의 수치로 예를 든다면, 국채이자비의 600조 엔 가까이가 국채잔고에 연결되어 있기 때문에 그 1%일지라도 실제의 세출은 단숨에 6조 엔 가까이 증가할 것이다.

한편 명목 경제성장률이 상승하면 세수도 증가하지만 세수탄력성, 즉 경제성장률이 1% 변화하면 세수가 몇 % 변화하는가를 추계한 값은 대충 1.1~1.2 정도로 알려져있다. 이것이 1.2라고 가정했을 때 성장률이 1% 상승하면 세수는 1.2% 증가할 것이다. 일본 최근의 국세 수입은 50조 엔 전후로, 증가하는 세수는 6,000억 엔 전후에 불과하다.

물론 현실은 이처럼 단순하지는 않을 것이다. 금리 상승은 이자소득세의 세수를 늘린다. 이자비 증가는 국채발행잔고의 평균금리상승에 의한 것으로 과거에 발행한 국채가 차환되어 금리가 새롭게 바뀌기까지 수년이 걸린다. 이 기간은 명목성장률 상승분이 국채발행잔고 평균금리를 웃도는 것에 의한 보너스일 것이다. 또 달리 고려해야 할 요소도 있다.

그러나 경제성장률이 상승하면 단순 계산으로 세출 증가가 조 엔 단위, 세수 증가가 천억 엔 단위이기 때문에 재정수지 개선은커녕 오히려 악화될 가능성이 크다. (정부는 2009년도에 금리가 1% 상승했을 경우 2010년도 이자비 증가는 1.1조 엔, 명목성장율이 1% 상승했을 경우 2010년도 세수 증가를 0.5조 엔으로 계산하고 있다)

용케도 인플레가 되면 채무의 가치가 저하되기 때문에 정부의 채무는 사라지게 된다. 그래서 인플레이션을 발생시키면 된다고 말하는 이도 있다. 확실히 역사적으로도 보아도 전쟁 후 혼란기에 하이퍼인플레이션이 일어나서 재정적자문제가 해소한 경험을 각국에서 찾아볼 수 있다.

하지만 인플레이션을 발생시킨다면 자본주의가 붕괴할 정도의 하이퍼인플레이션이 아니면 안 될 것이다. 국민의 저축이 사라질 정도의 인플레이션을 각오한다면 가능할 것이다.

그러나 인플레이션율이 몇 퍼센트 높일 정도의 인플레이면, 명목금리＝기대인플레이션율＋실질금리의 관계에서 명목금리가 동률로 상승할 것이다. 혹은, 명목장기금리 〉 명목경제성장률＝인플레이션율＋실질경제성장률이라는 관계도 있다.

그렇다면 상기와 똑같이 오히려 재정수지가 악화될 뿐이다. 인플레이션은 경제 활성화에 따른 실질경제성장률의 상승으로 금리상승을 발생시키지 않는 만큼 한층 경제에는 악성이다.

어떻게 해서든 저금리를 유지해야 하는 이유

예를 들어 현재 일본의 공채잔액은 경제 활성화에 성공한다 하더라도 재정악화를 불러올 수 있을 정도의 이상한 수준에 있다. 덧붙여 금리상승으로 늘어나게 되는 신규국채발행액의 증가율은 명목 GDP 증가율을 당연히 상회하기 때문에 국채발행시장에서는 과도하게 국채가 발행됐다는 생각이 팽배해진다.

이것은 금리를 더욱더 상승시킬 가능성이 있다. 또한 금리상승에 의한 민간보유국채 평가손실의 발생을 동반해 국채매각의 움직임이 활발해져 금리는 더욱 상승할 가능성도 있다.

결국 **경제가 방대한 국채잔액을 안고 있기 때문에 경제 활성화에 따른 명목경제성장률 상승이 오히려 재정악화와 금리상승을 초래하는(재정파탄요인과 경제성장의 억제를 낳는다.) 구조로 일본 경제에 구축**되어 있는 것이다.

이것을 피하기 위해서는 금융정책에 의해서 인위적으로 초저금리 상태를 계속 유지할 수밖에 없다. 실제로 일본에서는 누적되어 있는 국채발행잔액 대 GDP 비가 발산적 확대를 보여왔음에도 불구하고 국채이자비는 과거 20년간이나 보합 상태가 계속되어 온 것은 디플레이션과 초저금리정책이 유지되었기 때문이다.

그리고 지금까지 장기에 걸친 일본은행의 '초금융완화 정책'은 일본금융시장의 시장메커니즘을 파괴하고, 엔화 자산의 매력저하가 두터운 시장형성을 방해해 엔화금리시장, 엔화통화시장의 저조, 국제적 고립이라는 사태를 불러왔다는 지적도 있다. 외국자본은 이러한 합리성이 결여된 일본금융시장의 틈새를 이용하여 투기를 통해 큰 이익을 올릴 수 있는 장으로 변화시켰고, 그로 인해 일본의 국부유출이 진행되어 왔다고 한다.

또한 바람직한 실질금리수준보다 실제의 실질금리가 낮은 경우에는 민간에서도 채산성이 낮은 투자프로젝트가 선택됨으로써, 본래 경제시스템 및 경제정책이 목표로 하고 있는 '장기적으로 높은 수준의 안정적인 소비실현'이 손상되고, 버블 발생을 가져온 것 등에 대해 히토츠바시 대학의 사이토 마코토(齋藤誠) 교수는 경종을 울리고 있다.

이러한 국민경제적인 손실은 '상승세' 정책으로 실질성장률을 서서히 올린 선에서 그것을 상회하는 것이다.

오랫동안 초저금리 정책의 결과 시장이 금리인상에 민감하게 되어 금리가 시장에 가져오는 충격 때문에 일본은행의 금리인상이 쉽지 않다는, 일종의 저금리정책의 구조화가 진행된 것이다. 그 한 가지 요인이 재정에도 있다.

금리가 상승하면 힘들게 유지되어 온 일본의 재정이 혼란에 빠진다는 상황은 앞에서 이미 논술한 논의로부터도 명확하다. 경기가 좋은 평상시에도 일본의 경제정책은 저금리 쪽으로 편향되지 않을 수 없다.

이상한 저금리정책에 의해 파탄을 면하고 있는 상황

보통 어떤 국가의 시장 시세가 그 국가의 정치적 이해관계를 강하게 반영한다거나, 인위적인 시세의 유지가 언제까지 계속될까에 대해서 불확실성이 있거나 하는 경우, 그 외부에 있는 투자가는 그 국가의 시장에는 손 대지 않을 것이다.

그 결과 엔화는 달러 및 유로화에 대해서 중요한 통화의 지위를 쌓는 발판을 상실해 왔다. 결국 일본의 거시경제정책은 해외의 투자가에게 유리한 형태인 자본이 일본에서 나가는 흐름을 조장했지만, 국내의 투자가들에게 유리한 형태인 자본이 일본에 유입되는 흐름을 봉쇄했다.

불량채권 처리에 해결점이 보이고 위기를 탈출한 후의 일본의 경제정책과제는 금융정책을 재편성하고 엔화에 대한 신임을 높여 엔화통화 및 엔 자산에 대한 수요를 공고한 것으로 만들어야 했다.

그러나 일본의 초저금리 구조화의 책임은 금융정책 담당자에게만 물어서는 안 된다. 그 구조에서 탈피하기 위한 최소한의 필요조건은 금리정상화가 장기금리의 고도한 상승을 초래하지 않도록, 거액의 국채발행잔고를 삭감하기 위한 효과적인 로드맵을 정부가 명확히 제시하는 것이다.

현재 일본의 재정 상태는 이상한 저금리 정책에 의해 파탄을 면하고 있는 상황으로, 이것은 일본 경제의 이상한 모습(장래 생산성 상승에 대한 비관적 상정) 위에 이루어지고 있는 비정상적인 모습이기도 하다. **재정의 이러한 이상한 모습을 시정하지 않으면 금융의 자원배분 기능의 정상화를 방해하고 금융시장의 국제적 지위저하를 불러올 것이다.**

덧붙여 해외와의 사이에서 쌍방향 자금순환이 활발하게 이루어지는 매력적이고 두터운 금융시장형성은, 일본 경제가 장래 국내민간수요주도의 든든한 성장을 실현하는 데 있어서 꼭 필요한 전제조건이 된다. 왜냐하면 그 상태에서 일어날 수 있는 장기금리상승이 성장을 억제할 때까지 과도한 것이 되지 않도록 하기 위해서는, 일본의 금융스톡에서의 공채잔고의 중압을 완화할 수 있도록 해외에서 활발한 자금유입이 일어날 수 있는 금융시장이 존재하지 않으면 안 되기 때문이다.

그러한 금융시장의 형성을 이상한 모습의 현재 재정이 방해하고 있다면, 정부가 국채발행잔고 저하의 과정을 나타냄으로써 금리정상화를 위한 환경의 정비가 거시경제 정책운영에 있어서 중요한 과제가 될 것이다.

현재세대가 감당해야 할 과제

이렇게 보면 [목표 3]뿐만 아니라 그것보다도 더 세세한 규율이 필요하다.

어쨌든 성장파의 노선이 성립하기 위해서는 학설을 무시하고, 성장률이 금리를 계속 상회한다고 상정한 후, 실현가능성은 장래경제성장률 달성의 기대를 근거로 할 수밖에 없다. 그러나 **정부의 책임은 비가 올 때 우산을 빌려주는 것이다.** 성장을 통한 구조 개혁을 주장하는 사람은 장래 경제성장이야말로 정부가 책임져야 할 것이며, 그것에 대해서 비관적인 상정을 하는 것이야말로 정부의 책임방조라고 주장하지만 원래 경제는 불확실한 것이다.

100년에 한 번 있을까 말까한 세계적 경제 위기가 일본 정부의 책임을 회피할 수 있는 방편은 아니다.

선택할 수 있는 것은 '**현재증세, 미래증세**'밖에 없을 것 같다.

증세를 내일로 미룬다면, 그만큼 장래세대의 증세는 늘어날 뿐이다. 그때 일본 경제는 그 증세를 견딜 수 있을 것인가? 현재 100년에 한 번의 경제위기로 증세가 어렵다 하더라도 위기에서 벗어난 후 빠르게 증세를 결정하지 않으면 과거의 채무처리는 한층 더 어려워질 것이다.

우리들 세대가 편익만을 추구하면서 증세 전에 세출삭감을 주장하고, 철저한 행정개혁을 요구하고, 정부가 먼저 바른 자세로 낭비를 없애라는 말을 되풀이하고, 부담의 문제를 미룸으로써 이러한 재정을 장래세대에 남기게 되었다. 재정 분야에서 세출삭감도, 행정개혁도, 낭비의 배제도 중요하고 영원한 주제이다.

그것은 재정상황이 어떨지라도 철저하게 계속되어야 할 것이다. **그러**

나 오랫동안 기다려서는 안 된다.

지금 정부의 낭비 문제를 강하게 외치고 있지만, 그것과는 다른 차원에서 증세에 의한 〔목표 3〕을 현실화하는 것이 우리들 한 사람 한 사람 국민들의 이익인 것이다. 국가에 절대군주가 온전하게 존재하고 그들에게 상납하는 것이 세금이 아니다. 중앙, 지방, 정부 관계 기관까지 포함한 공무원 수(인구당, 군인은 제외)에 있어서는 일본은 주요선진국과 비교해 절반 정도 양적으로 작은 정부다. 세금에서 특수법인에 흘러든 돈이 대량의 낙하산 관료를 양성해 불필요한 업무를 만들고, 막대한 낭비를 발생시키고 있는 것이 재정적자의 원인이라고 말하는 것은 언론이 만들어낸 허상에 지나지 않다.

증세는 정부의 신뢰가 전제라고 말한다. 확실히 정부에의 신뢰는 건전사회의 기본이다. 그렇지만 이 세상에서 우리들이 가장 신뢰하는 것은 자신의 가족 및 동포일 것이다. 그들의 미래 이익을 배반하는 것은 스스로의 책임으로 회피해야 한다. 세금은 정부가 자기 소비를 위해 징수하는 것은 아니다.

우리들이 납부한 세금은 **기본적으로 정부의 공공서비스로서 우리들에게 돌아올 것인가, 아니면 과거의 채무처리에 충당될 것인가 둘 중 하나라고 생각하는 것이 좋을 것이다.**

그렇다면 과거의 채무처리에 충당되는 분을 조금이라도 줄이는 것이야 말로 우리들 국민의 이익이다. 여기까지 과거 채무처리를 장래세대에 남겨둔 **현재세대가 책임을 지고 해야 할 일은, 장래세대에서 처리하지 않으면 안 되는 과거 채무를 조금이라도 경감시키는 것이다.** 그래서 그러한 장래세대의 채무처리액을 실질적으로 경감하는 하나의 방법으로서 영구국채가 부상하고 있다.

그러나 일본에는 이러한 영구국채와 근본적으로 모순되는 하나의 재정규율이 존재하고 있으며 이는 영구국채를 실현하는 데 있어 최대 관문이다.

3. 영구국채를 발행하기 위한 필요조건은 무엇인가

60년 상환 규칙이란 무엇인가?

일본 재정규율 중에 60년 상환규칙이라는 '감채제도'가 있다. 이것은 다른 나라에서는 그다지 볼 수 없는 일본이 지켜야 할 독자의 우수한 시스템의 하나일지도 모른다.

그러나 이것은 실제로는 기능하고 있지 않다. 국채발행잔고가 줄기는커녕 상환 시 국채를 다시 빌리는 차환채로 국채잔고가 증가하는 편이 크기 때문이다. 그러나 어떠한 제도를 표면상의 방침으로 가지고 있는가에서 사람들의 행동은 달라진다. 현재 상태는 이상과 괴리하고 있다고 설명하고, 심리학적으로 재정규율에 연결된다고 생각하는 것이 지금까지 재정당국의 사고방식이다.

좀 더 자세히 설명하기로 하자.

먼저 60년 상환규칙이란 무엇인가 하면, 그것은 국채를 60년에 걸쳐 상환한다는 규칙이다. 그 때문에 **국채발행잔고의 1.6%(1/60)에 상당하는 금액을 매년도의 예산에서 국채의 상환재원으로 이월하고 있다.** 예를 들어 10년 국채라도 그것은 10년 후에 전액 세금으로 상환하는 것은 아니다. 그러한 일을 한다면 상환 시에는 대증세가 필요할 것이다. 매년도 상환담보를 실제로 상환 가능한 현실적 범위로 억제하고 여러 년도로 분산하는 것이 좋다.

만약 어느 해에 10년 만기 국채를 6조 엔 발행했다고 하자. 최초 만기가 10년 후에 돌아오지만, 이 규칙에서는 매년 60분의 1 이기 때문에 10년 경과한 지점에서는 60분의 10에서 6분의 1, 즉 1조 엔만 세금으로 갚는다. 그리고 나머지 5조 엔의 상환은 그 시점에서 국채, 즉 차환채를 새롭게 발행해 변제금을 조달한다. 채무변재를 위한 빚을 내는 것이다. 이 차환채를 10년 국채로 발행하게 되면 20년째, 30년째… 로 10년마다 각각 1조 엔씩 세금으로 국채잔고를 줄이고, 나머지는 차환채로 연결함으로써 60년째에 간신히 전액 세금으로 변재하게 되어 당초 6조 엔의 채무가 사라진다.

이 규칙이 잘 기능하고 있으면 지금 있는 국채잔고는 매년 평균해서 60분의 1씩 감소하고 60년 후에 제로가 된다. 지금 있는 국채에 추가해서 매년 새로운 국채를 발행한다면 그것에 의한 국가의 채무는 각각 그 60년 후에 소멸된다.

알기 쉽게 하기 위해서 현상에 가까운 수치를 예로 들어 살펴보자.

2009년 말 국채발행잔고 예상액은 581.1조 엔으로, 어느 년도 말 시점에서 국채발행 잔고액을 600조 엔이라고 놓고 보면, 다음 년도 예산에서 그 원금의 1/60인 10조 엔을 세금으로 상환하게 된다. 국채경리를 담당하고 있는 것은 재무성 이재국이 관할하는 '국채정리기금'이라는 특별회계다.

60년 상환 규칙에서는 국가의 일반회계에서 국채잔고의 1.6%, 이 경우는 10조 엔의 기금이 국채의 상환재원으로서 이월되어 그것을 재원으로 국채를 상환해 국채잔고를 줄이게 된다. 따라서 이 제도는 '**일정률 이월**'이라고 불린다.

지금 국채발행잔고에 부과되는 평균금리가 1.5%라고 하면, 그 해 금리부담은 600조 엔×1.5%=9조 엔이다. 이것도 일반회계에서 부담하게 된다. 이 해의 일반회계에 있어서 국채비는 대략 앞의 원금을 상환하기 위한 일정 이월 10조 엔＋금리부담 9조 엔＝19조 엔이 된다.

그래서 국가의 세입은 '세수'(2009년도예산에서 46.1조 엔)와 '기타수입'(9.2조 엔), '공채금'(33.3조 엔)으로 구성되지만, 단순화를 위해 채무 공채금 이외는 '세수 등'이라고 하자. 가정(家庭)하여 말하면 이것이 급여 및 부업, 금리수입 등의 1년간 벌이를 나타낸다. 세입은 세출을 조달하는 재원이기 때문에 본래는 수입인 '세수' 등으로 세출을 조달해야 하지만, 세출에 대해서 수입이 부족하기 때문에 공채금으로 빚을 내고 있다. 공채금 중에 건설공채는 공공사업 등의 재원이기 때문에 세출의 사용용도, 세입의 종류와 연관되어 있지만 그 밖의 세출은 공채금과 세수 등에 의해 조달되는 것으로 연관은 없다.

사용별로 국채를 세 가지로 분류해보자

알기 쉽게 설명하기 위해 국채를 사용 성질에 따라 3개로 분류해보자.

첫째, (a) '실질재정수요국채'라고 하자. 국가 예산 중 국채 이외의 사회보장비 및 공공사업비 등의 일반세출, 지방교부세, 지방교부금 등 정부공공서비스 재원을 충당하기 위한 공채금 부분이다. 재정은 원래 채무를 처리하기 위한 것이 아니라 실질재정수요를 충당하기 위해 정부공공서비스 제공을 실현하기 위해 존재한다.

지금 어느 해 예산의 공채금이 33조 엔 계상되어 있다고 하자. 이것은 어떠한 상태를 의미하는 것인가.

이중 건설공채가 8조 엔이라고 하면(2009년도 예산에서는 7.6조 엔), 나머지는 25조 엔으로 그것은 적자국채이다.

공공사업 이외의 실제 재정수요는 가능한 한 적자국채가 아닌 그 해 수입인 세수로 조달된다고 생각한다면 적자국채는 국채비를 우선적으로 충당해야 된다. 그것은 일정 이월 10조 엔과 이자비 9조 엔을 포함한 19조 엔이기 때문에 25조 엔−19조 엔＝6조 엔으로, 이것은 실제 재정수요의 충당을 위해 어쩔 수 없이 발행한 적자국채이다. 앞에서 건설국채를 추가해 (ⓐ)는 14조 엔이 된다. 앞에서 본 〔목표 1〕은 이것을 영으로 하는 것이다.

둘째, (ⓑ) '이자비 국채'라고 하자. 이자지불은 일반회계에서 부담해주지 않으면, 기금의 자금변통에서는 잘 돌아가지 않는다. 이것은 일반회계가 세수 등으로 조달되지 않고 공채금으로 충당된 국채다. 앞에 〔목표 3〕은 이것을 제로로 하자는 것이다.

셋째, (ⓒ) '원금상환용 국채'라고 하자. 과거국채의 원금부분을 상환하는 재원에 충당하기 위한 차환국채다. 이것은 원래 기금의 자금조달부분에 속하지만, 일반회계가 앞에서 설명한 일정률 이월의 재원을 세수 등으로 조달하지 않고 공채금으로 조달되는 경우, 그것도 여기에 포함된다.

표면론을 유지할 것인가, 실태를 인정할 것인가

일본의 감채제도에서는 일정률 이월에 충당되는 공채금에 상당하는 10

조 엔의 국채(이것을 $c-1$이라 하자)는 존재해서는 안 되는 것이다. 왜냐하면 이것은 세수 등을 재원으로 하여 기금에 이월해야 할 것으로 그렇게 하지 않으면 국채발행 잔고는 줄지 않기 때문이다. 과거 채무 원금을 줄이기 위해 동일한 금액의 국채($c-1$)를 발행하면 원금의 잔액은 변하지 않는다. 이런 상태에서 **감채제도는 표면상의 원칙일 뿐 실태는 기능하지 않는 것**이 된다.

지금의 일본 재정은 정말로 이러한 상황에 있다. 국채 원금상환 재원을 전액 ($c-1$) 국채발행에 원하고 있는 모습이고, 국가의 채무는 채무로 연결된 형태가 계속되고 있다. 이러한 모습을 정면에서 인정하고 그것이 영원히 계속되어도 좋다고 생각하고 있다면, 그것은 사실상 영구국채로 채무를 조달하고 있는 것과 같은 것이다. 이것이 **'국채자금 이월설'**이다.

일정률 이월의 재원을 신규국채발행에 의존할 수밖에 없는 재정상태가 반영구적으로 계속된다는 현실을 직시하면 ($c-1$) 국채발행은 영구히 계속된다고 간주할 수 있다.

그러면 이것은 국채발행으로 과거의 국채를 차환하기 위한 자금융통에 지나지 않기 때문에 ($c-1$)은 일반회계에 계상하지 않고 기금 속에서 융통하면 될 것이다. 그렇게 된다면 (c)의 차환채를 발행할 때마다 금리정세나 국제소화환경의 상황을 걱정하지 않으면 안 되는 기금으로서, 일일이 만기별로 차환 등을 하지 않아도 되게끔 바라게 되는 것이 아닌가. **이것은 영구국채 발행을 정당화하는 근거가 된다.**

그러나 그 상태는 바람직하지 않은 상태로 어디까지 채무잔고를 전체적으로 축소해가야 한다는 입장에서 생각한다면 이야기는 달라진다. 이것이 일본감채제도의 입장이다.

60년 상환규칙은 현재 바람직한 모습과 바람직하지 않은 모습과의 괴리가 있는 것을 명확히 함으로써, 본래의 모습에 조금이라도 가깝게 접근시킨 후에 판단기준을 두어야 한다는 생각에 기초한 것이다.

그 때문에 원금 상환재원을 매년도의 일반회계 예산에 계상하고, 거기에서 기금으로 매년도 이월하는 것을 명시하고 있다. 즉, (c) 중에 (c-1)을 잘라내어 일반 회계에 그것에 상당하는 공채금을 계상하고 있는 것이다. 이것에 의해 본래는 그것이 해당연도 일반회계의 세수로 충당되어야 하지만 실제로는 국채발행에 의존하고 있으므로 현재에 이상한 모습이 있다는 것을 나타내고 있다. 그것을 일반회계 예산으로 매년도 국회가 의결하고, 본래의 바람직한 모습과 괴리하고 있는 상황에, 현세대의 국민이 위임하고 있는 것을 명확히 하고 있다.

국채자금 이월설에 의하면 상환재원은 기금이 오로지 자금이월을 위해 (c)의 차환채를 매년 발행함으로써 돌아가는 것으로, 현재도 실질적으로 그렇다고 말할 수 있다. 그러나 굳이 잔고의 1/60만을 매년도 일반회계에 계상하고, 차환채가 아닌 신규재원채로 그 재원을 충당하는 형태를 취하는 것은 표면상의 원칙을 어디까지나 견지하기 위함이다.

그리고 그 표면상의 원칙으로 인해 재정규율을 가져오고 있다는 것이 재무성의 입장이다.

이 감채제도가 실제로 기능하고 있다면 여기서의 수치적인 예로는, 600조 엔의 국채발행잔고에 대해서 1/60의 상환규칙으로 10조 엔 상환재원이월을 일반회계에서 처리하고, 공채비 23조 엔(33조 엔-10조 엔)만이 60년 상환규칙으로 감채되어 세계에 새롭게 첨가되는 몫이 된다.

(이상형)

그러나 현재 상태는 원금상환재원 10조 엔을 세수 등으로 충당하기 어렵고, 신규국채발행에 의해 조달되기 때문에 신규국채발행액이 23조 엔에서 33조 엔으로 증가하게 된다. 이러한 상황은 앞에서 설명한 이상적인 형태와의 괴리를 명시하는 것으로 10조 엔이라는 금액이 초과로 예산에 나타나게 된다. 물론 이렇게 하지 않고 기금의 자금이월로 대행한다면 같은 것이 아닌가로 생각할 수도 있다. 하지만 이러한 사고는 이것이 바람직한 형태와의 괴리를 명시하는 것이며 지금 현재 위험수준으로 유지되고 있는 재정규율의 표면론을 포기하는 것으로서 이것이 결정적인 차이라 볼 수 있다.

영구국채발행에 있어 문제가 되는 각오

만약 앞에서 설명한 국채자금이월설의 입장에 선다면 그것은 상환재원이 세수 등으로 충당된다는 것이지만 이것은 한편으로 보았을 때 영원히 올 수 없다는 것을 의미한다. 이것은 재정규율 관점에서 보면 '비관적 상정에 대한 과잉 적응'으로 연결된 논의로 비난을 면하기 어려울 것이다.

따라서 **국채자금이월설을 지지한다면, 60년 상환규칙이라는 표면론에 충분히 대체가능한 재정규율을 확보할 수 있는 구조나 규칙을 따로 구축하여야 논의가 성립할 것**이다.

즉, 영구국채를 일반적인 국채 세계에 도입하는 것은, 현재 시행되고 있는 60년 상환규칙을 국채자금이월설이 정면에서 부정하게 되는 논의가 될 것이다. 이것은 일본재정제도 및 재정운영 근본에 저촉하는 대문제로 정치적, 학설적으로 커다란 논쟁을 통해 충분한 합의를 형성할 만큼의 이론적 무장이 없으면 실현하기 어려울 것이다. 영구국채발행을 주장하는 한 이 정도 각오는 필요하다.

그렇다면 60년 상환규칙을 대체하는 재정규율구조는 전혀 생각할 수 없는 것인가? 잘 생각해보면 현행 감채제도에도 2개의 문제점이 지적된다.

첫째 '감채제도'라고 내건 제도하에서도 실제로 국채발행잔고가 계속해서 증가하는 것이 아니다. 만약 60년 상환규칙이 표면적으로 기능한다고 해도, 그것은 어느 해에서 발행한 국채발행잔고를 1/60로 줄인다는 것으로 전년도 말 국채발행잔고에 지나지 않는다는 것이다. 그 해에 그 이상의 신규국채가 발행되어 잔고의 증가를 막는 것까지 감채제도가 약속하고 있지는 않다.

둘째, 이 제도는 현재세대가 누리는 편익에 대한 부담을 60년이라는, 거의 2세대에 걸친 장래세대의 부담으로 돌리는 것을 정당화하는 것이다. 이것은 현재와 장래세대에 있어서 편익과 부담의 균형 붕괴를 인정하는 것이다.

이 감채제도를 철저하게 한다면 각 년도 세수는 우선적으로 국채상환에 충당되고 그만큼 실질재정 수요의 부담이 세수 등에서 뒷받침되는 분이 감소(수익과 부담의 괴리)하게 된다.

이들 문제를 극복하기 위한 재정규율을 재건할 수 있는 여지는 없는 것인가? 여기에 힌트가 있을 것 같다.

지금 감채제도를 대체할 재정규율을 구상해본다면

이를 위해 먼저 국채발행잔고가 실제로 늘어나지 않는 상황, 즉 앞에서 설명한 [목표 3]을 실현하기 위하여 실질적 '감채 규칙'을 구축할 필요가 있다. 그리고 '그 해의 실질재정수요는 가능한 세수 등으로 충당하고 동일세대 내의 편익과 부담이 균형을 이루게 한다.' (원칙 1)를 재정운영의 기본사상으로서 철저히 할 필요가 있다.

다음으로 앞에서 설명한 실질적인 '감채'를 실현시키기 위해서 필요한 것은 [목표 3]으로 새로운 재정규율도 [목표 3]이 된다. 여기서 요구되고 있는 것은 '국채이자비도 세수로 충당한다.' (원칙 2)이다.

한편 원칙 1에 그려지는 바람직한 모습은 실질재정수요가 모두 세수 등으로 충당되는 상태이지만, 그중 그 편익이 장래세대에 영향을 미치고 확실한 재산을 남기는 재정수요에 대해서는, 그 부담을 장래세대에도 지게 하는 것이 편익과 부담 면에서 비슷하게 된다. 이것은 건설부채로 조달하는 것이 바람직할 것이다.

그렇다면 건설공채에 대해서는 어쨌든 감채제도가 필요하게 된다. 현행 60년 상환규칙은 대개 2세대에 걸쳐 편익이 계속 발생하고, 그것에 상응하는 부담을 2세대에 걸쳐 지는 것이 표면론이다. 따라서 건설공채에 대해서는 영구국채로 연결되는 국채자금이월설은 적용되지 않는다.

그렇게 생각하면 2009년도 말 발행잔고 234.7조 엔의 건설공채에 대해서는 1/60씩 세수 등에 의해서 일정이월을 할 필요가 있다. 이것을 수치로 예를 들면 건설공채잔고를 240조 엔이라고 한다면 일반회계에서 1/60인 4조 엔을 국채비에 계상해 이것을 세수 등으로 충당하는 것이 바람직할 것이다. 여기에서는 '건설공채에는 세수 등으로 60년 상환규칙을 실질적으로 기능시킨다.' (원칙 3)는 것으로 귀결된다. 즉 건설공채상환 재원에는 일반회계 신규 공채금을 충당해서는 안 된다는 것이다.

여기서 문제가 되는 것은 이것에 의해 단년도에 건설공채잔고가 4조 엔이 감소해도, 4조 엔을 상회하는 건설공채를 단년도로 신규발행하게 되면 건설공채잔고는 증가해버리는 것이다. 〔목표 3〕은 '건설공채 단년도 발행액은 건설공채에 관계되는 일정이월의 범위 내에서 발행한다.' 라는 원칙을 적용해야 한다.

그러나 원칙1이 의미하는 것은 현재의 세대가 장래세대로 편익이 연결되는 자산형성액에 대해서 적정한 판단을 한 것이라면 그 부담은 오히려 건설공채발행으로 장래세대에도 요구해야 한다는 것이다. 그 금액이 건설공채일정이월액을 초과하는 것은 충분히 생각할 수 있다. 또한 지금처럼 경제 불황기일 때 건설공채발행증가는 재정정책으로서 어쩔 수 없는 상황이다.

여기서 생각하고 있는 것은 현행의 감채제도를 대체할 수 있는 재정규율이 필요하기 때문에 건설공채에 대해서는 지금까지의 감채제도가 철저하게 시행되고 있는 한 원칙 3 그 이상의 새로운 원칙은 불필요하다. 국채잔고감소라는 규율의 초점은 적자국채에 맞춰진다.

여기서 남겨진 문제는 '금리와 세수 등으로'의 원칙 2의 조건하에서 장래세대에 자산을 남기기 위한 건설공채금리부담은 어쩔 수 없다고 하지만, 과거 적자국채금리까지는 장래세대가 부담하지 않으면 안 된다는 논점이 있다. 이것은 세대별 편익과 부담을 일치시키는 원칙 1에 반하는 것이다. 이것이 마지막까지 남겨진 문제다.

이 문제를 완화하는 방안은 적자국채의 상환을 가능한 한 저금리로 하는 것이다. 만약 현재의 상태가 역사적으로 보았을 때 상당히 저금리 국면에 있다고 판단된다면, 그 시점에서 과거의 적자국채를 영구국채로 상환하는 것을 생각해볼 수 있다. 이것은 장래세대에 있어 과거 채무의 처리 부담을 경감하고 원금뿐만 아니라 금리 부분에 있어서도 처리할 수 있는 영구국채의 또 하나의 의미가 될 것이다.

예를 들어 '영구국채는 역사적으로 과거 10년물 국채의 평균이자보다도 분명히 낮은 고정이자로 발행 가능할 때만 발행할 수 있다.'(원칙 4)가 귀결된다. 이것에 의해 아버지의 생활비를 위한 채무이자를 자식에게 물려주는 현행 감채제도의 문제를 조금이라도 경감할 수 있게 된다. 물론 영구국채의 경우는 60년 후 금리부담이 계속된다는 문제가 있지만 금리를 정액으로 정하고 60년이 지나면 물가가 상승하기 때문에 실질적인 금리부담은 줄어든다.

새로운 재정규율하에서의 재정운영의 모습

이상의 원칙에 의해서 실현할 수 있는 재정운영에 대해서 나타낸 것이 그림 5이다. 원칙 1~3으로부터 매년도 재정에는 다음의 식이 제약으로 가해지게 된다.

세수 등 + 신규건설공채발행액
〉실질재정수요 + 건설공채일정이월 + 국채이자비⋯(＊)

이것이 현행 감채제도를 대체할 재정규율의 방정식이다. 이 (＊) 식의 좌변과 우변이 일치할 때까지 재정건전화가 보증되고 있다면,

적자국채신규발행 = 적자국채원금상환⋯(＊＊)

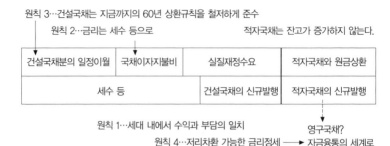

원칙 3…건설국채는 지금까지의 60년 상환규칙을 철저하게 준수
원칙 2…금리는 세수 등으로　　　　　　　　　　적자국채는 잔고가 증가하지 않는다.

건설국채분의 일정이월	국채이자지불비	실질재정수요	적자국채와 원금상환
세수 등		건설국채의 신규발행	적자국채의 신규발행

원칙 1…세대 내에서 수익과 부담의 일치　　　　　영구국채?
원칙 4…저리차환 가능한 금리정세 ⟶ 자금융통의 세계로

그림 5 영구국채의 발행조건을 충족시키기 위한 재정운영의 모습

의 세계는 순수한 자금이월이 되기 때문에, **일반회계에서 오프 밸런스하여 기금에 포함시키면 된다는 것**이다.

수치 예로 검토하면 600조 엔의 국채잔고에서 240조 엔의 건설공채잔고를 뺀 360조 엔이 적자국채잔고다. 이것 모두가 10년물 국채로서 과거로부터 발행을 계속해왔다면 어떤 연도에 상환기간이 완료되는 것은 그 1/10인 60조 엔이다. 지금까지는 일정이월로 360조 엔의 1/60인 6조 엔이 국채비로 포함되었다. 이것을 오프 밸런스화하는 (**) 식의 금액은 6조 엔이다.

이 6조 엔도 포함한 60조 엔의 차환채를 기금에서 전액 영구국채로 차환해 버리는 것도 생각할 수 있다. 영구국채라면 국채상환비라는 개념 자체가 사라진다. 영구히 상환할 필요가 없기 때문이다. 따라서 일반회계에서 적자국채의 원금상환용 (c-1) 국채에 상당하는 공채금은 계상할 필요가 없게 되고, (**) 식의 부분을 오프 밸런스화할 수 있게 된다.

이것을 계속해가면 360조 엔의 적자국채잔고는 10년 후에는 360조 엔의 영구국채잔고가 된다. 그러나 원칙 4 아래에서는 저금리국면에서

만 영구국채화 할 수 있다. 따라서 몇 십 년에 걸쳐 저금리국면 때마다 시장조작을 계속해 그 결과 최종적으로 일본의 국채잔고는 그중 360조 엔의 영구국채로 지속될 수 있다.

건설공채의 세계에서는 감채제도의 규율이 효과가 있기 때문에, 지금 있는 적자국채잔고를 영구국채로 전환해도 일반회계에서 (∗) 식만 유지 된다면 전체적으로 재정규율은 확보된다.

이 규율하에서 바람직한 모습과 현재 상태의 괴리는 (∗) 식의 우변이 좌변을 상회하는 금액으로 표시된다.

이것은 같은 금액의 신규적자국채발행액을 나타내는 것으로, 그것은 그 해 적자국채의 신규발행액 중 적자국채의 그 해 년도에서의 원금상환 비를 상회하는 금액에 상당한다.

필요한 재정원칙패키지는 정말로 실현가능한 것인가

이러한 재정운영의 전제인 원칙 1~3을 정말로 실행하기 위해서는 실제 어떤 것들이 필요한가?

먼저 행정개혁 및 낭비의 배제, 철저한 세출삭감의 노력에 의해 전체 적으로 몇 조 엔 규모의 세출삭감이 실현된다고 생각하는 것은 비현실적 이다. 물론 이러한 노력은 필요하지만 이것과는 별도의 차원에서 냉정 하게 생각하면 (∗) 식과 현재상태의 차이에 상응하는 증세를 각오하지 않으면 무리일 것이다.

인내와 표면론보다 용기를 가지고 진실을 바라볼 필요가 있다. 이 차 이는 앞에서 설명한 재정재건〔목표 3〕의 22.5조 엔의 건설공채 일정이 월분(4조 엔)이 더해진 금액에 상당한다.

그것은 소비세율로 하면 10%를 웃도는 것이다. 일본의 소비세율을 15% 이상의 수준까지 올린다는 계산이 된다. 일본과 같이 사회고령화가 진행되고 있는 유럽 국가들의 소비세율은 대부분이 20% 전후이기 때문에 이것은 불가능한 수치가 아니다.

그러나 그것은 100년에 한 번 찾아오는 최악의 경제위기 상황하에서 2009년도 예산을 전제로 한 차이가 있다. 장기적으로 본다면 극단적으로 변동하지 않는 세수도 단년도별로는 경기에 의해 상당히 변동이 심할 수 있다. 2009년도 세입의 세수는 46.1조 엔이지만 경제가 악화되기 전 시점에서 짜여진 2008년도 당초 예산에서는 53.6조 엔이라고 잡았던 것이다. 여기에는 7.5조 엔의 차이가 있다.

어느 정도가 현행세제에서 정상적인 세수수준인가를 논하는 것은 아니지만 차이의 숫자에서 몇 % 정도는 에누리해도 좋을 것이다. 그래도 소비세율은 두 자리 수가 될 것이다.

그러나 이 증세를 한꺼번에 시행한다면 경제는 혼란상태가 될 것이다. 본서 집필시점에서 정권은 3년 후 증세를 가능하게 하는 세제 개정법안을 통과시켰지만 민주당은 반대하고 있다. 필자의 입장은 어느쪽도 아니지만 어느 정권이라도 소비세율 인상을 2010년대에 단계적으로 인상하지 않을 수 없을 것이다.

다만, **만약 적자국채를 영구국채로 전환하는 것을 정말로 생각한다면 그때에는 앞에서 설명한 4개의 원칙과 (＊) 식을 실현하는 소비세율의 단계적 인상을 같이 체계화한 재정계획패키지에 대해서 국민합의를 이끌어 내야만 할 것이다.** 단순히 영구국채를 발행한다는 결정만으로는 국내외의 시장으로부터 "일본은 재정건전화 및 국채잔고를 줄이는 노력을 표면론으로도 포기했다."고 받아들여 일본국채신용에 영향을 미칠 가능성이 있다. 영구국채를 실질적으로 발행한다고 하면 보다 면밀한 정책패키지 아래에서 합리적인 근거와 계획이 제시돼야 될 것이다.

그렇지만 **상당한 각오가 필요할 것이다. 정말로 할 수 있을 것인가.**

따라서 여기에서의 논의는 어디까지나 만약을 전제로 한 것이다. 만약에 이러한 합의가 형성되었다 하더라도 영구국채발행까지는 논의해야 할 것이 너무나도 많다. 다음에서 영구국채를 상품성의 면에서 검토하기로 하자.

4. 영구국채 상품설계 구상

영구채는 금융시장에는 융화되지 않는다

먼저, 그 정도로 엄격한 재정건전화 노력이 필요하다면 **현세대에 있어 영구국채를 발행하는 장점은 무엇인가라는 의문이 생길 것이다.** 국채의 원금변제를 위해 사용되는 세금을 복지와 교육, 미래에 대한 투자 등에 이용하는 편이 낫다는 주장이 성립되지 않는다는 사실도 알았다. 현 상태는 국채의 원금변제가 세금으로 사용되고 있지 않기 때문이다.

이러한 장점은 미래에 발생하는 것이다. **영구국채는 장래세대에게 청구서를 넘기지 않기 위한 현세대의 최소한의 보상임을 의미한 것이다.**

다음은, 실제적인 문제로 영구국채가 투자가 등에게 팔릴 만큼의 충분한 매력이 있는 금융상품이 아니라면 애초부터 발행될 수 없다.

일반적으로 금융상품의 상환기간이 길면 길수록 수익률은 높아진다. 기간에 따른 수익률이 시장에서 정해지고 그것을 연결한 선이 수익률 곡선이지만 그 형태는 시장실세에 의해 변화한다. 상환기간이 존재하지 않는 영구국채를 새롭게 마케팅 세계에 넣으면 그곳에는 어떤 수익률곡선이 그려지게 될 것인가?

실은, 영구국채에만 국한하지 않고 영구채도 상품으로서의 설계가 곤란하다고 한다. 영국의 콘솔공채도 시장에서 받아들이기 어려운 상품이었다. 채권거래는 수익률을 기본으로 하고 있어 이것을 가격으로 변환할 때, 영구채의 경우 이론적으로는 듀레이션를 무한대로 설정하면 수학적으로 적정가격이 산출될지도 모른다. 그러나 **지금의 시장에서는 기간이 무한대라도 계산이 되지 않을 듯**하다. 그 마켓을 무리하게 만드는 것도 생각하기 어렵다.

시장성을 무시하고 연고적인 세계라는 사고방식도 있으나, 그러면 정부당국의 입장으로는 지금의 세계에서 투명성 문제 등이 발생할 우려가 있다. 발행시장에 받아들여져 유통시장에서 상품으로써 유통하는 것과 같이, 영구채의 시장수익률을 어떻게 형성할 것인지 지혜로운 분들께 꼭 의견 제안을 부탁드리고 싶다.

만일, 수익률곡선에서 보아 영구국채에 대한 합리적인 금리설정이 가능하다면, 그것은 유통시장에서는 다른 국채와 금융상품과의 재정거래를 할 수 있게 된다. 하지만 원금이 상환되지 않는 채권이 금융시장에서 다른 채권과 재정거래가 이뤄질 수 있다고 생각하기 어렵다.

그렇다고 해서 주식의 일종으로서 상품성이 성립된다고도 생각하기 어렵다. 결국, 특수한 금융상품으로서 **다른 금융시장과 분리된 시장**이 형성되는 것은 아닐까.

영구국채의 금리는 어떻게 하면 좋은가

어쨌든 원금이 변제되지 않는 주식과 같은 성격을 가지게 되는 영구채 시장에서는 기업 평가에 입각한 주가형식이 행해지는 것의 대안으로 영구국채의 성격에 입각한 인기 정도로 가격형성이 된다. 그것은 세제상 우대조치의 정도 그 이외에 어느 정도의 장점이 있어야 한다.

세제에 대해서는 영구국채가 가장 융화될 수 있는 세제상의 우대조치로써 상속세를 비과세로 하는 것을 생각할 수 있다. 그렇게 하면 금리를 적용하지 않아도 충분히 유리한 상품으로 팔릴 것이다. 하지만 다음의 제2장에서 무이자 비과세국채에 대해 검토한 것처럼, 그것은 국가의 입장에서 보면 상속세 비과세로 잃어버린 세수가 이자 지불 부담보다 크다는 것을 의미하고, 재정면에서의 단점이 크다. 영구채시장은 상속 직전에 구입하고 상속 후에 매각되는 비정상적인 시장이 될 우려가 있다.

역시 영구국채에는 어느 정도의 금리를 붙이지 않으면 안 된다고 한다면, 10년물 국채의 시장금리에 어느 정도 추가를 해야 할 것인가가 논점이 된다. 단, 10년이 지나도 원금은 상환되지 않기 때문에 적어도 10년 국채보다 금리가 높지 않으면 아무도 영구국채를 사지 않을 것이다. 그러나, 영구국채가 금리부담을 증대시키고 오히려 재정이 악화된다면 원래의 의도에서 크게 벗어날 것이다.

10년물 국채에 대해서 원칙대로 60년 상환규칙을 철저하게 지킨 경우와 비교하면, 영구국채는 매년도 1.6%의 이월금을 부담할 필요가 없다. 따라서 10년물 국채의 쿠폰+1.6%보다도 낮은 쿠폰으로 발행할 수 있고, 발행 후 60년간은 영구국채의 재정부담 경감효과가 발생한다. 하지만 영구국채의 경우 그 후에도 영구히 이자 부담이 계속되는 것을 생각해야만 한다. 역으로 10년물 국채라도 만기가 될 때마다 전액 차환하는 것을 영구히 계속해야 한다면, 영구국채의 쿠폰이 10년물 국채의 쿠폰보다도 낮지 않는 한, 영구국채에 의한 재정부담 경감효과는 발생하지 않는다.

만일 영구국채의 금리설정에 재정상의 장점을 찾아내려 한다면 그것은 앞의 원칙 4, 즉 상당한 저금리국면에서 고정쿠폰으로 발행하는 경우에 국한될 것이다. 10년물 국채의 경우에는 차환할 때마다 실세금리로 쿠폰이 변동하기 때문이다.

다만, 저금리에서의 고정쿠폰의 경우 영구국채가 상품으로서 어디까지 매력적인가 하는 문제가 있다. 현시점에서 금리의 비교, 장래 금리상승으로 인한 유통가격 하락 등을 투자가는 어떻게 생각할 것인가. 그렇다고 투자가의 금리변동 리스크를 회피하기 위해 변동금리로 했을 경우에는 재정면에서의 장점은 없어진다.

이상과 같이 생각한다면 **영구국채를 금리를 붙여 발행한다고 할 경우 그 금리수준을 합리적으로 설정하는 것은 상당히 어려울 것이다.**

영구국채 금리의 의미를 구성할 수 있을 것인가

결국 영구국채는 투자대상이 되는 금융상품으로서 투자가에게 포트폴리오 구성 종목으로 포함되기는 어려울 것으로 생각한다. 그것을 보유한 **구입자에 대해 금리 이외의 어느 정도에 해당하는 이점과 의미를 구축해야 하지 않으면 안 될 것이다.**

여기서, 더욱 문제가 되는 것은 영구국채 보유를 통해 정부로부터 영구히 지속적으로 수령하는 이자수입에 어떤 성격의 의미를 부여해야하는 것인가이다. 그것은 주식에 있어 배당과 같은 의미일 것이다.

그 경우, 영구국채 보유자는 정부에 투자하는 주주적인 의미로 이해관계자가 된다. 정부의 이해관계자로서 새로운 층을 구축하게 되고, 이 층은 **정부가 금리지불을 확실히 할 수 있도록 정부의 재무건전성이나 금리지불의 원자본이 되는 정부 생산성(＝세수 확보)에 기본적으로 이해와 관심을 가지는 이해관계자가** 된다.

그 결과 정부는 정부가 재무적으로 금리지불분의 잉여(기업에서의 이윤)를 얻을 수 있도록 건전한 재정으로 효율적인 운영을 하고, 정부자금의 효과적 · 효율적 · 생산적인 배분에 노력하도록 그들로부터 감시받게 된다.

게다가 정부의 세수기초는 경제력이므로, 그들은 정부가 일본 경제의 생산성을 높이는 것과 같은 재정운영 · 정책운영을 실시하고 있는지를 감시하는 입장이 된다. 말하자면, 일본 경제 전체의 대차대조표에 본질적인 이해관심을 가지는 층이라는 것이다. 정부는 그들의 기대에 상응하도록 적절한 재무전략의 구축과 설명 책임을 필요로 한다.

하지만 일본 경제의 생산성 상승 → 금리의 자연 상승 → 국채금리의 상승이라는 긍정적인 의미로의 금리상승이면 좋으나, 정부의 재정상황의 악화 → 국채의 증발 → 금리의 상승이라는 부정적인 금리상승도 있다. 그것이 수익률의 증가로 이어진다면 논리모순이 될 것이다.

이와 같이, 영구국채의 금리에 주식배당과 같은 의미를 부여하는 것은 쉽지 않다. 하지만, **영구국채의 사고방식을 깊이 파고들면, 주식이나 이해관계자라는 개념이 떠오른다는 것에 의미가 있을 것이다.**

제2장

도대체 영구국채란 무엇인가

정부지폐와 무이자 비과세국채를 둘러싼 논의

이렇게 보면 역시 영구국채 따위는 누구도 상대하지 않는 비전문가의 논의다. 빚을 영원히 갚지 않는다는 건 있을 수 없다. 일시적인 유행을 노린 수상한 논의에는 넘어가지 않는 게 좋다는 소리가 들려올 것 같지만 여기서 논의를 끝낼 수는 없다.

조금 전에 여당의 일부에서 심각하게 제기된 제안에는 사실상 영구국채가 포함되어 있다. 지금의 불황 타개책으로써 정부지폐나 상속세 비과세 무이자국채의 발행이 논의된 것은 많은 독자들의 기억에 새로울 것이다.

1. 화폐는 정부의 신인만으로 화폐가치가 있는 걸까

지폐라고 하는 것은 실은 채무이다

이 가운데 '정부지폐'란 실은 무이자의 영구국채 그 자체이다. 그 발행을 여당이 심각하게 검토했다는 것만으로도 영구국채에 대해 논의할 의미가 전혀 없는 것은 아니라는 것을 알 수 있다. 만약에 정부지폐의 발행이 정당화된다면 무이자 영구국채 발행도 정당화되게 된다.

우리들이 평소 사용하고 있는 지폐는 일본은행이 발행한 은행권[이하 '일은권(日銀券)'이라고 말한다.]이지만 이 일은권이 일본은행의 채무라는 것은 그다지 알려져있지 않다. 어느 회사에도 '대차대조표(밸런스시트)'라는 것이 있고 그 좌측에 계상될 '자산'의 총액은 우측에 계상되는 '부채'와 '자본금'의 합계액에 일치하는 것은 누구나 알고 있다. 좌측의 자산의 평가액이 우측의 부채와 자본금의 액수를 밑돌면 '채무초과'가 되고 그 기업은 존속이 어려워진다.

일본은행에도 대차대조표가 있어서 좌측의 자산(2008년도 상반기 말 총계 약 112.5조 엔)은 국채(약 65.6조 엔), 대출금(은행에 대한 대부 등으로 약 27.1조 엔), 외국환(약 8.5조 엔 정도) 등이며, 우측은 자본금 이외는 부채(총계 약 109.5조 엔)로 발행은행권＝일은권(약 75.5조 엔), 예금(은행으로부터의 준비예금 등으로 약 16.4조 엔) 등으로 구성된다. 즉 일은권은 일본은행의 빚에 해당하는 것이다.

즉 우리가 쓰고 있는 **지폐는 일본은행이 보유하고 있는 자산을 뒷보증한 것으로 일본은행의 입장에서 보면 채무, 우리들 입장에서 보면 일본은행에 대한 채권**이다. 따라서 우리가 안심하고 일본은행의 채무인 일은권을 돈으로 쓰고 있는 건 그 뒷받침이 되어있는 자산 가치가 신용할만한 것이기 때문이다.

이 추론에 의해, 만약 정부가 **일은권을 대신할만한 그것과 동등한 정부지폐**를 발행한다면, 그것은 정부 자산과 신용에 뒷받침된 채무이기 때문에 정부지폐를 보유하는 쪽에서 보면 채권이다.

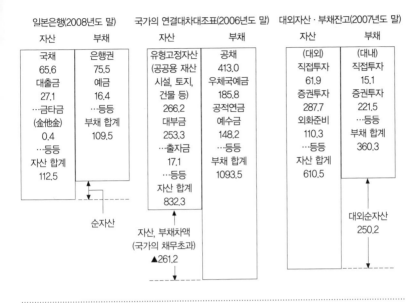

일본은행(2008년도 말)		국가의 연결대차대조표(2006년도 말)		대외자산·부채잔고(2007년도 말)	
자산	부채	자산	부채	자산	부채
국채 65.6	은행권 75.5	유형고정자산 (공공용 재산 시설, 토지, 건물 등) 266.2	공채 413.0	(대외) 직접투자 61.9	(대내) 직접투자 15.1
대출금 27.1	예금 16.4	대부금 253.3	우체국예금 185.8	증권투자 287.7	증권투자 221.5
…금타금 (金他金) 0.4	…등등 부채 합계 109.5	…출자금 17.1	공적연금 예수금 148.2	외화준비 110.3	…등등 부채 합계 360.3
…등등 자산 합계 112.5		…등등 자산 합계 832.3	…등등 부채 합계 1093.5	…등등 자산 합계 610.5	

순자산

자산, 부채차액
(국가의 채무초과)
▲261.2

대외순자산
250.2

그림 6 일본의 3개 대차대조표 (단위 : 조 엔)

단 금리도 붙지 않고 원금도 돌아오지 않는 채권이라서 '무이자 영구
국채'가 된다.

돈이라는 것이 일본은행의 자산을 뒷받침하여 발행되기 때문에 돈의
가치가 있다는 사고방식을 임시로 **'화폐 중앙은행 대차대조표설'**로 해
두자.

이것에 의하면, 우리가 안심하고 돈을 쓰고 있는 것은 일본은행의 대
차대조표의 건전성에 대한 신뢰가 있기 때문이라는 이야기가 된다. 그
러나 우리가 일상생활에서 돈을 쓸 때 일일이 일본은행의 대차대조표나
자산의 건전성을 생각하고 있을까? 아마도 대부분 사람은 그런 것은 의
식하지 않을 것이다. 말하자면 거기에는 돈이라는 것에 대한 무전제적
신인이 있기 때문이다.

그러면 돈이란 무엇인가?

여기서 도대체 돈이란 무엇인가라는 것을 생각해보자. 동경대학교 이와이 가츠히토(岩井克人) 교수는 예를 들어 인간사회가 원숭이가 만들고 있는 동물사회와 다른 이유는 '언어', '법', '화폐'라는 세 매개로 인해 처음으로 성립하는 것이기 때문이라고 한다. 그의 지적에 의하면 이 세 매개는 모두 그 자체밖에 존재근거를 갖지 않는 것이고, 말하자면 자기순환논법에 따라 성립하고 있다고 한다.

예를 들어, 말(馬)이라는 언어는 물리적으로는 인간의 입이 말이라고 들을 수 있도록 공기를 진동시키고 있는 것에 불과하고 그것이 왜 '말'이라는 의미를 가진 언어가 되는가 하면, 그 공기의 진동을 들은 누구나가 그것을 '말(馬)'이라는 의미로 받아들이는 것에 지나지 않는다. 법도 사회의 모두가 지켜야 하는 것이라고 생각해서 법이 된다. 만약 국민 모두가 그런 법률을 지키는 것을 그만둔다고 한다면 어떤 강권적 정부라도 국민에게 법률을 지키게 하는 것은 불가능해질 것이다.

그리고 화폐도 전에는 금의 뒷받침이 있었지만, 그것은 화폐가 화폐이기 위한 본질적인 이유는 없고 물리적으로는 종잇조각에 지나지 않는 것이다. 그것도 금의 뒷받침이 없는 현대사회의 화폐가 화폐인 것은 당연히 모두가 종잇조각을 화폐로서 받아들이고, 화폐로서 사용하며, 또는 저축하기 때문인 것에 지나지 않는다.

돈이란 모두가 종잇조각을 돈이라고 인식하기 때문에 돈인 것에 지나지 않는다. 이것을 임시로 '화폐·자기순환논법'이라고 해두자.

그렇게 생각하면, 정부가 지금까지 동전을 발행해 온 것과 같이, 이번에 새롭게 일은권과 별도로 지폐를 발행한다면, 그리고 국민이 정부에 대한 일정 정도의 신뢰만 있으면, 정부가 "이것은 일은권과 완전히 동일하게 사용할 수 있는 돈이다."라고 결정해주면, 모두가 "그것은 돈이다."라고 생각하게 되고 그것은 돈으로서 유통하게 될 것이다.

말하자면, 일본은행에서 발행하는 돈이든 일본은행을 통하지 않고 정부에서 발행한 돈이든 돈이 돈인 것에 변함이 없다면, 일부러 돈이 일본은행의 자산에 뒷받침될 필요는 없다.

그렇다면 현대사회에서 이미 금의 뒷받침 없이 발행·유통하고 있는 돈은, 정부나 국가에 대한 신뢰만 있으면 얼마든지 발행해도 상관없지 않은가라는 생각이 든다. 이를 임시로 '화폐·국가신인설'이라고 해두자.

모두가 받을 것이라고 모두가 생각한다

돈의 자기순환논법적인 성격을 상징하는 것이 '기축통화'이다. 지금 세계의 기축통화인 미 달러는 1971년의 닉슨쇼크로 금과의 태환을 정지한 지 벌써 38년이 흘렀다. 금의 뒷받침 없이 미국은 경상수지의 적자를 계속 기록하고 세계 최대의 대외순채무를 안고 있으며, 미국 달러를 세계에 계속해서 뿌려왔음에도 불구하고 세계의 기축통화의 위치를 유지하고 있다. 그 이유는 바로 세계의 모두가 기축통화로서 달러를 받아들인다고 생각하고 있기 때문이다.

케인스는 자본주의의 특징인 투기를 '미인 투표'라고 설명하고 있다. 이 미인 대회는 가장 많은 표수를 모은 '미인'에게 투표한 사람이 상금을 받는 게임이다. 거기서는 투표자들에게 가장 중요한 것은 미인에 대한 자신의 주관적 취미나 신의 절대적인 기준에 따라서 판정될 객관적 아름다움도 아니다. 어디까지나 이 투표에 참가하고 있는 사람들 가운데 가장 많이 투표하는 미인은 누구인가라는 것이다.

미국 달러는 국제통화·금융시장에서 가장 널리 받아들여지고, 통용하는 통화라고 모두가 생각하기 때문에 받아들여지고 수요된다. 그러한 실적의 축적이 사람들의 인식을 강화시키기 때문에 한층 더 세계에서 통용하게 된다.

화폐의 이 성격에 주목하면 '화폐·중앙은행 대차대조표 설'은 관계없다는 이야기가 된다.

기축통화가 기축통화로 있기 위해서는

그러나 기축통화가 기축통화로서 안정되기 위해서는 조건이 있다. 그것은 '모두가 받아들일 것이라고 모두가 생각하는' 통화로서 다른 경합상대가 될 만한 통화가 존재하지 않는다는 것이다. 유로도 그렇고 통화로서 널리 인식되면 될수록 미국 달러와 유로 사이에서 사람들이 동요하기 때문에 시장에서 환율이 크게 변동되기 쉽다. 본래 기축통화라는 것은 하나가 아니면 국제금융은 안정되지 않는다.

그래서 기축통화가 기축통화로서 인정되어 있어도 그것이 보다 안정되기 위해서는 단지 '모두가 받아들일 것이라고 모두가 생각'할 뿐만이 아니라 그러한 생각을 가능한 한 강화할 필요가 있다. 그것이 기축통화국에게 요구되는 국가로서의 매력이다.

실제로 미국 달러를 발행하는 미국은 세계 속에서의 상대적인 힘의 저하를 부정할 수 없지만, 여전히 세계 제1의 경제력, 군사력, 국제정치에 대한 영향력 등의 강력한 힘을 갖추고 자유로운 시장이나 민주주의, 미국문명이라는 부드러운 힘을 포함한 세계 최대의 힘으로 구심력을 갖는다는 의미에서 매력적인 국가다. 때로는 변덕스럽고 히스테리를 일으킬지도 모르는 시장에 있어서, 국가가 여러 가지 매력을 뿌림으로 인해 구심력 있는 존재가 됨으로써 기축통화국은 자국통화의 안정을 획득한다.

여기서 재등장하는 것이 '화폐·국가신인설'이다. 이전의 **화폐·자기순환논법설은 화폐, 국가·신인설과 결부되기에 화폐의 안정을 약속하게 된다.**

그러한 국가의 매력 중에서도 미국 달러에 있어서 강한 기반이 되는 것이 온 세계에 뿌려진 미국 달러의 '보다 매력적인 운용목적지'가 미국이라는 것이다. 거기에는 세계에서 가장 층이 두껍고, 자유롭고, 사용하기 좋고, 이편성이 높은 금융시장이 존재한다.

그것이 성장성이 높은 미국 경제와 더불어 세계에서 자금을 끌어들일 강한 구심력을 갖추고 있으면 세계에 미국 달러가 무수히 뿌려져있어도 그것은 미국에 자금으로서 재유입한다. 경영수지가 아무리 적자라도 해외자금의 유입으로 자본수지가 그것을 웃도는 흑자라면 세계최대의 대외 순채무국이라고 해도 미국 달러의 가치는 유지된다.

그러나 그러한 국가의 매력이 줄어들면 기축통화는 불안정화될 수밖에 없다. 서브프라임 이후의 금융위기에서 걱정되는 것은 미국을 중심으로 한 세계금융 시스템 자체가 신용을 상실하는 것으로, 지금까지의 구심력을 잃고 미국 달러가 폭락하는 것이었다.

그러나 이번 금융위기에서는 미국 달러만이 신뢰를 잃지 않았다. 오히려 이편성이 높은 금융시장 등의 국가 매력이 미국 달러의 상대적인 매력을 유지시키게 되었다. 금융면에서는 비교적 상처가 깊지 않다고 평가받은 일본 엔화가 소거법적으로 평가되어 엔고가 됐지만 엔화 이외의 통화에서는 미국 달러가 그 가치를 높였다.

금 달러 본위제에서 화폐 · 국가신인설로

이처럼 '화폐 · 국가신인설'의 구상을 철저히 보면 정부가 얼마든지 윤전기를 돌리고 정부지폐를 발행해도 좋다는 이야기가 된다. 경제위기나 디플레이션 때는 돈이 빙빙 돌도록 해야 한다는 이야기가 된다. 실제로 미국은 경상수지의 적자를 계속해서 발생시켜 미국 달러를 전 세계에 살포함으로써 세계에 수요를 창출하고, 그것에 편승하는 형태의 글로벌 자본주의는 바로 최근까지 번영을 구가해왔다.

아무리 미국 달러를 살포하더라도 그것이 기축통화라면 각국의 외화준비에 추가되고 그것은 미국채(미 재무성 증권)에 운용된다. 미국에게 매력적인 달러 표시 금융시장이 있으면 대미수출 등으로 저축된 각국의 미국 달러는 미국의 금융시장에서 활발히 운용된다. 이렇게 해서 마구 뿌려진 미국 달러는 달러 표시 자산을 보유하도록 수요 된다.

경영수지의 불균형은 좋지 않다는 금본위제의 시대의 오래된 패러다임은 1990년대까지의 세계의 정책당사자들을 지배하고 있다. 1980년대에 일본의 무역 · 경영수지 흑자와 미국의 적자가 두드러지게 확대하고 있었을 때, 많은 사람들이 미국이 경상수지의 적자와 그 원인이 되고 있는 재정적자를 삭감하는 것이 중요하고 일본도 흑자 삭감이 중요하다고 주장해 마지 않았다.

그러나 대외불균형 그 자체는 그 국가 경제 당시의 바람직한 상태를 반영하는 생리현상에 불과하고, 그 자체는 문제가 아니다라는 것이 전부터 가져온 필자의 생각이다.

사회주의가 아닌 한 국제수지라는 것은 기업이나 금융기관, 가계 등의 각각의 경제 주체가 수행하고 있는 소비나 투자, 저축이나 자금운용, 차입이나 대부 등의 경제활동의 결과를 일국 단위로 더하고 합하면 어떻게 되는지를 국경으로 파악한 수자에 불과하다.

미국의 경제주체가 많이 지출하여 그것이 국내공급으로 꾸려나갈 수 없는 규모가 되어있으면, 경상수지의 적자는 막대한 숫자가 되고 미국 달러가 세계에 마구 뿌려지게 된다. 그러나 금융세계에서 미 달러 하나 하나의 운용처 신용력이나 수익성이 충분하면 리스크와 리턴과의 관계로 개개의 경제주체가 선택한 결과로서 미 달러는 미국에 자연스럽게 환류 해온다.

그렇게 한 결과로서 지금의 경상수지의 숫자가 현실로 성립되고 있기 때문에 그것을 총체적으로 보면 미국 경제가 신용되고 있음을 나타내는 것이고, 신용되고 있기 때문에 거액의 대외불균형과 미 달러의 공급도 가능하게 되었다.

만일 이러한 불균형을 인위적으로 시정하려고 하면, 자연스러운 생리현상을 억지로 억제하게 돼버려서 거시경제에 왜곡이 발생한다. 필자는 80년대 후반에 일본이 버블경제에 돌입한 원인의 하나가 불균형은 시정하지 않으면 안 된다는 금본위제 패러다임의 강박개념에 있었다고 까지도 생각한다.

닉슨쇼크의 금태환 정지는 일시적 조치

미국은 1980년대부터 자국경제가 개인소비나 주택투자 등의 최종수요를 낳아 국내에서의 지출이 국내에서의 공급을 상회하는 체질이 되는 것으로써 국제 경제의 질서에서 자신이 그 주최자가 되는 형태로 구축했다.

국내지출이 국내공급을 상회하는 분은 거시경제에서는 국내투자가 국내저축을 웃도는 '투자초과'에 해당하고, 그것은 거의 그대로 경상수지의 적자에 해당한다. '투자초과'의 내용은 민간과 정부로 나누어지고 정부의 투자초과란 민간적자에 해당한다. 그래서 정부가 규율 없는 재정운용으로 재정적자를 확대하면, 또는 가계가 규율 없는 소비생활을 구가해서 자기의 수입 이상의 소비를 하면(저축은 마이너스) 경상수지의 적자가 확대해서 그 국가의 통화가 세계에 마구 뿌려지게 된다.

보통이라면 이러한 규율 없는 경제는 환율이 폭락해서 제동이 걸리게 되어있다. 옛날에 금본위제 시대에는 경상수지의 적자로 그 국가가 보유한 금이 줄어들기 때문에, 그 국가는 국내지출의 수준을 유지하기 위해 필요한 수입을 하기 위한 금의 준비가 부족해졌고, 금의 양과 국내의 화폐량이 연결되어있기 때문에, 금 준비의 감소는 화폐량을 감소시켜서 국내지출을 줄이게 되었다.

금본위를 그만두고 제2차 세계대전 후의 브레튼우즈 체제에서 채택된 금달러본위제, 즉 미 달러만이 금과 일정 비율로 교환할 수 있고 다른 통화는 금과 교환할 수 없는 제도하에서는 각국은 대외지불의 준비로서 금 대신에 미 달러를 가지려고 한다. 그 경우 규율 없는 경제를 계속하면 자국의 달러 준비가 부족하기 때문에 일정의 규율이 작용하지만 미국의 경우는 자국의 금 준비만 풍부하면 된다는 이야기가 된다.

이것은 언뜻 보기에 미국에게 유리한 제도로 보였지만 일본이나 독일 등의 경제 부흥과 경쟁력의 강화로 미국이 경상수지의 흑자를 안정적으로 유지하지 못하게 되자 미국은 달러와 금을 교환해 달라는 타국의 요구에 응할 수 있는 만큼의 금을 계속 소유하지 못하게 됐다.

그래서 1971년의 닉슨쇼크에서 미국은 달러와 금의 태환을 정지했는데, 당시의 태환 정지는 일시적 조치로 언젠가 미국 경제가 회복하면 태환을 재개하려고 했다는 설도 있다. 실제로 그 후 미국은 30년 이상의 세월을 걸쳐서 세계의 금이나 금광산에 대한 지배권을 자국에 집중해왔다고 한다. 그리고 언젠가 미국이 부분적으로 금본위제에 복귀하는 것으로 자국의 대외 누적채무의 대차를 없는 것으로 할 가능성이 오랫동안 이야기되어 왔다.

닉슨쇼크 이전은 금 1온스＝35$의 공정교환율로 금과 달러의 교환성이 있었지만, 현상의 금 가격의 실세로 미국보유의 금을 평가대체하고 동시에 달러지폐의 몇 분의 1만을 금과 교환할 수 있게 하면(금은 그 역수배의 평가가 된다) 보유금의 평가만으로 미국의 대외순채무는 확 날아가버리는 방식이다.

금 연계라는 테를 벗어난 이후의 미국

미국이 정말로 이러한 조작 행동을 하는 일이 있을지는 모르지만, 만약 그러한 때가 온다고 하면 그것은 '화폐·국가 신인설'이 막히고 진짜 달러 폭락이 걱정될 때일 것이다.

중요한 것은 미국이 미 달러와 금과의 연계가 벗어난 이후 그것을 핑계로 삼고 미 달러에서 금 연계라는 경제규율 유지장치의 테를 벗어난 것을 역수(逆手)로 잡아 '화폐·국가 신인설'을 궁극까지 활용한 국제 경제 전략을 수행하는 국면에 접어들었다는 것이다.

그것은 자국이 기축통화국이기 때문에 경제규율의 테에서 자유스러워진다는 것을 활용한 전략이었다.

이 흐름을 아주 간단하게 되돌아보자. 닉슨쇼크 이후 70년대는 두 번의 석유쇼크로 미국도, 선진 각국도 인플레이션과 불황이 공존하는 스태그플레이션 상황에 닥치게 됐다. 이것에 대한 처방전으로서 종래의 총수요를 정부가 조정하는 케인스안 정책이 아니라, 돈의 공급량 즉 화폐 공급의 성장을 억제하고 그것을 안정적으로 조정함으로 인플레이션을 억제하는 정책을 볼카 총재가 통솔하는 미국의 연방준비제도이사회(미국의 중앙은행, FRB)가 추진했다.

이 정책은 이전처럼 금리를 조정하는 것이 아니라 미국의 금리를 앙등시켰다. 이것은 당연히 달러자산의 금리를 상대적으로 높이기 때문에 해외에서 미국으로의 자금유입을 늘리게 된다.

한편으로 1980년대에 들어서 레이건 대통령이 총수요를 중시하는 케인스 정책이 아니라, 공급면을 중시하는 공급중시경제학의 입장에 선 레이거노믹스라고 불리는 정책을 전개한다.

여기서 중시된 것은 작은 정부나 규제완화로 민간 활력을 이끌어내고, 그것에 따라 경제를 다시 일으키는 것이다. 과감한 감세로 민간투자가 촉진되면 그것에 따른 경제성장으로 감세를 상회할 세수를 얻을 수 있어서 재정수지는 오히려 호전할 것이라고 했다.

그러나 실제로는 군비확장을 한 것도 있어서 재정수지는 호전은커녕 재정적자가 부풀어올랐다. 한편으로 레이건은 감세를 통해 민간설비투자를 확대시켜 국내의 공급력의 강화를 노렸으나 실제로 일어난 일은 공급력을 상회하는 수요(국내지출)의 증대였다.

이 결과 일국 전체에서는 이전의 '투자초과'가 큰 폭으로 확대했지만, 미국의 고금리나 장래의 성장전망, 고수익 기회에 매료되어서 전 세계의 자금이 미국으로 향했고, 경상수지가 적자이면 통화가 싸게 되어야 하는데 역으로 달러고가 계속되었다.

미국 쪽의 수요와 달러고의 이면으로서의 엔고가 서로 어울려서 일본에서 미국으로 흡입되는 것처럼 수출이 확대하고 일본과 미국 간의 무역불균형으로 인해 양국 간에서의 경제마찰을 낳게 됐다. 그 상황을 거시 측면에서 시정하려고 1985년에는 5개국 재무상에 의해 플라자합의를 맺고, 그 후 급속한 엔고와 달러 약세가 진행되었다.

일본과 미국의 개미와 베짱이 이야기

어쨌든 1980년대 전반에는 미국의 국내지출초과＝투자초과＝경상수지 적자에 대해, 수출과 그것에 의해서 벌어들인 달러를 자금으로 미국에 공급하는 국가로서 일본이 국내생산초과＝저축초과＝경상수지흑자가 되어서 정확히 안팎으로 대조를 이루는 경제형식이 정착했다.

말하자면 개미와 베짱이의 동화는 아니지만, **미국은 스스로 땀을 흘려서 물건을 만들지 않고 돈도 물건도 일본이라는 개미에게 공급받는 베짱이와 같았다.** 동화와 다른 것은 마지막에 우는 건 베짱이가 아니었다. 열심히 일해서 물건과 돈을 공급하는 개미는 그 결과로서 풍족한 소비생활을 구가하지 않았고, 그것을 즐기고 있는 것은 베짱이 쪽이라는 것이다.

이 가운데에서 개미 역할을 하는 국가가 널리 동아시아의 신흥국·개발도상국까지 확대되는 계기가 된 것이 플라자 합의에 따른 외환환율의 수준조정이었다.

플라자 합의는 실은 미국을 중심으로 한 새로운 세계 경제질서를 세계가 재편되는 계기가 된 것이었다.

엔고에 직면한 일본의 산업계는 환율면에서의 불이익을 극복하기 위해 해외현지생산을 전개한다. 그 가운데에서 개혁·개방 후의 중국을 포함한 동아시아 지역에 제품 공급력을 높여 미국의 수요에 물건 공급으로 부응하는 지역으로 성장한다.

미국의 가계가 소득을 웃도는 소비나 주택투자로 수요를 만들고 그것에 부응해야 하는 최종제품을 동아시아 지역이 미국에 공급하고 일본은 이러한 국가들에게 자본재나 부품이나 기술을 공급하는 삼각형 트라이앵글의 질서가 형성되어 간다.

'미국 = 세계의 투자은행' 질서와 그 파탄

2002년부터의 이자나기 경기를 추월한다고 하는 일본의 경기회복국면도 이 구조를 통해서 생긴 것이다.[13]

즉 일본은행의 초금융완화정책은 국내의 화폐공급을 늘리고 국내수요를 환기한다는 경로로 경기를 회복시킨 것은 아니다. 오히려 그것이 국내수요를 환기하지 않았던 분, 즉 과잉이 된 돈이 해외에 유출됐고 그것이 일본의 경기를 들어올렸다.

당시의 엔을 팔고 달러를 사는 환율개입으로 늘어난 달러표시 외환준비와 더불어서 일본의 돈은 미국의 금융시장을 윤택하게 했고, 그것이 미국의 과도한 국내지출을 촉진하였다. 또한, 미국의 수요를 채우기 위

---

13) 이자나기 경기란 1965년 11월부터 1970년 7월까지의 57개월간 계속된 고도성장시대의 호경기를 통칭

해 중국으로부터의 대미수출이 증대하고, 그 결과 중국의 생산에 필요한 재화를 일본이 공급하는 형식으로 일본의 경기는 상승했다.

1980년대부터의 미국 중심의 국제 경제질서가 그 구조를 세계적으로 심화시킨 것은 냉전체제 붕괴 후의 일이었다. **경제의 글로벌화, IT혁명, 금융경제화 이 3개가 미국 중심 질서하에서 일어난 혁신이었다.** 그것은 새로운 수익기회를 가져오는 '**창조적 파괴**'이기도 했다.

1990년대에 들어서면서 '과도한 소비지출국'으로서 베짱이형의 소비주도형 경제인 미국을 지탱하는 국가, 즉 개미로서 물건과 돈을 베짱이에게 공급하는 투자주도형 저축초과국은 일본(또는 독일)에서 널리 동아시아 등 신흥국·개발도상국으로 확대해 갔다.

그린스펀 전 FRB 의장이 단기금리를 상승시켜도 장기금리가 저하하는 이상 현상에 당황한 것도 이러한 개미의 국가들로부터 장기자금이 대량으로 공급되고 있었기 때문이라고 한다. 미쓰비시 UFJ 증권 수석 경제학자인 미즈노 가즈오(水野和夫) 씨는 1996년에 당시의 루빈 재무장관이 '강한 달러' 선언을 한 것을 토대로 미국이 세계의 저축을 마음대로 활용하는 '제국'으로 변했다고 했지만, '화폐·국가신인설'을 극도에 이르게 한 것은 그가 지적한 것처럼 '세계의 투자은행'인 미국이었다고 할 수 있다.

미국은 세계에 달러를 뿌려대고 그것으로 각국에 생긴 저축을 미국으로 투자로서 환류시켜, 그 위에 달러를 전 세계에 투자해가는 **세계자금순환의 중심으로서 군림**하게 되었다. 그러한 자금순환이 있기에 화폐에 부과되어야 할 거시 경제의 규율에서 자유롭게 되고, 미 달러를 세계에 제한 없이 돌림으로서, 국내에서의 풍요로운 개인지출(이른바 과잉소비

체질)을 금융면에서 떠받치고, 또 달러의 가치를 유지하는 일이 가능하게 되었다.

그러나 돈을 세계에 빙빙 돌림으로써 비로소 기능하는 '제트코스터 같은' 불안정한 구조는 제어장치 없이 가다보면 언젠가 붕괴한다. 그것이 바로 서브프라임 문제라는 형태로 나타난 금융위기였다.

돈이 돈다. 즉 돈이 융통됨으로써 실체적인 가치가 실현되고, 그것이 가져다주는 수익률이 자금융통에 필요한 금리를 상회하는 경우에 한정될 것이다. 따라서 실체적인 수익률이 금리와 동등해질 때까지 투자가 늘어난다. 돈이 더욱더 넘쳐나면 금리는 계속 저하하고, 그것에 걸맞은 수익률이 낮은 투자가 실현되어 간다. 그리고 그 이상으로 돈을 회전시키기 위해서는 **금리가 낮아도 투자가 매력적으로 되도록 자산 가치를 올릴 수밖에 없다.**

그래서 〈돈의 증대 → 자산가격의 상승 → 자산이익을 겨냥한 돈의 증대〉라는 순환이 끝없이 일어났다. 그 결과 금융자산스톡은 실체적가치의 몇 배나 부풀어 올랐다. 이것이 거품이다. 금융자산스톡과의 균형으로 과대평가되었던 자산가치가 실체적인 가치척도로 재평가받는 움직임을 계기로 해서 거품은 반드시 붕괴한다. 서브프라임 문제도 미국의 주택거품의 붕괴를 계기로 일어났다.

자산가치가 하락하면 자본이 충분히 쌓여있지 않는 한 부채와의 관계로 대차대조표의 계산이 안 맞게 된다. 채무 초과가 되지 않도록 사람들은 부채를 압축하는 행동으로 치닫고 변재재원확보를 위해 자산을 투매하는 것이 자산가격을 더욱 더 하락시키는 악순환이 일어난다. 자산가격의 하락으로 자본의 부분도 훼손하기 때문에 전체적인 자본부족으로 담보력과 지불능력도 저하하고, 금융이 돌아가기 위한 불가결한 요소인 신용이 상실된다.

이리하여 돈이 돌지 않음으로 일어난 것이 이번 세계적인 금융위기이다. 금융부분에 있어서의 자본부족은 금융부문이 실체경제에게 공급할 수 있는 돈의 양도 감축시킨다. 자금이 융통되지 않으면 그것을 혈액으로 해서 돌고 있는 실체 경제도 돌지 않게 된다.

그 결과 실체 경제의 신용을 담보로 돈을 돌리는 구조인 금융 경제도 돌지 않게 돼서 금융 경제와 실체 경제의 축소의 악순환이 생긴다. 이와 같은 이유로 금융위기는 세계적인 경제위기로 확대됐다.

일국의 금융시스템 전체에서 **신용**이 상실되면, 이미 화폐·국가신인설도 성립하지 않는다. 앞으로 미국이 어떻게 해서 금융시스템의 신용을 회복하고 세계가 새로운 국제 경제질서의 구축을 향하는가가 주목된다.

화폐·국가신인설의 전제로서의 패권국가

이상 오랫동안 미 달러와 미국에 대해서 진술한 것은 '**화폐·국가신인설**'로 현실의 경제를 운영해가는 것은 그리 쉽지 않다고 말하고 싶어서 였다. 이번 위기에 이르기까지 레이거노믹스로부터 본격화한 미 달러 국제질서는 25년여에 걸쳐서 기능해왔지만 미국이 그것을 할 수 있었던 것도 미 달러가 기축통화이기 때문이다.

역사상 기축통화국이란 그 당시의 세계에 있어서 패권 국가이다.

제2차 세계대전까지의 패권 국가는 영국이고 국제결제통화는 파운드였지만, **대영제국의 몰락과 미국으로의 패권국가의 교대**가 제2차 세계대전에 의해서 명확화했다. 제2차 세계대전 말기에 전쟁 후의 국제 경제질서를 정하는 자리였던 브레턴우즈회의에 영국대표로서 출석한 케인스는 미국의 영국에 대한 압도적인 우위 속에서 파운드에서 달러로 통화패권이 교대할 수밖에 없는 현실에 직면하여 어떻게 할 수 없는 참기 힘든 굴욕을 맛봤다.

영국은 전후 군사와 경제의 양면에 걸쳐서 이 굴욕을 계속 느끼고 곧 세계 제1의 힘을 가진 미국의 등에 업힘으로써 군사, 경제 양면에서 이익을 내는 것으로 자국의 국익을 재정의하게 됐다.

전쟁 후의 IMF 체제하에서는 금과의 유일한 태환(兌換)통화라는 것이 기축통화로서 미 달러의 지위를 뒷받침하고 있었지만, 구영식민지국에서 계속되고 있던 전쟁 전부터의 파운드통화권인 스털링 블록(sterling bloc)이 붕괴하고 1960년대에 들어서 파운드가 국제결제통화로서의 역할을 완전히 포기하기에 이르면서, **미 달러의 기축통화로서의 지위를 위태롭게 하는 통화는 존재하지 않게 되었다.**

그렇게 되면 기축통화이기 때문에 자국의 경제운영에 여러 가지 제약을 가하게 되는 **금과의 연결을 일부러 유지할 필요도 없다.** 1971년부터는 미 달러는 금의 뒷받침도 없어지고 오로지 화폐 · 국가신인설에 기초하여 기축통화로서의 미 달러의 가치와 자리매김의 근거를 요구받게 되었다.

그러나 전쟁 후에 부흥을 겪으며 눈부신 성장을 이룬 서독일 등 서유럽이나 일본의 존재에 미국 경제의 압도적 우위성이 늘 보증되는 상황은 이미 과거의 것이 되어있었다. 거기서는 화폐 · 국가신인설을 유지해가기 위한 어떠한 장치의 구축이 필요했다.

그러한 장치가 이전에 본 것처럼 80년대에는 미국을 중심으로 한 국제질서로의 재편성이고 90년대에 있어서는 '제국'화, 즉 투자은행화였다.

특히 이전의 파운드 대신에 유럽이 유로라는 도전을 걸고 온 이상 미 달러가 '화폐 · 자기순환론법설'(미인투표)에 있어서 기축통화의 위치를 유지하기 위해서도 화폐 · 국가신인설을 강화하는 장치를 대대적으로 계속 행사할 필요가 있었다.

기축통화가 하나인 편이 세계는 안정된다

'패권국가'라면 '화폐 · 자기순환론법설'(미인투표)로 그 국가의 통화의 가치는 보증되고, 기축통화가 된다. 21세기의 오늘날의 미국은 이전과 같은 패권국가인지는 의문이지만, 기축통화를 가지면서 더불어 필요한 '패권국가일 것'을 대신하는 장치를 구축 · 운영해왔다. 그것은 층이 두텁고 이편성이 높은 세계 제일의 금융시장의 존재이다.

이번 금융 · 경제위기로 미 달러가 유일한 기축통화의 자리를 내놓고, 앞으로는 달러 USD, 유로 EURO, 중국원 RMB(또는 장래의 아시아 공통통화)의 3극 기축통화체제가 된다는 견해가 있다.

그러나 정의상 안정적인 기축통화체제란 기축통화가 하나인 상태이다. 기축통화국이 패권대국의 위치에서 내려온 후에도 수십 년간은 관성효과가 작용해서 그 국가의 통화는 계속 기축통화로 있게 된다. 국제 통화로서의 파운드가 1960년대까지 힘이 계속 유지된 것이 그 예증이다.

미국의 상대적인 지위는 저하해도 세계 제일의 슈퍼파워가 계속되고 그 금융시장의 우위성을 계속 유지하는 한, 미 달러가 유일한 기축통화라는 체제가 붕괴하지는 않을 것이다. 물론 유로와 같은 지역 국제통화가 이미 탄생하였고 유로경제권에서는 그것이 기축통화의 역할을 하려고 하고 있다. 아시아에서도 곧 아시아공통통화라는 것이 생길 가능성은 있을 것이다.

그것은 글로벌리즘 속에서 세계의 각 지역이 번영해나가기 위해 유럽이든 아시아든, 북미든 남미든, 각 지역에서 국가를 넘은 규모로의 경제적 통합, 즉 지역주의를 추구하는 것으로 글로벌한 대경쟁시대에 대응할 필요가 있다는 흐름 속에서는 당연한 귀결이다.

글로벌리즘의 반작용으로서 그것에 대응하기 위한 지역주의를 만들어내고, 모순되는 양 개념이 공존하게 된다. 통화도 그 흐름과 무관하지 않다.

그러나 지역을 넘은 글로벌한 차원에서는 기축통화는 역시 하나다.

일본은 잘난 체하지 말고 '엔'의 신인을 유지하라

여기서는 우회로에서 본도로 되돌아와, 정부지폐를 둘러싼 화폐의 논의를 다시 다루어보자. 적어도 '화폐·국가신인설'을 궁극까지 추구해 온 미 달러에 있어서 그것이 가능했던 것은 첫째로 미 달러가 세계의 기축통화이기 때문이다. **미국은 경제 전략에 있어서 미 달러가 기축통화인 것을 철저히 활용했다.**

두 번째로, **미 달러가 기축통화이기 위한 조건을 미국이 갖추고 있었기 때문이다.** 세계의 패권국이며 세계 제일의 금융시장을 가지고 있어서 미 인투표에서도 누구나 표를 넣을 것이라고 모두가 예상하는 매력과 구심력을 가진 국가이기 때문에 미 달러는 금태환 정지 후에도 기축통화로 있을 수 있었다.

세 번째로 **기축 통화국으로의 조건을 강화하는 국제 전략을 미국 자신**

이 수행해왔다. 그런데도(또는 그 결과로서) 금융거품의 발생과 그 붕괴는 피할 수 없었다.

그렇게 보면 **이러한 조건의 어느 것도 갖추지 않는 일본**이 화폐·국가 신인설로 돈을 발행하는 일은 말도 안 되는 오만이라는 이야기가 된다. 일본 엔은 기축통화는커녕 세계 제2위의 경제규모에 비해 아시아에서 조차도 엔의 국제화를 진행하지 못하고 있다. 그런 일본에 있어서 중요한 것은 조금이라도 엔에 대한 신인을 떨어뜨리는 행동을 하지 않는 것이다.

왜냐하면 인구감소에 직면하는 일본 경제의 과제는 아시아의 활력을 충분히 활용해야 하고, 아시아에 있어서 구심력이 강한 경제, 즉 '매력이 있는 일본'이 되어야 하기 때문이다. 그러기 위한 메뉴의 기둥에는 일본이 적어도 아시아에서는 돈의 국제순환의 허브(거점)가 되는 일이다.

단기적으로는 엔의 가치가 떨어진다. 즉 엔저가 되는 것이 경기에는 좋은 것처럼 보이지만 일본의 중장기의 국제 전략에 있어서 그것은 오히려 반대이다. 오히려 우리는 엔고를 기회로 활용해야 한다.

지금은 그러한 국면에 있다.

그렇다면 일본은 화폐·국가신인설으로의 유혹을 버리고 엔의 국제적 가치를 유지하고 또는 가치를 증가시키는 방향으로 늘 통화 정책을 생각해나가야 한다. 여기는 역시 **'화폐 중앙은행 대차대조표설'로부터 떨어져 생각하지 않는 편이 좋을 듯하다.**

일본은 아시아에 있어서도 패권 국가는 되지 못하고 있고 적어도 지금은 미국의 국제 전략과 같은 곡예를 할 수 있는 국가도 아니기 때문이다.

2. 정부지폐발행에 어떤 의미가 있는 것일까

정부지폐발행을 둘러싼 찬성론과 반대론

이상은 화폐의 대외적인 가치라는 면에서 정부지폐가 어떻게 문제인가를 생각한 논술이다. 다음에 문제가 되는 것은 화폐의 대내적 가치의 면이다. 국내의 실체 경제와 화폐가치와의 균형이라는 시점이다.

정부가 스스로의 재량으로 원하는 만큼 지폐를 발행해야 한다는 설에 대해서 바로 나오는 반론이 그러면 인플레이션에 대한 제어가 없어진다는 논의이다. 실체 경제 이상으로 돈이 부풀어오르면 통화의 가치가 저하하고, 모두가 돈보다도 실물인 물건을 소유하려고 돈을 물건으로 바꾸기 때문에 물가가 상승한다.

유권자의 환심을 사기위해 여러 가지 공공서비스를 흩뿌리기 쉬운 정부는 얼마든지 제어 없이 돈을 발행할 가능성이 있을 것이다. 그렇게 모두가 생각해버리면 인플레이션은 멈추지 않고, 하이퍼인플레이션이 되어 경제는 붕괴할 것이다. **경제 거래는 돈에 대한 신인이 전제이기 때문이다.**

그러나 지금처럼 경제 불황 속에서 우려되는 것은 인플레이션(돈의 가치가 내려가는 상태)보다도, 디플레이션(돈의 가치가 지나치게 오른 상태)이라고 한다면, 모두가 돈을 가진 것보다 돈을 쓰게 해서 조금이라도 그것을 회전시킴(돈의 가치를 내림)으로써 경제거래를 활성화시키는 것이 옳다. 거기서 오히려 경제가 인플레이션 경향이 되도록 과감히 돈을 대량으로 증발해야 한다는 주장이 나타난다.

그것을 궁극까지 추구하려고 하는 것이 '헬리콥터 머니론'이다. 헬리콥터로 거리에 돈을 뿌리더라도 모두에게 많은 돈이 골고루 퍼지게 하면 물건에 대한 돈의 상대적 가치가 떨어지기 때문에 사람들이 빨리 돈을 써버리고 그것을 물건으로 바꾸려고 하게 될 것이다. 그래서 소비나 투자가 늘어서 경기가 일거에 회복할 것이라는 주장이다.

따라서 다소 물가가 오르더라도 지금은 원래 물가가 하락하는 디플레이션 경제가 문제이기 때문에, 인플레이션 요인은 오히려 환영해야 할 일이고 문제가 되지 않는다는 이야기다.

확실히 지금처럼 100년에 한 번이라고 불리는 이상한 경제 상태에서는 그러한 구실 아래 정부지폐가 정당화되는지도 모르겠다. 이상한 사태에는 평상시의 사고는 통하지 않는다. 평상시에는 이상이라고 평가받는 정책도 필요하다는 이유이다.

중앙은행의 자산의 질을 떨어뜨려서라도 화폐공급을 확대해야 할까

원래 중앙은행의 독립성이라는 것은 **금융정책에 있어서 정부에 대한 불신**에서 생긴 것이다. 옛날이라면 전비조달, 오늘날이라면 정치가들이 득표 목적의 '공공사업 등' 정부지출을 낭비하는 것으로, 정부가 하려고 하는 것은 인플레이션을 초래하기 쉽고, 그러한 재원으로서 다액의 차입을 쉽게 하기 위해 금리를 낮추도록 중앙은행에 압력을 넣는 경향이 정부에게 있다고 한다.

그래서 그러한 방파제로서 중앙은행의 독립성이 주장되어왔다. 화폐의 발행을 중앙은행이 보유하는 자산의 범위 내로 한정하고, 중앙은행이 정부와는 독립해서 시장에서의 오퍼레이션이나 금리의 결정·유도 등의 금융정책을 펼치는 것으로, 인플레이션으로부터 경제를 지키는 것에 중앙은행의 가장 중요한 역할이 있다고 평가받아왔다.

그러나 지금은 인플레이션을 걱정하는 상황이 아니라고 한다면 중앙은행의 자산의 건전성을 중시하는 국면은 아니고 오히려 중앙은행의 자산을 열화시키더라도 화폐공급을 확대해야 한다는 이야기가 된다. 실제로 이번 금융위기로 유럽의 중앙은행은 각각 몇 십조 엔이나 되는 자산을 자기의 대차대조표에 쌓아올렸다.

중앙은행이 금융시장에서 채권을 구입하면 그것은 금융시장에 대한 화폐의 공급이 되고 중앙은행의 대차대조표는 구입한 채권으로 자산계정이 늘어나고, 그것에 대응하는 화폐의 공급으로 부채 계정이 늘어나게 된다.

일본은행도 그렇지만 각국의 중앙은행은 이번 위기에 대한 대응으로써 종래는 국채 등에 한정되어있던 자기의 자산 계정에 사채나 CP 등도 넣게 되어있다. 종래 통화에 대한 신인의 뒷받침으로 자산으로는 국채처럼 신용성에 문제가 없는 자산밖에 넣지 않았던 중앙은행의 대차대조표가 어쩌면 다소의 리스크가 있을지도 모르는 자산의 구입으로 질을 떨어뜨리고 있다고 말할 수 있다.

이것도 지금과 같은 금융위기에서는 민간금융기관이 짊어지기에는 힘든 리스크를 중앙은행이 공유할 필요가 있기 때문에, 그것은 어쩔 수 없는 긴급조치라고 평가된다.

그렇다면 그 사고의 연장선 위에 **이제 중앙은행의 대차대조표의 건전성의 세계에 경제를 가두는 것이 아니라 그 테를 벗도록, 즉 중앙은행의 금융정책을 넘어서 정부가 수요를 자유롭게 창출할 수 있도록 정부지폐를 도입해야 할 국면은 아닌가 하는 주장이 힘을 얻게 된다.**

정부지폐의 발행으로 무엇이 일어날까

그러한 생각에 따라서 정부가 정부지폐를 발행하면 어떻게 되는지 생각해보자. 정부가 재정지출을 정부지폐로 할 수 있도록 한다고 가정해보자. 예를 들어 공무원의 급여가 정부지폐로 지불되는 사태를 상정할 일도 가능하지만, 지금은 급여의 전액이 은행 등의 계좌에 납입되고 그만큼 은행 결제가 당연한 세상이기 때문에 실제로 현금으로 정부의 지출이 되는 일은 예외적일 것이다.

그래서 이번 정액급부금처럼 정부가 국민에게 정부지폐를 무상으로 나누어주고, 돈을 쓰거나 저축할 때에도 정부지폐를 쓸 수 있다고 선언을 하지 않으면 애초 정부지폐발행의 의미가 없다.

이전의 헬리콥터 머니론을 실천하는 것이다.

앞서 말한 것처럼 국제적 측면을 제외하면, **적어도 국내에서는 정부지폐의 화폐·국가신인설이 성립**할 것이다. 정부가 **"일본은행권과 같은 지폐로서 정부지폐를 쓸 수 있다."**고 결정하면, 나머지는 화폐·자기순환론법설로 정부지폐는 일본은행권과 동일한 지폐로서 기능하게 된다. 정부가 결정한 것은 모두가 따를 것이라고 생각하기 때문에 그것은 당연히 그런 것으로 받아들여지기 때문이다. 그 정도의 신인이 일본정부에는 있을 것이다.

그러나 정부지폐는 돈으로서 기능하기 때문에 현대 자본주의경제에 있어서 금융시스템과 관계가 없을 수 없다.

관청에서 발행한 정부지폐를 고맙게 받아들인 국민이 소비하고 돈으로서 점점 유통해가면 어느 단계에서는 은행에 맡겨지게 된다. 지폐가 은행에 들어간 시점에서는 같은 통화라도 '예금통화'라는 통화가 된다.

은행은 예금의 인출이나 환전 등으로 필요액 이상의 지폐를 가지고 있을 필요가 없다. 언젠가 그것은 '은행의 은행'인 일본은행에 들어오게 된다.

금융시장의 조절에 매일 대응하고 있는 중앙은행으로서 일본은행은 시중의 돈이 과잉이라면 흡수하고 부족하면 공급하는 오퍼레이션을 일상적으로 하고 있다. 그의 대표적 수단으로 일본은행이 시중과의 사이에서 채권을 매매할 경우를 생각해보자.

시중의 돈이 과잉이라고 판단될 때는 일본은행(이하 일은이라고 함)은 가지고 있는 채권을 은행에 팔아서 그 대금으로서 은행에 있는 돈이 일은에게 들어오게 한다. 그것을 일은의 대차대조표로 보면 돈은 원래 일은의 자산에 대응하는 일은의 채무이기 때문에, 일은의 자산인 채무를 팔고 자산이 줄은 만큼 시중에 있는 돈이 일은에 흡수되는 것으로 동액의 일은의 채무가 없어지게 된다. 이것으로 대차대조표는 계산이 맞는다.

정부지폐도 비용은 공짜가 아니라 국채와 똑같다

그러나 정부지폐의 경우 일은의 채무는 아니다. 일은이 은행에 판 채권(자산)을 대신해서 정부지폐가 일은의 자산에 계상됨으로써 대차대조표의 계산이 맞게 된다.

그러면 이 정부지폐라는 일은의 자산을 일은은 어떻게 조치할 것인가?

수중에 있는 정부지폐는 국채 등의 채권처럼 이자를 낳는 것이 아니기 때문에 자산으로서의 가치는 생각할 수 없다. 그것을 처치 곤란한 일은은 10엔 동전이나 100엔 동전을 그렇게 하고 있는 것처럼 정부에게 매입을 요구하는 것도 생각할 수 있다.

이러한 동전은 정부가 제조하고 있고 정부는 제조비용과 동전의 액면과의 차익분만 이익을 올리고 있는 계산이 된다. 그것은 '통화발행익(通貨發行益)'이라고 불리는 것으로, 예로부터 어느 국가의 정부도 통화발행권을 소유함으로써 이러한 이익을 올려왔다.

시중에서 일은에 회수된 동전은 최종적으로는 정부가 액면으로 사들이고 이 단계에서 통화발행익은 상계되는 것이다. 정부지폐는 동전과 같은 원리인 것이라고 한다면, 정부가 이것을 일은에서 사들인 단계에서 정부는 재정지출을 하지 않으면 안 된다.

오로지 국민에게 직접 흩뿌리기 위한 정부지폐의 경우 애초 정부는 통화발행익을 당연히 가져가지 못하고 있을 것이다. 따라서 마지막에 정부가 일은에서 정부지폐를 사들일 때의 재정지출은 세금 또는 국채발행으로 조달할 수밖에 없고 결국 동액의 재정 부담이 정부에게 생기게 된다.

그렇다면 애초 정부지폐를 발행하지 않고, 국채를 발행해서 정액급부금을 지급하는 것과 다르지 않다고 할 수 있다.

일본은행이 무이자 영구국채를 떠맡는다

그래서 일은에 들어간 정부지폐를 정부가 사들이지 않는다고 해보자.

그러면 일은은 정부지폐를 자산으로서 계속 소유하게 되지만 이것은 금리도 붙지 않으며 상환도 되지 않는 무이자 영구국채를 소유하는 것에 지나지 않는다. 일은의 자산이 금리가 붙지 않는 자산으로 대신하는 것으로, 일은의 이익이 감소 → 국고납부금의 감소 → 정부의 재정부담의 증가가 되고 이러한 가치가 낮은 자산의 보유로 일은의 자산내용의 질도 떨어지게 한다.

질 나쁜 자산을 뒷받침하는 일은권의 가치도 당연히 떨어진다.

이전에 본 것처럼 일본이 화폐 · 국가신인설에 의지하는 것이 곤란한 국가라면 이것은 화폐 · 중앙은행 대차대조표 설을 통해서 엔이라는 통화 자체의 가치를 내린다고 생각해야 한다.

100년에 한 번 온다는 이상사태이기 때문에 통화가치를 과감히 내린다는 이상한 정책으로 이 이상사태를 극복해야 한다고 생각한다면 그것도 하나의 좋은 판단인지도 모른다.

그러나 시중의 화폐를 늘리고 싶다면 정부지폐의 발행으로 통화 가치를 내리지 않아도 일은이 시중의 국채를 사들이면 되는 일이다. 이것으로 통화공급량의 증대, 즉 일은의 대차대조표의 확대가 일어나도 일은의 자산의 증대가 국채라는 가치 있는 자산의 증대로 인한 것이기 때문에 인플레이션이 되지 않는 한 통화의 가치는 떨어지지 않는다.

이렇게 보면 **정부지폐의 주장은 일은의 금융정책의 소심함에 대한 불신을 근거로 한 주장**이라는 것을 알 수 있다. 왜냐하면 만약 일은이 정부가 원하는 것처럼 시중에서 국채를 사서 화폐를 공급한다면 정부지폐 발행이 의도한 것과 같은 효과를 경제에 가져오기 때문이다.

정액급부금의 재원을 국채의 증발에 요구하고, 그것과 동액의 국채를 일은이 사면 그것에 따라 증대하는 일은권이 정부 지폐와 같은 역할을 하게 된다. 그것과 **정부지폐와 경제효과의 차이는 일은의 자산의 질이 떨어지는지 안 떨어지는지의 차이에 불과하다.**

그렇다면 정부지폐는 백해무익하다는 이야기가 된다.

'카스미카세키(霞か關) 매장금(埋藏金)'을 뒷받침한 정부지폐

그러나 일본은행은 국채매수조작으로 보다 다액의 화폐를 시중에 당연히 공급해야 하고, 그리고 그것은 가능한 일인데도 일은은 거시 경제보다 대차대조표라는 스스로의 마당만 보고 그것을 게을리 하고 있다는 비판이 있다. 일은은 최근 매월 국채의 시중 매입액을 증액하기로 했지만, 장기국채보유액(현상으로 약 43조 엔)을 은행권 발행잔액(현상으로 약 77조 엔)에 억제한다는 상한을 두고 있다.

그러나 그 근거는 반드시 명확하지가 않다. 금융정책을 일은에 맡겨두면 화폐 공급은 과소하게 되고 그것이 불황을 더 촉진시켰기 때문에, 정부가 정부지폐 발행으로 화폐의 부족을 보충해야 한다는 주장이다.

그 경우 통화가치의 하락이 걱정이라면 '매장금'이라는 정부의 자산으로 정부지폐의 가치를 담보로 하면 된다는 논의가 있다.

이 매장금에 대해서는 최근 아주 많이 논의되어서 아는 분도 많을 것이다.

정부의 각 특별회계에 몇 조엔, 몇 십조 엔에 이르는 잉여금이나 적립금이 쌓여있어서 증세를 논의하기 전에 먼저 이것을 재정지출에 유효하게 활용하는 것을 생각해야 하는데도 불구하고 재무성은 이것을 숨겨왔다는 주장이다.

최근 거액의 적립금을 쌓아온 특별회계로서 특히 재정융자 특별회계와 외국환자금 특별회계가 주목받아왔다. 매장금이라고 하면 뭔가 정부가 남몰래 간직하고 있는 돈 같은 이미지가 있지만 먼저 다음에 언급된 것이 잘못되고 있다. 적어도 최근에는 특별회계에 잉여금이나 적립금으로서 정확히 계상하고 국회에서 의결도 얻고 승인되고 있다. **문제는 특**

별회계로서 지녀야 할 준비금으로써의 수준을 넘는지 안 넘는지이다.

예를 들어, 재무융자 특별회계는 자금의 조달과 운용과의 사이에서 기간의 불일치가 있어서 저금리의 국면에서는 운용금리와 조달금리 사이에 차액이 발생하고 잉여가 생기지만, 고금리가 되면 역차액이 되기때문에 저금리 국면에서 발행한 잉여는 고금리 국면에 대비하고 준비금으로써 가지고 있지 않으면 대응하지 못하게 된다. 이러한 금리 변동 리스크에 대비하기 위해서는 일정의 준비가 필요하다.

외국환 자금 특별회계도 정부가 외환시장에서 달러매입을 개입할 때는 엔화 표시로 재무성 증권을 발행해서 개입 자금을 조달하고, 달러를 사고 매입한 달러는 미국채 등 달러표시 자산으로 운영하고 있어서 거기에는 외환 변동 리스크가 발생하고 있다. 엔화 강세가 되면 달러표시 자산의 엔화표시 가치가 감소하기 때문에, 이 특별 회계는 채무초과되기 쉽다. 그런 일에 대비하기 위해 일정한 준비금을 가질 준비가 필요가 있다.

일반 기업에서도 여러 가지 경영 리스크에 대비해서 일정한 준비를 하는 것은 당연한 일이고, 그것이 적은 기업은 신용을 잃고 만다는 것은 누구나 아는 일이다. 국가의 특별 회계가 적립금을 갖는 것도 같은 이유이다. 물론 그 이외에도 적립금을 소유하는 이유가 각각의 특별회계마다 있다. 문제는 그것이 어느 수준을 넘는 경우에 어떻게 처리하는가이다.

이 경우 국가의 재정이 매년도 고액의 이자 부담을 낳는 국채발행잔액을 거액으로 안고 있는 거라면, 과잉한 적립금은 국채발행잔액의 감축에 충당해야 할 것이다. 정부가 이미 발행한 국채를 과잉한 적립금을 재원으로 써서 매입소각하는 것이다.

매년도의 재정적자는 유량의 지출을 조달할 뿐이며, 이것도 매년도의 유량인 세수가 부족한 것으로 인해 생기고 있다. 매년도 이루어지는 유량의 재정지출은 원래 매년도 항구적으로 들어오는 세수 등의 수입으로 당연히 충당되어야 할 것이다. 이것에 비해서 적립금은 매년도 거의 동액으로 생기는 유량이 아니라 가끔 발생하고 있는 저량이다. 그것은 써 버리면 없어지는 일회성의 재원이다. 저량의 재원이라면 그것은 같은 저량인 부채 감소에 충당하고, 국가 전체의 부풀어진 대차대조표의 축소에 기여해야 할 것이다. 그것으로 인해 매년도 발생하는 유량의 금리 부담을 경감할 수 있게 된다. 그렇다면 지금 때마침 가지고 있는 적립금(매장금)을 배경으로 한 정부지폐의 발행도 삼가해야 한다. 본래 그것은 국채의 감액에 돌리기 위한 것이기 때문에, 그것을 하지 않고 정부 지폐를 발행한다는 것은 본래 있어야 할 상태에 비해 보다 많은 국채가 존재하는 상태를 뒷받침한 정부지폐의 발행이라는 것이 된다. 그것은 **국채를 증발하고 정액급부금을 지급하는 것과 아무런 차이가 없다.**

3. 영구국채를 생각하는 힌트

우리는 매일 영구국채를 쓰면서 살고 있다

이상 본서에서는 정부지폐를 부정하는 것 같은 논의만 해왔지만, 반드시 그렇지는 않다. 실은 이러한 논의를 통해서 우리는 본서의 테마인 영구공채의 개념에 한발 가까워지고 있는 것이다. 거침없이 말하자면 우리는 이미 영구공채를 쓰면서 살고 있다. 상상력이 풍부한 독자라면 혹시 벌써 눈치를 챘는지도 모르겠다. 그 영구공채란 지폐를 의미하고 일은권이 그것에 해당한다.

우리가 일본에 있는 한 실제로 안 보는 날이 없다고 해도 과언이 아닌 일은권(日銀券)은 일은(日銀)보유의 자산을 뒷받침해서 일은이 발행한 채무증서에 해당하는 채권이다. 그러나 그 채권은 일정한 기간이 되면 일은이 상환을 약속하고 있는 채권이 아니다. 또한 그 채권을 가지고 가도 일은이 이자를 지불해주는 것은 아니다.

즉 일은권이란 '**무이자 영구일은채(無利子永久日銀債)**'이다. 일은은 실질적으로는 공적기관이라고 볼 수 있다. 그렇다면 무이자영구 '일은'채의 '일은'의 부분을 '공'으로 고쳐 쓸 수 있을 것이다. 즉 '**무이자 영구공채**'라고 할 수 있다. 금본위제가 없어진 자본주의 사회에 사는 우리는 이미 매일 영구공채를 쓰고 생활하고 있는 것이다.

이미 존재하고 있는 영구 '공'채의 '공'을 '국'으로 바꾸면 '영구국채'가 된다. 만약 일은을 대신해서 정부가 중앙은행의 역할을 다하게 되면 일은권은 본서가 논해온 '정부지폐'가 되고, 그것은 '무이자 영구국채'이다. 만약 이 세상에 중앙은행이라는 제도가 없으면, 정부가 일은과 마찬가지로 그 보유자산을 뒷받침으로 하여 무이자 영구국채를 발행함으로써 그 국가의 통화인 지폐가 유통될 것이다. 중앙은행제도가 만들어지기 전의 시대에서는 지폐란 바로 그것이었다.

자산의 뒷받침이 있으면 정부는 채무를 일으킬 수 있다

자본주의 역사가 가르치는 교훈은 금융정책이 정부로부터의 독립성을 가져야 하고 정부는 중앙은행으로는 될 수 없기 때문에 정부지폐는 있을 수 없다. 그렇기 때문에 필자의 정부지폐를 부정하는 논거가 나온다.

그러나 애초 **인류사회에 있어서 '영구국채'가 결코 먼 존재는 아니라는** 것은 알 것이다. 정부지폐 이외에도 그것과는 다른 영구국채라는 것을 어떤 형태로든 무리 없이 구성할 수 있을지도 모른다.

정부지폐에 대해서도 필자는 매장금을 기반으로 한 정부지폐는 의문이라고 했지만, 그것은 본래 국채상환에 충당해서는 안 되는 매장금이라는 자산을 뒷받침하며 그것이 만약 국채상환에 충당하지 않고, 즉 정부가 계속 보유해야 할 자산을 뒷받침하는 것이라면 전면적으로 정부지폐를 부정해버릴 의도는 없다.

일반적으로 자산의 뒷받침이 있다면 정부가 채무를 발행하는 것은 제도상으로는 허용되고 있다. 그것이 '건설공채의 원칙'이었다. 공공사업 등으로 장래에 남을 자산을 형성하기 위해서라면, 그것에 필요한 재원을 국채발행으로 조달해서 장기 채무를 발행하고도 정부의 대차대조표는 계산이 맞기 때문이다. 이 원칙을 한발 진행하면 정부가 계속 보유해야 할 자산을 뒷받침한 무이자 영구국채의 발행도 건설공채의 원칙에 준한 국채의 일종으로서 그 인수상대만 있으면 있을 수 없는 일은 아니다.

문제는 그 무이자 영구국채가 그것을 가지려고 하는 인수 상대가 충분히 나올 만큼의 매력을 갖추고 있는가이다.

정부지폐의 뒷받침이 될만한 자산은 있는가

잘 생각해보면 만일 이 **무이자 영구국채에 화폐의 자기순환론법적 성격이 가해지면 그것은 정부지폐가 될** 것을 알 수 있다. 요컨대 본래 화폐에는 주로 ① 물건이나 서비스를 구입할 때 지불이나, 채권 채무를 청산할 때의 결제 수단과 ② 경제적 가치를 축적하는 수단의 두 가지 기능이 있다.

이 가운데 ①의 교환기능은 화폐의 자기순환론법적 성격에 뒷받침되는 것이다. 무이자 영구국채가 정부보유 자산에 의해서 그 가치를 보증받고 있는 것이라면, 무이자국채는 ②의 가치보장기능을 갖게 된다. 그러나 가치를 보장하는 사람은 돈을 소비 등에 쓰지 않고 미래의 소비를 위해 떼어놓는 행동을 선택하고 있는 사람이기 때문에, 그러한 선택이 성립할 수 있도록 세상에는 금리라는 것이 있다.

이 금리는 시장에서 결정되기 때문에 국채를 발행할 때는 상환기간이 몇 년인 것에 대해서는 금리(이율이 몇 %)라는 형식으로 시장이 국채의 입찰가격을 결정하고 그것과 국채의 쿠폰과의 관계에서 응모자 이율이 결정된다. 이것이 발행시장에서의 그때의 시장금리이다. 국채는 시장실세를 반영한 조건이 아니면 발행할 수 없다. 무이자의 국채라면 매기 쿠폰으로 받을 수 있는 이자는 없어도, 그 상환 시에는 액면으로 상환되기 때문에 액면가격에서 할인한 가격으로 인수되는 것이다. 그 가격과 액면가격과의 차이가 시장에서 결정되는 무이자국채 이율이다.

그렇게 생각하면 상환되지 않는 무이자 영구국채라면 상환으로 인해 얻을 수 있는 이율이 존재하지 않기 때문에 누구도 사지 않다는 이야기가 된다. 그래도 무이자 영구국채를 발행한다고 하면 금리(쿠폰)를 대체하는 어떠한 은전(恩典)이 필요하게 된다.

여기서 그 은전으로서 이전의 ①의 교환기능을 이 무이자 영구국채에 부여한다고 해보자. 이 교환기능이 일은권과 같은 것이라면 이 무이자 영국국채는 그래도 정부지폐가 된다. 일은권과 같은 교환기능을 가진 무이자 영구국채라면 그것을 가지려고 하는 사람들이 많이 나올 것이다. 인수상대가 있을지 없을지라는 문제는 해결된다.

문제는 정부지폐가 아무런 가치도 없는 것이라면, 일은의 대차대조표의 질이 나빠진다. 그러나 이 무이자 영구국채는 정부 자산이 뒷받침하고 있다. 그 자산이 일은의 요구에 따라 정부지폐와 교환할 수 있는 것이라면, 요컨대 일은의 자산에 넣을 수 있는 것이라면 그 문제도 해결된다.

그러면 그러한 자산이 무엇일까?

현재 국가의 대차대조표는 대폭적인 채무초과 상태이기 때문에 정부가 지닐 필요가 없는 자산이 있을 정도라면, 그것을 매각하고 채무 압축에 충당해야 할 것이다.

생각할 수 있는 것은 정부가 가지는 것에 일정의 의미가 있고 동시에 일은 자산으로도 옮길 수 있는 것이 가능한 어떠한 자산을 정부가 새로 취득 또는 형성하는 것을 뒷받침으로 해서 그 재원으로서 정부지폐를 발행한다는 것이다.

금 담보 영구국채로서의 정부지폐

여기서 한 사례로 '금'을 생각해보자.

예를 들어 이전에 본 것과 같은 미국의 금 전략, 즉 미 달러의 금과의 태환제를 부분적이라도 부활한다는 전략이 어떤 경우에도 수행된다고 일본정부가 상정했다고 하자. 그 경우 지금 상태로는 일본의 금 준비는 구미에 비해 너무나도 적어서 금의 뒷받침이 없는 일본 엔은 폭락할 가능성이 있기 때문에, 일본정부가 국내외에서 금을 조달할 작전을 개시한다고 가정한다.

금을 살 재원을 조달하기 위해 무이자 영구구채가 발행된다고 하면, 그것은 정부보유의 금이라는 자산을 뒷받침한 정부의 채무가 된다.

정부가 그 무이자 영구국채를 일은권과 똑같이 쓸 수 있다고 정하고, 그것에 ①의 교환기능을 부여하면 그것은 금본위제시대의 화폐처럼 금에 뒷받침된 정부지폐로 전화한다.

정부지폐는 모두 유통하고 마지막에 일은의 자산에 편입되고, 무이자 또한 상환되지 않는다고 해도, 금이 뒷받침하고 있기 때문에 일은의 대차대조표는 나빠지지 않는다. 만일의 경우 일은은 그 정부지폐와 금과의 교환을 정부에 요구할 수 있을 것이기 때문이다. 금이라면 일은의 대차대조표의 자산에 이미 존재한다. 그것을 늘린 것뿐이다.

금이라면 국채나 은행 대부 등의 다른 일의 보유자산보다도 가치가 있을지도 모른다. 그렇게 되면 일은의 대차대조표는 개선되어 신용력이 늘고, 일은의 부채의 부(部)엔 통화에 대한 신인도 높아진다.

이것은 어디까지나 탁상공론이고 실제로 한다고 하면 분명히 준비해야 할 점이 많이 있다는 것은 당연하다. 미국이 실제로 어떠한 금 전략을 채택하는지도 모른다.

그러나 경우에 따라서는 금담보 정부지폐의 발행이 엔 통화를 보다 강력한 것으로 만들 가능성이 없지는 않다. 조금 더 논의를 깊이 하면 이것도 일본의 국제 경제전략에 하나의 제안이 될지도 모른다.

영구국채를 보유하는 장점은? 4개의 선택지

이것을 본서의 주제에 연결하면 정부는 금 구입을 위한 재원으로서 금을 담보로 무이자 영국국채를 발행하면 어떨까라는 제안이 된다. 이것에 교환기능을 부여하면 그것은 정부지폐지만, 부여하지 않은 경우는 사람들이 그것을 가지려고 하기 위한 다른 장점을 구축해야 한다. 장점을 부여하는 것에는 여러 가지 선택지가 있다.

선택지를 정리하면 A 안의 상기의 금 담보 정부지폐이다. 단 일반사람들이 언제든지 금과 태환할 수 있도록 하면, 금시세가 상승하면 정부에 태환청구가 잇따라 정부는 금을 계속 가질 수 없게 된다. 그래서 철저하게 '금의 뒷받침이 있는 정부지폐'라고 구성하고 일반인으로부터의 태환에는 제한을 두거나 일은만이 보유한 정부지폐와 금과의 교환을 요구할 수 있도록 하게 된다. 일은으로부터의 태환요구도 엔의 통화가치의 신인유지책을 발동해야 하는 긴급할 때에는 제한한다는 방법이 있을 것이다.

B 안은 교환기능이라는 정부지폐의 장점은 부여하지 않는 대신에 통상의 국채처럼 금리를 붙인다는 안이다. 사람들은 가치보장기능으로서 영구국채를 갖는다. 정부는 그 금리부담을 줄이고 싶을 때 또는 보유 금을 줄이고 싶을 때, 금을 매각하고 영구국채를 매입소각하게 된다.

C 안은 B 안의 변형으로 금리는 붙이지 않는 대신에 그것을 보유하는 것에 어떠한 세제상의 우대를 주는 영구국채이다. 그것을 상속세비과세라면 최근 논의되고 있는 '상속세비과세 무이자국채'의 영구국채판이 된다.

단 B 안(금리)도 C 안(세제)도 문제가 많기 때문에, 다른 하나의 D 안으로서 금리도 세제도 아닌 보유자에게 어떠한 이점을 부여하는 안을 생각해보자. 그 영구국채를 구입·보유하는 것 자체에 얼마간의 가치가 있다는 것을 만드는 안이다. 금방 떠오르는 안이한 아이디어는 '이 국채는 가지고만 있어도 행운을 가져온다.'라는 '부적'국채이다.

조롱적인 안이지만 그것을 힌트로 한발 나가서 생각할 수 없을까? 말

하자면 그 채권을 가지고 있는 것 자체가 얼마간의 행복감이나 안도감
등의 행복을 보유자에게 가져오는 것을 기본으로 생각하면 된다.

이 D안이 실은 영구국채 발상에 기초한 본서의 제언의 기초가 된다.

자산담보증권과 비소구적(Non-Recourse)형 채권

이상의 네 가지 안(案)은 영국구채의 보유자에게 보유를 촉진하기 위한
보상은 무엇인가라는 점에서 정리한 것이지만, 어느 안에도 공통된 것
은 그 국채의 가치를 뒷받침하는 것으로 '금'을 인식한 것이었다. 여기서
영구국채에 대해서 그 가치의 보증이라는 측면을 생각해보자. 그것은
돈으로 한정하지 않아도 좋을 것이다.

여기서 등장하는 개념이 'ABS(Asset Backed Security)'이다. 즉 민
간세계에서 '자산담보증권'이라고 불리는 것이다. 이것은 자산을 담보
로 발행되는 증권을 뜻하고 기업이 가진 채권이나 부동산 등의 특정자산
에서 생기는 자금수지를 원금으로 그것의 변제 자금으로서 발행된다.

자산은 기업과 분리돼 특별목적회사나 신탁은행이 자산관리와 자산
을 담보로 한 증권발행을 한다. 따라서 기업이 도산해도 투자가는 지불
을 받을 수 있다. 또한 자금조달이 기업 자체의 신용에 의거하지 않아도
되기 때문에 보다 저리로 자금조달이 가능하게 된다. 채무의 형식으로
서는 비소구적의 한 형태라고 할 수 있다. 여기서 소구적과 비소구적 개
념을 설명해두자. 은행의 대출에는 소구적 대출과 비소구적 대출의 두
형태가 있다.

전자는 기업이나 개인의 신용을 바탕으로 제공되는 대출이다. 그래서
차입자인 기업이나 개인은 대출의 전액변제에 마지막까지 책임을 져야

한다. 특정한 사업을 목적으로 자금을 차입한다고 해도 그 사업이 잘 안 되고 거기서 얻을 수 있는 자금수지로부터 변제가 곤란해진 경우에도 그 기업은 그 사업과는 관계가 없는 자금에서 대출을 변제해야 한다. 빌려 쓰는 사람은 도산이나 파산을 하든지 야반도주를 할 수밖에 없을 정도로 대출의 전액회수를 위해 채권자로부터 추궁된다.

이것에 반해서 후자의 비소구적 대출은 특정한 사업과 자산의 취득을 대상으로 하는 대출로 **변제 책임은 그것들이 만들어내는 자본수지의 범위에 그친다.** 그 범위에서 변제하지 못하게 됐을 때는 그만큼 빌려주는 자인 은행이 손실을 입는다.

채권자인 은행은 대출의 변제를 보증하는 것은 사업의 이익성이나 자산의 가치 자체밖에 없기 때문에, **사업이나 자산 자체에 보다 높은 관심**을 두게 된다. 은행 측에는 융자 대상이 되는 사업이나 자산 가치를 평가하는 고도한 기술이 요구된다.

일반적으로 일본에서는 금융기술의 혁신이 구미에 비해 뒤떨어졌기 때문에 비소구적 대출이 발달하지 못했다고 한다. 융자의 목적인 사업이나 자산의 수익성이나 가치보다도 담보가 충분한가, 개인보증이 있는가 등이 융자에 있어서는 중요하게 여겨졌다. 그러나 금융기능을 보다 한층 발휘시키기 위해, ABS나 PF 등 여러 금융수법이 일본에도 도입되어 왔다.

정부로 이야기를 돌리면 과세권을 가진 정부는 빚의 변제능력에 대해서 높은 신용을 가지고 있기 때문에, 정부 자체의 신용 즉 소구적 형태로 민간보다 훨씬 유리한 자금조달이 가능하다. 그래서 정부의 특정한 사업이나 정부가 취득하거나 보유하거나 하는 개별 자산에 착목한 **비소구**

형의 자금조달은 기본적으로 수행되지 않았다.

국채도 그것으로 조달한 돈의 개별의 용도와는 무관하게 정부의 신용 그 자체에 기초하여 발행되고 구입되고 있다.

용도에 따른 분류로는 단지 일반회계의 '신규재원채'(건설공채와 특례공채로 구별)와 '차환채'와 재정투융자의 자금을 조달하기 위한 '재정투융자채'(재정융자 자금특별회계국채로 2001년의 재정투융자개혁으로 도입) 정도의 구별이 있는 것에 불과하다. 그것도 국채발행 때에는 국채라는 금융상품 하나만으로 가능한 것이고 우리가 손에 쥐는 국채에는 이러한 자금용도에 응한 구별조차 없다. 있는 것은 상환기간이나 이자 지불 등 발행조건에 따른 구별뿐이고 국채구입자는 상환까지의 기간과 이율 외는 정부 전체의 신용만에 기초해서 국채를 사고 있다.

영구국채를 위한 몇 가지 개념

본서에서는 '국채의 가치를 뒷받침 하는 자산'이라는 것에 논의가 이르렀지만, 이것은 종래의 국채와는 다른 '국채'의 개념에 본서의 사고가 도달한 것을 의미하고 있다. 정부 전체의 신용이 아니라 정부의 개별의 자산에 착목하고 그 신용에 기인하여 발행되는 국채라는 개념은 실은 본서가 세상에 묻는 제안의 하나의 기초가 되는 것이다. 물론 그것은 안전한 비소구적일 필요는 없다. 중요한 것은 '자산의 뒷받침'이나 비소구적이라는 발상이고, **'가치평가의 개별성'에 의거해서 이루어지는 자금조달이라는 개념**이다.

가치평가의 '개별성'의 개념에서 더욱 깊게 생각해보면 정부가 어떠한 자산이나 가치를 형성할 때, 그것을 '가치'로서 평가하는 사람들이 기쁘게 돈을 낼 수 있다는 구조를 뭔가 생각해낼 수 없을까. 그것은 '금'의 취득에 한정되지 않을 것이다. 확실히 금은 이 우주에서 지금까지 발견된 물질 중에서 유일하게 영구적로 부식하지 않는 물질이라서 영구국채의 사고에 잘 어울릴 것이다. 그러므로 영구국채인 '화폐'는 금본위제를 기점으로 했다.

금이 아니라도 '**반영구적으로 계속한다. 또는 가치가 소멸할 기한을 정할 수 없는 종류의 가치**'라면 그것을 배경으로 해서 영구채무 또는 무기한 채무를 일으키는 것에 어울릴지도 모른다. **공공서비스나 정부가 제공하는 사회적 구조 속에도 그런 것이 있지 않을까.**

더 하나 본서가 도달한 개념은 정부에 대한 자금공급에 따라 얻을 수 있는 '담보'라는 것이다. 예를 들어서 앞서 서술한 D 안을 기본으로 해서 그것을 뒷받침하는 것이 '**반영구적으로 계속되는 또는 가치가 소멸하는 기한을 정할 수 없는 종류의 가치**'라면 자금제공자가 거기서 반영구적으로 또는 무기한 적으로 향수할 수 있는 담보를 구성할 수 있을지도 모른다.

물론 모든 일에 영구라는 것은 없다. 영구로 상환하지 않을 것을 전제로 채무를 일으켰다고 해도 그 뒷받침이 된 자산을 정부가 계속 가질 필요가 없을 때가 올 것이다. 그 자산이 실물이라면 '금'이 아닌 이상, 시간과 더불어 감가하여 언젠가 쓸 수 없는 날이 온다. 단 정부로서 보유하거나 가치를 계속 제공할 필요가 없어질 경우는 정부는 그 자산을 매각하여 '영구국채'를 사들이고 영구채무를 상환하면 된다.

영구채무의 채권자에게 부여하는 보상으로, 만약 자산 측이 수익을 낳는 것이라면 그 수익의 일부를 채권자에게 분배하는 것으로 보상을 하면 된다. 그렇게 되면 주식과 같은 것이다.

주식으로 조달한 자금은 변제할 필요가 없다는 점에서 영구국채와 동일하다. 주식에 투자하는 사람은 본래 그 주식을 팔고 자본이득을 얻을 것을 동기로 하는 사람이 아니다. 그 회사의 가치를 평가하고 그것을 기대하기 때문에 자신도 그 지분을 갖는다. 그리고 자신의 가치평가의 눈에 들어서 회사가 이익을 올리는 것에 따라서 주식을 보유하는 보상에 상당하는 것으로서 배당을 받는다.

얼마간의 가치를 평가하고 그 가치에서 얼마간의 보상을 얻는 것을 기대하면서 그 가치를 뒷받침하는 채권으로서 영구국채를 소유하는 사람은 실질적으로는 채권이 아니라 주식을 소유하는 것과 같다. **그 사람은 자산에 대해서 구상권을 가진 '채권자'가 아니라 자산의 일부를 소유하는 '주주'이다, 영구채는 더 없이 주식의 개념에 가까워지게 된다.**

여기까지 읽고 납득이 된 독자는 이 책이 겨냥하는 지평을 전망하는 데 있어 벌써 상당히 좋은 위치에 도달하고 있다. 본서가 제안하려고 하는 **'영구국채라는 것'을 구성하기 위한 준비가 개념적으로 상당히 갖추어져있기 때문이다.**

4. 잠자는 백성의 돈을 눈뜨게 하기 위해

자민당유지(有志)에 의한 무이자 비과세국채의 주장

다음으로 정부지폐와 함께 최근 화제가 되고 있는 '무이자 비과세국채'를 들어보자. 이 논의는 본서의 테마인 '영구국채라는 것'을 구상할 때 중요한 논점을 제공하기 때문이다. 일은권이나 정부지폐가 갖는 영구국채로서의 성격과 자산의 뒷받침이 있는 무이자 비과세국채를 더하면 본서의 의론의 대상인 영구국채의 한 형태가 된다. 전술의 C 안이 해당한다.

자민당의 '정부지폐 · 무이자국채발행을 검토하는 의원연맹'이 2009년 3월에 제언을 했다. 거기서는 정부지폐에 대해서는 신중한 의견을 냈지만 상속세를 비과세로 하는 무이자국채는 이러한 형태의 국채이기는 해도, 현재의 100년에 한 번의 긴박한 경제 정세하에서는 발행을 검토해야 한다고 했다. 정부수뇌는 이것에 적극적이고 이 논의가 나올 때마다 거부해온 재무성까지도 이번만큼은 명확히 전면부정은 하지 않았던 모양이다.

우선 이 자민당 의원연맹의 주장을 소개하면 그들이 제안하는 '무이자 비과세국채'란 일반 국채에는 이자가 붙지만, 그 이자 수입을 포기하는 대신에 사망하고 재산이 상속될 때 국채의 액면분에는 상속세가 붙지 않도록 과세대상의 재산에서 제외한다는 구조이다. 현재의 일본에서는 개인자산의 대부분을 고령자가 보유하고 있는데 장래에 대한 불안으로 당분간 지출의 예정이 없는 돈을 떠안고 있어서, 장롱예금 등 '잠자는 민간자금'은 최대 179조 엔에 이른다는 시산도 있다.

이 의원연맹은 무이자 비과세국채를 그 받침으로 하면 금리 부담이 없는 재원을 확보할 수 있고 대규모 경기대책을 실시할 수 있다고 한다. 상환기간은 20년을 넘는 경우에 이자가 붙지 않아 손실되는 이익이 지나치게 커져서 구입자가 확대되지 않기 때문에 10년이나 20년으로 하고 있다.

고령자의 자산이나 잠자는 자금을 화폐로 꺼내다

확실히 일본에서는 개인금융자산의 대부분을 고령자가 보유하고, 그 막대한 자산저량이 국내의 유량으로서 흘러나와 유효하게 활용되고 있지 않은 것에 일본 경제의 본질적인 문제가 있다.

사회의 고령화가 진행함에 따라 사망하는 초고령자는 90세 전후이며, 재산을 상속받는 아들이나 딸은 60세를 넘은 나이이다. 고령자로부터 고령자에게의 상속이 늘고 있다. 이미 자녀는 독립하고, 일에서도 은퇴하였으며 젊은이처럼 활동적이지도 않는 고령자가 재산을 상속해도 그것은 좀처럼 지출에 사용되지 않는다.

거기다가 장수화가 진행되면서 자신이 몇 살까지 살지 모르기 때문에 장래에 대비해서 돈을 저축해두자는 결론이 난다.

사회보장제도에 대한 불안, 인생을 사는 보람의 불확실성을 포함한 여러 가지 장래에 대한 불확실성은 제3장에서 말하는 것처럼 '화폐에 대한 끝없는 사랑'을 초래하고 있다. 저장된 자산을 당연히 찾아야 하는 풍요로운 소비의 이미지도, 기부 문화도 일본에는 부족하다.

민간경제가 위축되고 재정도 대적자라면 이러한 듬뿍 저장된 고령자의 자산이나 잠자는 자금을 화폐로서 꺼내서 유의한 사업에 유효하게 활용해야 한다는 것은 필자도 주장해온 일이고 본서에 있어서도 '무단도용'하고 싶은 논의이다.

이러한 경우 상속이 가까운 고령자들의 돈을 꺼내는 유인으로 상속세 비과세를 '보상'으로 구성하면 상당한 자금을 끌어낼 수 있을 것이다.

절세 이외의 메리트구축이 필요

단 이러한 무이자 비과세국채에는 큰 문제가 있다.

이 국채 구입자가 통상의 이자가 붙은 국채가 아니라 이것을 구입하는 이유는 포기하는 금리수입을 상회하는 상속세경감효과가 있기 때문이다. 그렇다면 발행하는 국가 쪽에서 보면 국채의 금리부담보다도 큰 금액의 세수 감소 즉 재정 부담이 생기게 된다.

이미 금리가 붙은 통상의 장기국채는 일본의 장기금융시장의 핵심 상품으로서 거기에는 두꺼운 시장이 형성되어 있다. 이것은 발행하는 쪽에서도 발행시장에서 보다 유리한 발행을 가능케 하고 있다. 결국 이러한 기존의 국채시장을 활용하는 것이 정부에 있어서 보다 싼 자금조달수단이 되고 있다.

국채보유자에 있어서도 통상의 이부국채는 층이 두꺼운 유통시장이 높은 유통성을 보증하고 있고, 시장성이 떨어지는 무이자국채보다도 환금에 대한 이편성이 높다. 상속세경감효과는 그러한 메리트를 웃도는 만큼의 매력이 있어야 한다.

반대로 그만큼 매력적이라면 그것은 오로지 상속세의 절세목적이라는 관점에서 국채의 유통시장에서 인기가 높은 상품이 되고 있었을 것이다. 상속을 앞두었을 때 이 국채를 구입하고 상속이 끝나면 전매되는 일이 반복됨으로써 이 국채의 유통시장이 형성되고, 이러한 전매가 활발히 행하게 되면 국가의 세수감소는 더욱더 커진다.

일찍이 프랑스에서는 1952년 인도차이나 전쟁의 전비 조달과, 1958년에는 알제리 동란 시의 자국방위를 위해, 상속세비과세의 국채로서 '피네국채'라는 것을 발행했지만, 상속 직전에 재산을 피네국채로 바꾸고, 상속 후에 국채를 매각해서 다른 자산을 구입하는 행동이 횡행했다. 그래서 1973년에 피네국채는 상속세비과세의 혜택이 없는 지스카르 피네채로 강제 차환되고 피네채는 폐지됐다는 역사가 있다.

그러나 만일 국채라는 것이 **채무가 아니라 무상으로 정부에게 돈을 제공하는 기부금이나 출자금 같은 것이라면, 이러한 세제상의 우대조치를 강구해도 재정부담 증대 문제는 나오지 않을 것이다.** '원금'을 갚을 필요가 없기 때문이다. 단 절세목적의 거래가 지나치게 횡행하면, 상속세가 몇 번이나 절약됨으로써 원금을 상회하는 세수감소가 이어질 것이다. 거기에는 일정한 양도제한을 부과할 필요가 생긴다.

그렇다고 하면 **양도제한으로 매력이 줄어든 만큼 세금 이외의 것으로 보유자에 대한 어떠한 '보상'을 별도로 구성할 필요가 생긴다.** 여기에도 본서의 제안을 향한 힌트가 숨어 있다.

조달자금과 그 용도와의 결합에 '가시화'를

다른 하나의 문제는 일본에서는 상속세 대상은 사망자 전체의 4% 정도에 불과하다는 것이다. 상속세비과세조치에는 얼마 안 되는 풍요로운 사람들만을 우대하는 불공평한 세제 그 자체라는 비판이 나올 것 같다.

이것에 대한 자민당의 의원연맹의 답은 이렇다. 조달한 자금을 '고용 · 실업대책 · 영세 · 개인사업주 대책에 중점적으로 활용'한다. 생활 빈곤자나 약자에게 극진하게 사용하면 설명이 된다는 것이다.

필자는 저서에서 풍요로운 사회에서는 풍족한 사람들이 스스로의 가치 판단으로 돈을 씀에 따라 전체가 풍족해짐과 동시에 그 돈이 사회적 상호부조에 순환하도록 구조를 설계하고, 그 구조를 중 · 저소득자나 약자들에게도 보이게끔 가시화해야 한다고 주장했다.

의원연맹의 위와 같은 답은 이 발상에 한발 가까워진 것이지도 모른다. 소비세 논의에서도 세 부담의 공평성은 세금의 용도인 세출면도 동시에 보지 않으면 평가할 수 없다는 것이 논의되고 있다.

그렇다면 그때 그러한 발상에서의 설계나 가시화를 충분히 확보하기 위해 개별가치의 실현을 뒷받침한 자금조달이라는 사고를 향상시키면 어떨까. **즉 부유층이 어떠한 메리트를 향수하는 자금조달형태라도, 그러한 자금조달이 실현됨으로써 이러한 가치가 실현되고, 그 구조를 통해서 사회적 상호부조가 실현된다는 것을 구체적으로 알 수 있는 자금조달을 생각하자는 것이다. 이 점에도 본서의 제안을 향한 힌트가 숨겨져 있다.**

고령자가 보유한 잠자는 자금을 찾는다는 관점에서 다시 말하면 고령자가 '무한의 화폐 사랑' 뿐만 아니라 '무한의 금융자산사랑'으로 치우치는 배경에 있다. 장래의 불확실성 그 자체를 경감하는 것이 무이자 비과세국채보다 더 중요하다. 잠자는 자금을 살려서 경기대책을 하는 것이라면, 불황의 근본적 요인인 '장래불안' 그 자체를 해소하는 대책이 정당한 방식일 것이다.

사회보장의 지속가능성의 확보도 그 한 요소이고, 활력 있는 초고령사회의 운영모델의 구축도 그렇다.

그러한 정책으로의 상상력의 부족이 재원조달 쪽으로 정책론을 기울게 하였는지도 모른다. 재원조달론을 생각한다면 그 매력이 있는 용도와 보다 직접적으로 짜 맞춰서 검토해야 할 것이다.

'지하경제의 돈'을 찾아내기 위해서는

무이자 비과세국채가 최대 179조 엔을 웃도는 것으로 예상되는 '잠자는 민간자금'을 흡수한다는 점에 대해서도 논의가 필요하다.

여기에는 장롱예금이 포함되어 있는데, 장롱예금이란 은행에도 예금하지 않고 이자도 붙지 않은 채 어딘가에서 현금을 모으고 있는 것을 가리킨다. 그렇지만 일은의 대차대조표를 보면 2007년도 말 기준으로 은행권 발행잔고(본서에서 일은권이라고 불러왔던 것)는 76.5조 엔밖에 없고 장롱예금은 그 일부에 불과하다.

여기서 연상되는 것이 '지하경제의 돈'이라고 불리는 것이고, 그것은 세무서 등의 공적기관이 파악하고 있지 않는 돈이라고 한다. 탈세한 돈, 범죄로 벌어들인 돈 등 어떠한 이유로 표면화하고 싶지 않은 돈이 몇십조 엔에서 백몇십조 엔이나 존재한다고 한다.

국내의 현금에 대해서는 상술한 금액이 한도이기 때문에, 아마도 세금이 붙지 않는 해외계좌나 표면화하지 않는 여러 가지 자산 형태로 소유되고 유통되고 있을 것이다. 정의상 공적기관이 파악하고 있지 않는 돈이기 때문에 정확한 숫자는 알 길이 없다.

만약 이것이 추측대로 막대한 금액으로 존재한다면 그것을 공적목적으로 어떻게 유효하게 활용할 것인가가 중요과제가 된다.

부언하면 사회시스템 디자이너 요코야마 요시노리(橫山禎德) 씨는 일본의 세무당국은 자산 파악이 불충분하여 개인자산의 소유상황에서 추계하고, 매년 약 70조 엔이나 상속이 발생하고 있지만 실제로 파악된 것은 불과 10조 엔 정도로 상당한 상속세과세 누락이 있다고 한다. 따라서 다소 재정 부담이 있더라도 국세청 직원을 증원하여, 자산의 파악 훈련을 시키면 국세청 직원 증원 코스트를 훨씬 웃도는 세수를 얻을 수 있을 것이다.

그러나 실제로는 징세의 강화는 그리 간단한 이야기가 아니다. 그래서 지하경제 돈의 활용에 있어서 곧 시행할 수 있는 시책으로서는 자민당의 원 연맹이 제안한 무이자 비과세국채 같은 것이 강하게 주장된다.

단 공적기관에게 파악되지 않는 돈이 지하경제 돈이기 때문에 만일 그런 돈을 찾는 것이 무이자 영구국채 발행의 취지 중 하나라면 이것에 대해서는 자금의 출처를 묻지 않는다는 특별조치를 해야만 한다.

그러나 이러한 취지 자체가 국가가 자금세탁을 공적으로 인정하는 일이 될 수도 있고, 자금출처를 묻지 않는 것이 일반 납세자와의 관계에서도, 과세의 공평 원칙하에서도, 정말로 지속될 수 있는가라는 문제도 있다. 특히 소득을 숨겨 과세를 피한 그 돈을 상속세비과세까지 혜택을 부여한다면 이중의 불공평이 될 것이다.

만약 자금출처를 묻지 않는다는 취급이 허용된다고 한다면 그것은 국가에 기부를 할 경우일 것이다.

이것은 숨긴 소득을 표면화시키고 그것에 과세하는 것보다도 많은 수입을 국고에 가져온다. 그렇다고 하면 비과세 조치로 세금을 깎아도 충분한 거스름돈이 돌아온다.

또한 국채보유는 어디까지나 자금운용의 일환이고 국채보유자에 있어서는 사익의 범위에서 행하게 되지만 기부든 출자든 무상자금의 제공이라면 사익의 범위를 넘는 행위가 된다. 공적인 가치를 평가하고 그 실현에 기여하려고 하는 공익 세계에 들어오는 행위라면 과거의 탈세에 대한 속죄라는 명목도 성립할지도 모른다.

사익에 치우쳐서 형성된 돈도 공익을 위해서 제공되게 되면 정당화 된다. 거기에는 세제상의 우대가 기다리고 있다. 그렇게 되면 많은 돈이 사회에 있어서도 유용한 목적 실현을 위한 방법을 찾게 될 것이다. **거기에도 힌트가 숨겨져있다.**

지하경제 돈도 현금이라면 일은의 부채의 한 형태

여기서 오해를 풀어두고 싶은 것은 지하경제의 돈도, 잠자는 장롱예금도 현금으로 보유되고 유통되고 있는 양에 대해서는 그만큼 과세누락이 되어 있는 것이 아니고 그것을 국채로 흡수함으로써 통째로 새로운 재원을 얻을 수 있는 것은 아니라는 것이다.

당초부터 '현금 = 일은권'이란 일은의 채무이고 그것에 대응하는 자산이 일은의 대차대조표에 계상되어 있다. 그들 자산은 일은의 은행에 대한 대부이며 금리 수입을 낳고, 국채라면 국가에 이율을 받고 있으며, 얼마간의 이익을 일은에 가져오고 그것은 일은의 국고납부금이 되어 정부 수입이 되고 있다.

일은의 부채 면에서의 일은권 발행은 기본적으로 무비용이지만, 한편으로 일은은 자산 면에서 운용이익을 올린다.

그 차액이 일은의 이익이다.

그 이익이 국고납부금에 반영되기 때문에 지하경제의 돈이 현금 세계에서 얻어질 이익에 과세하는 것보다 훨씬 큰 국고수입이 이미 초래되고 있다고 말할 수 있다.

또한 정부가 지금까지 발행한 국채에 대해서는 정부가 국채를 발행한 단계에서 이미 돈을 확보하고 있지만, 일은의 경우에는 이미 발행된 국채를 시중 매입할 경우, 돈이 시중에 공급되게 된다. 그 돈의 일부는 현금이고 그 속에는 지하경제의 돈이 되는 것도 있기 때문에 정부국채는 사실상 그 일부가 지하경제의 돈에 의해 인수된 것과 동등한 효과를 가진다. 지하경제의 돈도 그것이 현금이라면 일은의 부채의 한 형태이다. 그러한 부채조달에 따라서 일은에 의한 국채자산의 보유가 실현하고 있다면 정부는 이미 부채로써 자금조달을 하고 있다는 이야기가 된다.

그러나 국가에 의한 자금조달의 재원으로써 큰 호주머니가 민간에게 없는 것은 아니다. 예를 들어서 조세회피를 위해서 해외 계좌에 이전된 자산이 그것이다. 지하경제의 돈이 아니어도 해외로 운용되고 있는 금융상품도 해당되고, 은행이든 증권회사든 일본의 금융기관에 맡겨진 돈이 유통되어서 최종적으로 일본의 개인금융자산이 해외에 흐르고 있는 분은 막대한 금액이 된다.

국외에 유출된 금융자산을 다시 끌어오다

당초부터 세계 전체에서 돈이 과잉된 것이 이번 금융위기를 초래한 큰 요인이다. 세계에 돈을 과잉 공급할 바에야, 더군다나 그로 인해 금융시스템이 불안정해지고 손실을 입어서 일본의 소중한 개인자산을 유실하게 될 바에는 일본의 개인금융자산의 내용을 국내에서 보다 유효히 활용할 수 있는 형태로 변환해가야 할 것이다.

조세회피를 위해 해외로 흐른 돈에 대해서는 세제상의 조처로 국내에 다시 끌어오고 그것을 공적으로 유효활용하려고 하는 정책은 충분히 있다. 미국도 바로 수년 전에 조세피난처로 흘러간 돈에 대해서 국내에서의 세제상의 우대조치를 설치함에 따라 거액의 돈을 국내에 다시 끌어왔다.

그것도 하나의 방안이지만 그것뿐만이 아니라 **일본의 자산보유자에게 매력적인 가치를 제공하고, 그 매력에 끌려서 자산보유자의 돈이 해외 등으로부터 국내의 공적인 목적을 위해 인출되는 메커니즘을 정공법으로 생각해야 한다.** 어쩌면 그러한 가치 속에는 해외의 돈을 매혹하는 것도 있을지도 모른다.

이상 정부지폐도 무이자 비과세국채도 실현되기까지는 통과해야 하는 과제가 많지만, 해결하기 위한 논의를 진행하면 점차적으로 밝은 전망이 나올 것이다.

제2장까지 영구국채란 종래의 국채를 대체하는 것에 국한하지 않고, 거기에는 여러 가지 가능성이 있는 것도 제시하였다. 실은 그 가능성을 끌어내는 것에 일본이 현재의 폐쇄상황을 벗어나서 새로운 지평으로 장래를 열어가기 위한 중요한 열쇠가 있다. 그러면 일본은 미래를 향해 어떤 길을 걸어야 하는 걸까. 다음 장부터는 그 전체적 전망을 시도하면서 영구국채의 발상으로 일본을 재건하는 길을 제시하고 싶다.

제3장

일본판 뉴딜정책의 제창

최대의 과제는 공(公)의 형성

1. 일본의 전체과제와 향해야 할 방향

불확실성에 둘러싸인 일본

일찍이 고이즈미(小泉) 총리는 "개혁이 없이는 성장도 없다."고 역설했다. 뒤를 이은 아베(安倍) 총리는 "성장이 없이는 미래도 없다."고 역설하였고, 나아가 그 뒤를 이은 후쿠다(福田) 총리는 국민이 '안심'할 수 있는 사회를 역설했다. 필자는 이것들을 뛰어넘어서 "미래를 그리지 않고서는 개혁도 성장도 안심도 없다."를 슬로건으로 제창해보고 싶다.

지금 일본의 폐색(閉塞) 상황은 우리들이 여러 가지 불확실성에 둘러싸여 있기 때문이다. 불확실성 중 첫 번째가 **장래 전망의 불확실성**이다. 도대체 우리들의 경제사회는 어느 방향을 향해서 나아가는 것이 좋을지 출구가 보이지 않고 있다. 그래서 어느 방향을 향해서 리스크를 잡고 나아가면 좋을지를 잘 모른다.

두 번째로 **지속가능성의 불확실성**이다. 인구증가의 우상향(右上向) 성장모델을 전제로 모든 구조가 설계된 '전후 시스템'은 성장의 과실을 일률적으로 분배하는 모델이었다.

그러나 일본이 인구감소의 성숙사회에 돌입한 이상 그것은 더 이상 지속가능하지 않다. 지속가능성이 의심되는 재정과 사회보장제도도 공공 서비스 확보에 대한 불안, 장래의 증세에 대한 불안, 연금 지급이나 의료 · 복지에 대한 불안 등의 불확실성을 증대시켜 왔다.

이미 부(富)의 분배모델에서 부의 창출모델로 사회시스템을 전환하고, 그러기 위해서 새로운 '설계사상'에 대한 국민적 합의를 형성하지 않으면 안 된다. 그러나 그러한 움직임은 아직 보이지 않는다.

세 번째로 **사는 보람의 불확실성**이다. 세계 최장수의 사회를 실현한 일본은 세계 최초로 '회사 인간'들이 은퇴 후에 새롭게 긴 인생을 손에 넣고 그것을 얼마나 생기가 넘치는 인생으로 만들 것인가를 생각해내야 하는 과제에 직면했다. 그것이 보이지 않고 있다는 점에서 사람들은 근본적으로 불안해하고 있다.

불확실성이 크다는 것이 지금의 경제정체의 본질적인 원인이다. 이번 경제위기로 인해 정책에서는 전통적인 수요추가책에 대한 격세유전이 보이지만, 오히려 정치가 이러한 장래의 불확실성을 경감시킬 수 있는 확실한 비전과 그것을 실현시키기 위한 로드맵을 책임지고 제시하는 힘을 발휘하는 것이 보다 효과적인 경기대책이 될 것이다.

불확실성이 클 때는 사람은 위험을 감수하지 못한다. 위험을 택하지 않으면 생산성이 높은 새로운 분야를 창출할 수가 없다. 고이즈미(小泉) 총리는 '구조 개혁'을 제창했지만, 본래 그것은 생산성이 낮은 분야에 달라붙은 사람이나 돈, 물적 자본 등을 보다 생산성이 높은 분야로 이동 시키는 것이었다. 그러나 이동시킬 목표인 **생산성이 높은 분야의 창출에 일본은 아직까지도 성공하지 못하고 있다.**

이것은 일본과 같은 선진국에서도 실제 경제의 침체가 최대화될 수 있다는 문제가 제기되며 표면화되었다. 이것이 바로 일본 경제가 처한 현재의 어려움이다 2002년부터의 '신 이자나기' 경기는 실질실효환율로 보아 플라자합의 이전의 수준이라는 이상한 엔화 약세를 실현한 것이었다.[14]

그것이 끝난 뒤에, 그 당시의 경기가 해외의존적 성격이었다는 사실이 명확하게 밝혀졌다. 그동안에 해외와 연결된 일본의 글로벌 경제권은 높은 성장을 나타낸 반면에, 일본 인구의 태반을 차지하는 국내 경제권은 1990년 이후 1인당 생산성이 일관되게 계속 저하되어 왔다.

이 점은 일본이 국내에 있어서 생산성이 높은 신규분야의 창출에 성공하지 못해서 아직도 참된 구조의 개혁으로 진행시키지 못하고 있다는 것을 나타내고 있다.

세계에 가치를 창출한 나라로

'불확실성'은 '리스크'와는 다르다. 미래는 불확정한 것이다. 인간의 행동이란 기본적으로 이러한 불확정한 미래를 마주보는 것에 있다. 거기에 자신을 던지지 않으면 '가치'는 생기지 않는다. 일본에게 요구되고 있는 생산성의 상승이란 코스트를 낮추는 것이 아니라 가치를 창출하는

---

14) 제2차 세계대전 이후 최장의 호경기를 기록한 '이자나기 경기(1965~1970년)'의 57개월을 넘는 경기를 '신 이자나기 경기(2002년 2월부터)'라 부른다.

일이다.

동일한 미래의 불확정성이라도 그 불확정성의 성질을 특정하고 확률을 계산할 수 있는 것이 리스크이다. 그것은 시장 메커니즘으로도 처리할 수 있다. 이것에 대해 불확실성이란 확률을 계산하는 것도 불가능한 참된 불확정의 행위를 가리킨다. 그것은 시장 메커니즘으로는 대응할 수 없다.

가치를 만들어내는 새로운 분야의 창출이라고 하면 투자를 생각할 수 있다. 투자란 위험을 감수하는 그 자체다. 불확실성이 지나치게 클 때 사람들은 시장의 세계에서 위험을 감수하지 못하게 된다. 다만, 불확실성의 문제에서 가장 중대한 것은 그것이 소비를 정체시켜서 수요부족 경제를 초래해버리는 일이다.

케인스 경제학의 본질은 정부가 적자를 내서라도 공공투자로 총수요를 확대해야 한다는 주장에 있는 것이 아니다. 케인스의 공적은 불확실성이 클 때에 사람들은 소비보다도 화폐를 선택한다고 지적한 점에 있다.

우리들의 일상의 경제행동이란 늘 소비를 할 것인가, 저축을 할 것인가의 선택이다. 불확실성이 클 때 사람들은 소비가 아니라 화폐를 보유하는 선택을 한다.

그것을 '유동성 선호'라고 한다. 불확실성이 지나치게 크면 사람들은 '화폐에 대한 무한의 애정'을 가지게 되어서 소비가 정체한다.

이 화폐 속에는 금융자산 등도 포함될 것이다. 실체 경제에 대해서 균형을 잃고 금융자산이 부풀어 오르는 배경에는 불확실성이 높을 때 높아지는 유동성 선호의 요인도 있는 것 같다.

부풀어 오른 금융자산으로 인해 한때는 화폐의 세계가 원유 등의 실물 자산까지 거두어들임으로써 세계에 스태그플레이션과 리스크를 초래했다. 그리고 이번 금융위기는 세상의 불확실성을 더욱더 증대시켰다.

일본이 국내의 수요부족으로 세계에 공급해온 과잉 화폐가 금융위기의 하나의 원인이 되었다는 점은 이미 언급했다. 세계 경제의 불안정성, 불확실성을 증대시키고 그것에 의존하여 휘둘리는 것이 세계 제2위의 경제 대국인 일본 경제의 바람직한 본연의 모습일까?

지금 '저축에서 투자로'가 강력하게 호소되고 있지만, 중요한 것은 일본이 신흥국·개발도상국과 더불어 투자주도·저축초과로 물건과 돈을 미국에 공급하는 개미로 계속 남아있는 것이 아니라, 일본 경제가 '혁신적인 소비주도형 경제'를 실현하고 미국과 더불어 세계의 수요창출자로서 그 지위에 걸맞은 역할을 다하는 것이다.

그러나 그것은 미국과도 한 차원 다른 독자적인 가치를 만들어냄으로써 실현할 소비주도형 경제여야 한다. 인구감소라는 우하향(右下向) 요인에 발목을 잡힌 일본은 앞으로 세계의 성장 중심이 될 아시아의 활력을 활용할 필요가 있다.

일본은 2030년까지의 장래를 전망하고, **아시아 공통의 가치를 창출할 핵심**이 되는 것을 지향해야 한다. 그것은 일본 국내에서 내생적으로 창출해야 한다. 그렇다면, 그러기 위해서는 어떻게 해야 할까?

활력 있는 초고령사회의 운영모델 구축을

사실 일본은 새로운 가치창출의 기회를 많이 얻고 있는데, 이것을 우리는 여기서 명확히 자각해야 한다고 생각한다.

그것은 일본이 세계에서 최초로 세계 공통의 과제에 직면하는 '과제 선진국'이 되었다는 점이다. 그중에서도 가장 큰 것은 세계에 앞서서 인류가 아직 경험해보지 못한 초고령사회에 돌입한 것이다.

정의에 따르면 고령화율(65세 이상의 인구비율)이 7%를 넘으면 고령화사회, 14%를 넘으면 고령사회이다. 일본은 지금 21%를 넘어서 초고령사회로 진입했으며 그리고 그 다음에는 30%, 금세기 중반에는 40%로 고령화율은 계속 상승할 것이다. 그것은 인류사상 처음이고 유례가 없는 '초초(超超)' 또는 '초절(超絶)' 고령사회라고도 형용해야 할 상황이다. 이것은 자각증상이 별로 없는 상태에서 서서히 진행하는 눈에 보이지 않는 위기이다.

그러나, 일본인의 강점의 하나는 위기에 직면함으로써 그것을 기회로 바꾸어가는 '과제해결능력'에 있다.

제2차 세계대전 이전에는 자원이 없는 나라였던 일본은 그 제약을 극복하기 위해 자원의 획득을 목표로 대외진출을 하였으나 좌절되었다. 거기에서 전후의 일본은 자원이 없는 나라라는 제약을 받아들이고, 자원이 필요 없는 고도성장을 이루어냈다. 그것은 패전의 초토에서 다시 일어나서 그림을 그린 것처럼 '가공무역입국'에 의해서 이끌어낸 경이적인 고도성장이었다.

두 번의 오일쇼크(석유파동)는 해외에서 석유의 수입에 의존한 일본을 때로는 패닉상태에 빠뜨리게 할 정도의 위기를 초래했지만, 그것은 일본을 오늘날처럼 석유가격의 앙등에 대한 저항력을 아주 큰 나라로 만들었다. 실질 GDP를 산출해내는 데 필요한 원유의 양(原油原單位)은 1970년도를 100으로 하면 2006년도는 41로, 제1차 석유위기 당시인

1973년도(117)의 3분의 1까지 내려갔다.

또한, 일찍이 공해문제에 직면한 일본은 석유문제와 같이 이것을 해결하고, 환경기술에서 세계 1위의 지위를 확보하게 되었다.

이처럼 위기가 과제해결을 요구하게 되어 마이너스를 플러스로 바꿔나가는 경험이 항상 강함을 낳는다. 그것을 체험해온 일본의 강함은 바로 일본인의 '과제해결능력'에 있다.

그렇다고 한다면 지금 우리들은 **미증유의 초고령사회를 기회로 전환해야 할 위기로 자각하고, 그 선진과제를 해결할 모델을 창출하여 과제해결의 실천선진국이 되는 것**을 지향해야 할 것이다.

그 이외에도 여러 가지 과제는 있지만, 일본에게 독자적인 대의명분과 동시에 사회시스템이나 인간의 생활태도 전반에 광범위하고 근원적인 영향이나 관련을 갖는 주제는 역시 '활력 있는 초고령사회의 운영모델'의 구축일 것이다. 거기에서 경제사회의 나아갈 방향을 정함으로써 여러 가지 가치가 생겨난다.

얼마나 세계에서 통용하는 문제해결모델을 만들어낼까?

예를 들어서, 초고령사회에서 알기 쉬운 것은 **'건강'이라는 가치**이다. 이 가치를 공급하고 또는 보증하는 시스템으로서 의료시스템을 다시 고쳐 정의하면 거기에는 광대한 프런티어가 펼쳐진다. 의료의 '산업화'만으로 100조 엔의 시장이 생긴다고도 한다.

그 시대에서 사람들에게 가치의 핵이 되는 것은 변화해간다. 빈곤한 사회에서는 생활에 필요한 의식주가 최대의 가치였다. 그것이 미국형 대중소비 문명사회가 되어서 가치의 중심이 텔레비전 등의 가전제품이나 자동차 등의 내구소비재로 이동했다. 미국에서는 나아가 거기에 풍요로운 주거생활이라는 가치도 더해졌다. 모두 거대장치산업이 공급하는 물질 중심의 가치관이었다.

그것이 20세기형 가치관이었다고 하면, 21세기는 **건강과 식품의 안전과 안심, 환경 또는 사회에 대한 참여, 풍요로운 사회에 있어서 다양한 가치관의 추구 등으로 가치의 핵이 이동**해간다.

산업구조, 지역의 진흥, 행정의 바람직한 방향 등 사회시스템 전체의 이상적인 상태를 그러한 가치의 핵의 변화에 적합하도록 변혁시켜나가야 한다. 그 돌파구가 되는 테마로서, 그리고 그것들을 수렴해가는 목표로서 '활력 있는 초고령사회의 운영모델'을 목표로 내걸고 일본의 경제사회의 방향을 결정해가는 것을 필자는 **'일본판 뉴딜'**이라고 제창해왔다.

일본에는 이것을 주제로 한 **가치창출의 프런티어**가 광대하게 퍼져있다. '뉴딜'은 최근 유행어가 되고 있지만, 필자는 그 전부터 졸저를 포함하여 이 말을 주장해왔다.

일본이 만약 이 주제로 아시아나 세계에서 통용하는 과제해결모델을 만들어낸다면 그것은 여러 가지 면에서 세계에서 영속적인 우위성을 일본으로 계속 가져오게 할 것이다. 거기에 향하여 일본이 만들어내는 가치가 아시아의 구심력을 일본으로 가져오게 하는 동시에, 일본이 여러 가지 프런티어를 아시아에서 개척하는 일로 이어진다.

이 뉴딜에서 중요한 것은 **경제적인 이치에 맞는 경제를 동반한 '설계'**이며, 그것으로 사회를 재설계한다. 거기에는 모든 분야로 중심을 통하게 하는 횡단적인 전체 설계가 필요하게 된다. 여기서 핵심 개념이 되는 것은 가치의 창출을 촉구하는 사회시스템을 어떻게 그릴 것인가이다. 그리고 그 답이 시장 메커니즘만으로는 나오지 않게 되어있다는 것이 중요한 논점이다.

2. 일본판 뉴딜의 세 가지 설계사상

'일본판 뉴딜'의 제창

이와 같은 생각을 기반으로 필자는 진술한 저서에서 먼저 2030년의 장래를 생각한 장기간의 시간의 축 아래에서 아시아나 세계에 있어서 일본의 바람직한 자세에 대해서 논의해보았다.

거기에서 일본인이 열망을 가지고 추구해야 할 '한없이 이상에 가깝고 현실적'인 일본의 정체성으로서 '세계의 thought leader(과제해결을 향한 사고의 리더)', 나아가 '아시아에 있어서 가치창출의 플랫폼'을 제기하였다.

이 정체성을 실현하기 위해서는 일본의 전체 시스템을 다시 구축하는 것이 필요하다. 그것은 일본이 메이지유신 이후 무려 140년 동안 계속된 구미 캐치업형 전략으로 우상향의 패러다임에서의 대전환을 요구당하는 가운데 피할 수 없는 길이다. 그러기 위해서 필요한 **일본의 전체 시스템의 재설계는 일본이 가치창출의 혁신을 세계의 선두에 서서 실시하는 나라가 되는 것에 주안점을 둔다.**

일단, 이것을 필자는 일본판 뉴딜이라고 명명하고, 이 일본판 뉴딜에 향한 일본의 설계사상으로서 ① '복수모델 플랫폼형' 시스템, ② 산업에서 지역으로의 가치규범의 전환, ③ 시민사회를 기반으로 한 '公(사회적 합의)'의 세 가지를 제창하고, 이것들에 대해서 국민적 합의를 형성할 것을 호소하였다.

세 가지의 설계사상이란 무엇인가?

[설계사상 1]

다른 논리로 설계하여 운영되는 복수모델을 보다 큰 플랫폼 위에서 시스템적으로 네트워크화하여 최종 사용자에게 가치나 품질을 보증하는 시점에서 시스템 단지(complex)를 조성하여 운영한다.

'시장이냐, 정부냐', '경쟁이냐, 평등이냐'의 양자택일이 아니라 대립축을 초월한 시점에서 '이것도, 저것도' 잘 유기적으로 조합시켜서 전체적으로 보다 높은 효율과 효과, 새로운 가치의 창출을 실현한다.

[설계사상 2]

사람들의 가치규범의 근거를 전후시스템에 있어서 업계의 종적관계인 산업 · 기업시스템에서 지역으로 회귀시킨다. 다양한 지역의 발전이 사회의 활성화로 연결된다는 의식을 사람들이 공유할 수 있는 설계가 필요하다. 글로벌한 경쟁세계인 'A 시스템'과 이 지역을 중심축으로 하는 'B 시스템'이라는 다른 논리의 모델을 병존시킨다.

여기서 말하는 A 시스템은 국제수준에서 경쟁을 전개하는 전문가들이 개방적이고 유동적인 세계를 주도하고, 그 기반을 층이 두꺼운 일본의 중간층이 떠받친다. 중간층은 그 강점을 살리기 위하여 많은 기업이 종신고용이나 장기관계성의 메리트를 활용할 것이다.

B 시스템은 각각의 지역에서 공동체와 시민사회의 논리가 기능하는

세계이다. 공동체도 가족이나 혈족, 이웃주민이라는 자연 공통체만이 아니다. 거기에서는 야마자키 마사가즈(山崎正和) 씨의 '사교'라는 것을 찾는 인간의 본질적 욕구에도 입각하면서 가치추구의 장으로서 스스로가 자각적으로 선택하는 공동체가 상정된다.

그것이 시민사회의 논리에 편입되어 간다. 창업이나 기업의 활동도 하나하나씩 분단된 것이 아니라, 지역으로서의 공통된 플랫폼이 경제활동 클러스터나 기술이나 암묵지의 집적으로서 형성되며, 그것을 핵심으로 하면서 자본이나 노동이 유동적으로 움직여가는 세계를 상정할 수 있다.

주민에게 가까운 지역의 세계에 있다는 점에서 최종 사용자에 대한 가치제공을 기점으로 해서 여러 가지 종적관계의 시스템이 중심을 관통하게 하여 전체를 조립하는 장이 형성하기 쉬워진다.

제공하는 가치마다 그것들을 유기적으로 결합하여 경제뿐만 아니라 의료, 복지, 환경대응 등 다양한 분야에서 지역마다 가치의 창출과 제공의 플랫폼이 형성된다. 각각의 플랫폼이 '공(public)'을 만들고, 공이 중층적으로 지역이라는 하나의 거대한 공이 되어 사람들의 가치규범의 중심축에 놓이게 된다. A 시스템에서 활약하는 사람들에게 있어서도 스스로의 인생가치의 최종적인 피난처로 돌아갈 장소가 보장되어 있다. 이것이 장래의 불확실성을 경감시키는 완충기가 되어서 위험 감수를 촉진할 것이다.

[설계사상 3]
지금까지의 관과 민이라는 2개의 축에 더하여 또 하나 공의 세계를 조립한다.

민이 스스로의 선택으로 공을 떠받침과 동시에 거기에 시장과는 다른 논리로 가치를 창출해가는 행위가 다음 사회의 설계로서 불가결하다. 그 플랫폼이 시민사회이며, 거기서 태어난 가치 가운데 비즈니스화 할 수 있는 것은 시장 세계에 들어가고 민주정치가 주운 것은 제도화되어 간다. 그러한 순환의 뿌리 부분에 있는 인프라 부분을 조립해 나감으로써 일본 경제에도 새로운 프런티어가 창출되어 간다.

그렇다면, 일본의 새로운 시스템 설계는 **관(government)**, **민(private)**, **공(public)**의 수평적인 조합이 아니라 '시민사회'를 기반에 둔 공을 상위개념에 놓고 공과 관, 공과 민 사이에 각각 후자가 전자를 떠받침과 동시에 전자가 만들어내는 가치가 후자에게 환원·구체화되어가는 **'가치창출의 순환시스템'**이 된다.

이것은 불확실성의 문제를 흡수하여 새로운 가치창출을 주도하는 가치공동체로서 '시민사회를 기반으로 하는 공'을 제기하는 것이다.

이러한 세 가지 설계 사상으로 일본의 장래상을 설계하는 논의를 자유롭고 편안하게 해야 한다는 점을 필자는 본서에서도 간곡히 호소한다.

관(官)이 철퇴한 곳에 민(民)이 떠받치는 공(公)을

결국 공을 설계하지 않으면 일본의 장래는 열리지 않는다.

이것은 제1장에서 언급한 일본의 재정 상황에서도 유예할 수 없는 과제이다. 증세에 의해 재정건전화를 그럭저럭 실현한다고 할지라도 그것으로 달성되는 것은 과거의 채무처리에 불과하다. 여기에다 한층 더 초고령사회의 진전에 대한 대응, 저출산 대책이나 일본의 국제사회 속에서의 지속적인 번영을 위한 재정수요 등이 별도로 존재한다. 지금의 시스템대로라면 그러기 위해서는 한층 더 증세가 필요하다.

장래에 정신이 아찔해질 정도로 큰 폭의 증세를 피하고 싶다면 일본의 모든 분야에 요구되고 있는 것은 재정부문에서 필요없는 부분을 더욱더 줄이는 전제로 앞으로의 길을 생각하는 것이다. 이미, 일본의 어떤 공공 분야의 관계자도 재정의 추가투입에 대한 기대는 일단 포기하는 것에서 논의를 시작해야 하며, 빨리 생각을 바꾸어 이것을 전제로 다음의 대응책을 만드는 작업으로 이행할 필요가 있다.

거기에서 나오는 답은 저절로 명백하다. **해답은 어떤 분야에 있어서도 재정의 철퇴를 보충하고도 남을 만큼의 돈의 투입을 다른 호주머니에 요구하는 것밖에 없으며, 그것을 가능하게 하는 구조를 구축하는 선택밖에 없다.**

재정재건을 이루기 위해서 필요한 것은 관의 바깥 측의 민, 그 위에 민이 떠맡은 공의 세계도 포함한 전체 시스템의 발본적인 재편성이다.

예를 들어, 재정(관)이 철퇴하는 대신에 공을 수립하고, 거기에 관용적인(charitable) 구조를 구축한다. 일본에는 고령세대가 자신의 대부분을 소유하고 그것도 일부사람들에게 편재한 자산이 엄청나게 쌓여있다. 자산을 가지고 애써서 세계의 금융자산을 팽창시키는 것이 아니라, 일본 국내에서의 소비나 공의 재원으로 유동화시킨 후 필요할 때 인출해서 유효하게 활용하면 우리는 세계 제2위의 경제대국에 걸맞은 풍요로움을 누릴 수 있다.

이제는 '관에서 민으로', '저축에서 투자로'가 아니다. 그것은 '관에서 공으로, 민에서 공으로', '자산에서 소비나 기부로' 전환해야 한다. 관주도형 사회에서 민주도형 사회로의 전환도 시대에 뒤떨어진 주제이다.

오히려 민이 지탱하는 '**공주도형 사회(public-led society)**'를 한번 생각해봐야 한다.

일본의 강점은 민의 잠재력이다. 앞으로 정부의 역할은 민에게 선택지를 제시하는 데에 있다. 그것으로 인해 민의 가치선택이 공적인 니즈와 민의 가치창조를 떠받치는 설계로 만들어간다. 거기에 정부(관)의 새로운 역할은 민에 의한 가치창출 방향을 결정하여 민의 선택과 결과를 바람직한 방향으로 귀결시키는 것과 같은 옵션을 제시하는 기능이 부상한다. 앞으로의 새로운 자본주의의 바람직한 방향으로써 필요한 것은 자유방임(경쟁)도, 정부개입도, 사회를 특정한 시스템에 수렴시키는 것도 아니며, 복수의 다양한 시스템을 유기체로서 조합함으로써 민의 힘을 발휘시키는 일이다.

일본에 축적된 민의 스톡을 가치관이 다양화된 사회에서 유동화시켜 인출함으로써 일본은 새로운 풍요로움과 사회적 상호부조를 모두 다 실현할 수 있다. 그러기 위해서는 사람들에 의한 다양한 가치창조와 가치선택을 가능하게 하는 새로운 '설계'가 필요하다.

제4장

공공소유권이라는 선택

영구국채로 일본재구축을 생각한다

그렇다면, 여기서 드디어 구체적인 대안을 제안해보자. 제1장에서는 국가의 재정에 대해서 이미 발행된 국채잔고의 차환에 충당하는 것과 같은 영구국채를 발행할 수 있게 하기 위한 필요조건을 논의하였다. 그러나 그러한 국채를 발행하여 의미 있는 경우는 한정되고, 조건을 채우는 일은 쉽지 않다는 것을 알았다.

그러면 영구국채의 논의는 무의미하고 비현실적인 것으로 덮어버려야 하는 것일까? 필자는 꼭 그렇다고는 생각하지 않는다. 영구국채 그 자체는 아니더라도 본고에서 살펴본 것처럼 영구공채라는 개념에는 여러 가지 이유가 있다. 거기에 맞는 조립을 생각해보는 데서 일본의 장래를 개척하는 길도 보일 수 있다고 생각하기 때문이다. 그 힌트는 이미 제1장~제3장 속에 아로새겨져 있다.

그것은 영구국채가 아닌 '영구국채가 될 것' 또는 '영구공채가 될 것'이 될지도 모른다. 그것을 생각해보는 것은 의미가 있다. 다음에서 그 유형마다 논의를 진행해보자.

다만, 그전에 영구공채가 될 것이라면 이미 일본은행권이 있다는 것을 다시 확인하고 싶다. 일본은행이 금융정책에서 화폐공급량을 늘릴 수 있다면, '화폐 = 통화 = 돈'이라는 것은 기본적으로 '현금＋예금'이기 때문에 돈에서 차지하는 현금의 비율이 일정하면 필연적으로 일본은행권에 대한 수요가 늘어서 이 영구공채가 될 것이 증발하게 된다.

만약에, 일본은행에 맡겨둘 수 없다면 제2장에서 살펴본 것처럼 일본은행이 보유하는 것이 가능한 형태의 자산, 예를 들면 금 등을 정부가 취득할 때 그것을 뒷받침하는 영구국채 그 하나의 형태로서 '정부지폐'를 발행하는 일을 생각할 수도 있다.

그러나, 여기에서는 역시 일본의 장래에 있어서 새로운 의미를 갖는 영구국채를 제안해보고 싶다.

일반적인 세입이나 차환용 국채로는 곤란하다고 한다면 특별한 목적이나 이유 또는 보유자에게 특정한 메리트를 조립한 영구공채가 될 것을 검토해보자.

1. 영구연금국채는 가능할까?

영구공채의 금리의 성격을 연금으로서 구축해보면

여기에서는 먼저 제1장에서 검토한 금리의 문제를 고려하고, 그래도 생각할 수 있는 이자가 붙는 영구국채로서 연금국채에 대해 언급해두고 싶다.

영구국채의 구입·보유의 보상을 금리에 요구하는 것이라면 그 금리에 특정한 이유를 갖게 하는 것을 생각할 수 있다. 그것에 따라 영구국채에는 다른 일반국채와는 다른 특별한 성격과 일반 투자가가 운영대상으로 하는 금융상품과는 다른 자리매김이 부여된다.

예를 들어, 이것을 연금제도와 연결해서 연금보험료 납부를 대체하는 것으로써 개인이 구입한다. 또는 연금자금운영기관이 구입하여 금리를 연금지급으로 충당하는 등의 용도로 한정하는 것을 생각할 수 있다. 즉 국채금리의 성격을 연금으로 옮겨놓은 것이다.

일반적으로 '연금영구국채'에 대해서는 다음과 같이 언급되어 있다. 히라야마 겐이치(平山賢一) 편저 『시장에서 국채를 생각한다』(2002년)에서 인용해보자.

> 연금제도의 충실과 재정의 지속가능성을 담보한다는 시점에서 국익에 있어서 매우 유용할 것이다. 예를 들면, 영구국채는 현재의 일드커브(이율곡선)에서는 3% 이상의 쿠폰이 부여되는 것이 가능하기 때문에(3% 쿠폰의 경우 존속기간은 34.3년) 구입하는 개인은 100만 엔당 연 3만 엔의 수입을 얻게 된다(세금공제 전). 퇴직할 때까지 2,000만 엔의 저축이 가능하다면 월당 5만 엔을 영원히 받을 수 있기 때문에 장래에 감액될 가능성이 높은 후생연금보험(현재는 월당 평균 23만 엔의 종신연금으로 상정되어있다.)을 보전한다. 또는 그것에 부가하는 것이 가능하게 된다. 또한 10년간의 제로쿠폰 기간을 설정해서 11년째부터 쿠폰의 지불을 받는 지불유예가 있는 영구국채를 영구연금국채라고 한다면 그만큼 쿠폰은 4%로 올리는 일이 가능할 것이다.

히라야마 씨는 기업의 확정거출연금을 대신해서 매월 회사부담분의 연금이나 퇴직금을 영구연금국채로 지불하면 포터빌리티(이식가능성)가 확보되어 비용의 삭감이 이루어지게 된다고 주장하고 있다. 또한 그는 전국의 우체국 네트워크에 의한 영구연금국채의 판매나 영구연금국채에 의한 연금설계의 컨설팅영업 등도 언급하고 있다.

확실히 저축에서 수익성보다도 안정성을 요구하는 일본 국민으로서는 연금의 일부를 미국식의 주식 중심의 주식지분화해야 한다고 무리하게 생각하지 말고 국채화해버리는 것도 선택지로서 있을 수 있다.

연금은 돈의 여유가 있을 때 지불한다

예전부터 연금 보험료에 대해서는 납부시기를 탄력적으로 해주었으면 하는 목소리가 있다. 돈에 여유가 있을 때 많이 납부하고, 그만큼 힘들 때는 납부액을 경감할 수 있다면 국민에게는 편리성이 증가한다는 것이다. 보험료 납부가 큰 부담이 되지 않는 부유층이라도 **여유자금이 생겼을 때 영구연금국채라는 제도가 있으면 자신의 자산 사용법에서 선택지가 늘어나서 국가의 연금재정에도 도움이 된다.**

예를 들어, 사업이 성공해서 지금은 큰돈을 손에 넣은 사람, 고령자이면서 초고령자인 부모로부터 재산을 상속받았지만 사용처를 생각하지 못한 사람, 자자손손을 위해 자산을 형성해온 사람 등 그러한 사람들이 자신의 장래를 위해서만이 아니라 자자손손에 걸쳐서 안정적인 소득을 영속적으로 얻게 하고 싶다는 동기로 연금영구국채를 구입하려고 하는 니즈는 실제로 상당히 있을 것이다.

국가의 연금제도를 운용하는 측에 있어서도 이것으로 그만큼 장래 보험료 흐름이 앞당겨져서 들어오기 때문에 현시점에서 운영이 가능한 현금이 증가하여 보다 유리한 운영과 연금재정의 안정·충실을 도모할 수 있다. 확실히 영구연금국채 보유자에 대해서는 연금을 국채 쿠폰 형태로 영구히 계속 지불해야 된다. 그러나 그 국채의 원금은 변제할 필요가 없기 때문에 국가에서는 재정을 연금지불을 위해 야금야금 사용하지 않고 쿠폰 비율 이상의 이율로 계속 운영이 가능하다면 계산상 연금재정은 악화되지 않아도 된다.

실제로는 그만큼의 유리한 운영은 보증의 범위는 아닐 것이고, 그와 같은 일대일 대응의 운영도 되지 않겠지만, 그래도 다액의 현금이 앞당겨서 들어오는 효과는 클 것이다.

상속세 감면 등 여러 가지 연구가 필요

이 영구연금국채도 영구채로서의 성격상 반드시 상속의 대상이 되고, 연금재정의 안정 등의 공익도 인정되기 때문에 이것에 상속세 감면의 우대를 줄 것인지 여부가 논점이 될 것이다. 그때 일전의 프랑스의 피네국채처럼 되지 않도록 이와 같은 우대조치의 적용은 영구연금국채 취득 후 5~10년 경과 후를 조건으로 하는 등의 여러 가지 연구가 필요할 것이다.

또는 자자손손 영구가 아니라 상속세는 한 번만 면제하고, 상속세 면세 후에는 연금 쿠폰이 지불되는 것은 그 상속인이 사망할 때까지로 하는 것을 생각할 수 있다. 만일 국채의 구입자가 구입 후 30년간 생존하고, 그 상속인이 상속 후 30년간 생존했다고 하면 매년 3%의 금리가 60년, 거기에 상속세 면제분이 추가되기 때문에 금융상품으로서도 충분히 유리할 것이다. 이 경우는 기묘하게도 60년 상환 룰과 동일한 연한으로 이 더이상 국채는 가치가 없게 된다.

연금 쿠폰을 지불받지 못하게 되는 순간, 이미 상속세 면제의 혜택도 없는 영구연금국채는 사실상 가치가 없기 때문에 '영구'국채라고 말할 수 없을지도 모른다. 그러나 이 세상에 정말로 영구라고 할 수 있는 것은 없다. 그 사람이 언제 죽을지는 예견할 수 없기 때문에 그 국채의 상환 기한을 사전에 설정할 수 없다는 의미에서 그것은 '무기한 국채'이다. 무기한도 사실상의 영구라고 해도 좋다. 왜냐하면 인간인 이상 그 보유자로서 이 세상이 계속되는 것은 자신이 살아있는 동안이고, 이 세상 끝까지 계속되는 것이라면 영구와 같기 때문이다.

그런데 연금은 주식에 대한 배당과는 성격이 다르지만 영구연금국채 보유자는 연금 쿠폰의 확실한 수취를 요구하는 입장이라는 의미에서 정부에 대한 중요한 이해관계자(채권자)가 된다. 영구국채의 구입으로 정부에 투자한다는 의미를 가질 수도 있다.

연금수급자들의 이해관계자 의식을 강화하는 효과도 있다. 어쨌든 이 영구국채는 연금과 연결한 형식으로 발행되기 때문에 정치가가 그 존재를 요술방망이로 생각해서 함부로 재정확대를 요구하거나 재정규율이 깨지는 문제는 발생하지 않는다.

2. 영구출자공채는 가능한가?

기업과 그 이해관계자로서의 주식

이해관계자라는 단어를 자주 듣게 되었다. '기업은 도대체 누구의 것인가'라는 물음도 유행하고 있다.

본서의 논의를 통해서 영구국채가 될 것이 주식에 의한 출자나 기업의 소유지분을 가진 이해관계자(주주)라는 개념에 한없이 가깝다는 것이 보이기 시작한다. 그 개념을 일본이라는 국가나 정부 부문에 적용해보면 영구출자공채라는 것을 그릴 수 없는 것인지 이론적으로 생각해보자.

자본주의의 원칙에서는 기업은 주주의 것이고 기업의 이해관계자는 주주이다. 기업에 출자하여 자본을 제공함으로써 기업에 대한 지분을 보유한 주식수에 따라 갖는다. 주주로서 기업에 참가하고 이해관계를 갖기 때문에 발언권이나 총회에서의 의결권을 갖고 기업이 출자자의 의도에 따라서 잘 운영되고 있는지를 체크한다.

이해관계자=주주론은 여하튼 기업은 궁극적으로 이윤을 창출해서 그것을 주주에게 배당하고 기업의 시가총액을 최대화하는 것을 최우선으로 해야 한다는 이야기이다. 1990년대 이후에 미국을 중심으로 한 경제질서는 이러한 '자본의 논리'를 관철시키려는 흐름이었다. 자본수익률이라는 기준으로 경제를 취급함으로써 자본주의 경제는 높은 생산성과 풍요를 가져온다고 생각하였다.

그러나, 이번 금융위기가 그것에 대한 반동을 낳았다. 다시 한 번 기업의 이해관계자가 누구인가를 생각할 경우 거기에는 주주뿐만이 아니라 종업원도 있고, 기업이 공급하는 가치를 향유하는 소비자도 있고 생산·판매활동의 주위에는 지역사회나 주민도 있다. 기업에 대해서 이해관계를 갖고 기업으로서 그 관계에 대하여 일정한 책임을 지는 사람들, 그것에 대해서 감시해야 할 사람들은 그 외에도 다양한 종류를 생각할 수 있다.

기업의 사회적 책임(Corporate Social Responsibility, CSR)이라는 말이 유행하고 있는데, 그전에 기업은 이러한 다양한 사람들을 이해관계자로 하는 존재라는 것은 어떤 의미에서 자명한 이치이다. 오히려 주주 이외의 이해관계자의 요청이나 기대에 부응하여 책임을 다하는 것이 주가에 반영되고, 주주의 이익도 된다는 것을 어떻게 조합할 것인가가 기업사회에 요구되고 있다.

그러나, 기업이 이윤을 추구하고 기업가치의 증대를 지향하여 기업에게 무상자금(대부금처럼 변제될 자금인 유상자금이 아니라 돌려받지 못함을 전제로 지출한 자금)을 투자한 투자가인 주주들의 지분가치를 높여가는 일을 기본으로 하는 것을 그만둬버리면 그것은 자본주의를 부정하는 것이 되어서 기업도 돌아가지 않게 된다.

이 주주의 지분은 기업의 자본금이 된다. 변제하지 않아도 되는 돈이기 때문에 부채는 아니다. 기업의 대차대조표에서는 오른쪽의 '부채＋자본금'이 왼쪽의 '자산'의 금액과 정의상 일치하지만, 기업이 높은 이윤을 올려서 왼쪽의 자산을 만들어내는 현금 수익이 충분히 높으면 그것을 밑천으로 오른쪽의 부채에 대해서 금리를 붙여서 변제할 뿐만이 아니라 자본금에 대해서 그 배당을 높일 수 있다.

그러나, 기업이 실적이 부진해서 자산의 수익성이 저하되면 자본금에 대한 배당을 할 수 없어서 부채의 변제도 뜻대로 되지 않게 된다. 그리고 수익률로 평가한 자산가치가 저하되면 대차대조표의 좌우가 균형이 잡히지 않게 된다. 그래서 부채를 변제하고 줄이기 위해 자본금을 야금야금 없애며 대응하게 되지만, 그래도 따라잡지 못하면 채무초과가 되어 결국 기업은 파탄한다.

자본금이 충실하면 할수록 기업의 경영이나 재무는 안정되며 기업은 신용이 좋아진다. 기업도, 은행도, 거기에 이해관계를 가진 사람들도 기업의 자산에 대한 '자기자본'의 비율을 매우 신경 쓰고 있다. 은행은 일정한 자기자본비율의 범위에서 외부로 위험성 자산을 늘리지 못한다. 자기자본이 과소하면 대출을 늘리지 못한다. 변제하지 않아도 좋은 돈인 '자본의 충실'은 항상 기업이나 은행으로서는 중대한 관심사이다.

정부는 기업과 달라서 이윤을 올릴 필요가 없다

그렇다면, 국가나 정부에 대해서는 어떻게 되는 것일까? 국가(관 시스템)는 자본주의와 다른 논리이기 때문에 자본금이라는 개념은 없고 주주도 존재하지 않는다. 이해관계자는 누구인가 하면 그것은 일반국민이며 납세자이다. 그들은 '유권자'로서 선거에서 투표를 통해서 정부에 대한 이해관계를 표명하고, 그들이 나타낸 이해관계에 대해서 책임을 다했는지 여부를 투표행동을 통해서 체크한다.

정부가 작성한 국가의 대차대조표에는 자본금이라는 항목이 없다. 기업이라면 대차대조표의 중요성은 자본의 충실도를 보는 점에 있지만, 정부가 대차대조표를 작성해도 그것은 자산이나 부채의 내용이 어떤지, 자산과 부채의 차액은 어느 정도인지(국가의 채무가 어느 정도 국가의 자산으로 뒷받침되어 있는지)를 보는 이상의 의미는 없다.

만약, 기업의 주주처럼 정부에게 무상으로 자금을 제공해주는 자가 있다면 그것은 자본금으로서 이 채무초과의 일부를 메워줄 것이다.

그러나, 정부는 기업과 달라서 이윤을 올리는 것을 목표로 한 존재는 아니다. 이윤이 오르지 않는 일을 하기 때문에 민간과는 다른 논리의 정부가 필요하게 된다. 이윤을 통한 배당을 주지도 못하는 정부에 출자하는 기특한 사람은 아마도 없을 것이다.

채무에 대해서는 그 변제를 뒷받침하는 것은 기업에서는 이윤이었지만 정부의 경우는 세입 등이다. 유량의 세계는 PL(손익계산서), 저량의 세계는 BS(대차대조표)라고 하는데 기업에서 PL의 이윤이 증가하면 BS의 자본을 충실하게 할 수 있다. 이는 대차대조표를 개선한다.

그러나, 정부의 매년도 유량인 PL의 이윤에 상당하는 것은 세수 등에서 세출을 뺀 '재정잉여'이다. 만약 재정잉여를 축적할 수 있다면 정부 자본금으로서 만일의 경우(채무초과)에 대비할 수 있지만, 현재의 일본정부의 실태는 채무초과가 계속되고 있어서 자본금은 마이너스이기 때문에 만약에 재정잉여가 생겨도 부채를 축소시키는 데 돌릴 수밖에 없다.

이러한 채무초과상태는 민간 기업에서는 존속할 수 없지만, 정부라면 정부의 신용, 장래의 과세권이라는 담보가 있다. 그것은 똑같이 세수 등을 수입으로 하는 지방자치단체도 비슷하지만, 일본정부는 유바리시(夕張市)보다도 재정상태가 나쁘다. 그래도 국가이기 때문에 운영되고 있다.

정부가 자본금을 가질 수 있다고 한다면?

그와 같은 정부의 입장에서는 자본의 충실이 재정을 안정시킨다는 것과 관계는 없지만, 만일 부채의 부(部)와 같은 유상자금이 아니라 정부에 각 출해 버린 무상자금(grant aid)을 투자해주는 층이 존재하면 정부의 재정은 매우 안정될 것이다. 그들은 **일본이라는 국가에 대해서 그 지분을 가진 소유자가 되어 그 입장에서 정부의 또 다른 하나의 이해관계자 층을 형성**하게 된다. '일본주식회사'라는 단어가 옛날에 있었지만, 만일 정부에 이러한 주식지분의 개념을 끌어들이면 정말로 일본주식회사가 된다.

정부는 투자가들이 책임지고 맡긴 것에 대응할 수 있도록 국가운영을 적절하게 할 수 있도록 최대한 노력해야 한다. 이것은 정부의 퍼포먼스를 높이는 것이기 때문에 그 비용을 부담하는 납세자들에게도 비용 대 효과 면에서 이점을 가져오게 할 것이다.

정부에는 유량 면에서의 이해관계자(납세자)는 있지만, 저량 면에서의 이해관계자(주식지분 투자자)는 없다.

만약, 정부의 대차대조표를 개혁해야 한다면 이러한 이해관심의 층을 새롭게 형성하는 것을 생각할 수 있다. 이 층이 만일 일반국민에게 퍼지면 일본인은 더욱더 정부의 일에 관심을 갖게 될 것이고, 국가의 주인이라는 입장을 통해서 일본인의 국가의식이나 애국심도 함양되어 갈 것이다.

정부는 실제로 투자(출자)활동을 하고 있다

그러나 현실은 그렇게 단순하지는 않다. 먼저 정부에 대한 같은 이해관계자로서 납세자와의 관계를 어떻게 생각하는가의 문제가 있다. 관(官)시스템의 기본원리는 민주주의이며, 다수결원리라는 정치 과정에서 형성된 국민의 의사가 정부 전체를 지배한다. 투하자본이 많고 적음에 따라 의사형성에 대한 지배력이 결정되는 민(民)시스템, 즉 자본주의와 그것은 이질적인 것이다. 정부는 주식자본 투자자의 소유물이 되지는 못한다.

다음으로, 배당을 주지 못하는 정부가 어떻게 해서 이러한 이해관계자를 만들어낼 수 있을지에 관한 문제이다. 국가를 위한 조세부담을 넘어서 무상자금을 공출하는 기특한 사람이 없다고는 할 수 없지만, 국가의 대차대조표에 의미 있는 개선으로 연결될 정도로 모인다고는 생각하지 않는다. 만약, 배당처럼 금리 같은 것을 도입한다고 해도 제1장의 끝

부분에서 언급한 것과 같은 문제가 있다. 국가 자체 또는 거기에 무상의 돈을 내는 행위 자체에 매우 큰 가치를 부여하지 않으면 무리한 이야기이다.

그러나, 국가에서도 지방에서도 정부부문이 돈을 버는 활동을 하고 있지 않은 것은 아니다. 고속도로요금, 공항이나 항만시설 등의 사용료, 수도요금 등등에서 수익자부담의 원칙(benefit principle)으로 이용자에게 직접부담을 요구하는 것을 전제로 자산을 형성하고 있는 사례는 많이 있다. 그것을 변제재원으로 예상해서 정부부문이 자금을 투입하고, 그러기 위한 자금을 조달하고 있는 구조는 국가나 지방에도 존재한다.

그 대표적인 예가 국가의 재정투융자(이하 '재투'라고 함)이다. 그 대부분은 정부의 재정융자특별회계에서의 '융자', 즉 유상자금의 제공이며, 사업수입이라는 캐시플로를 낳는 공적인 사업의 인프라 정비나 운영, 또는 금리 수입을 올리는 정책금융, 지방공공단체(지방채)에 대한 대부의 형식을 취하고 있다.

그 대부금의 재원의 대부분은 재투채(財投債)이다. 이것은 일반회계의 신규재원채나 차환채를 합쳐서 같은 국채로서 발행되어 조달된다. 재투 쪽에서는 조달과 운영과의 사이에서 이른바 ALM을 실시하고, 최선을 다해 기간이나 금리를 매칭시키려고 한다. 따라서 변제금이 원자(原資)인 이상 채투채가 무기한국채 또는 영구국채라는 것은 있을 수 없다.

그러나 재투에는 재정투융자와 같이 '투'자가 들어있는 것처럼 이러한 융자기능 이외에도 투자기능이 있다. 그뿐만이 아니다. 일반적으로 정부부문의 경제활동에는 '출자'라는 것은 얼마든지 있다. 그것은 정부의 중요한 정책수단 중의 하나이다. 정부출자라는 말은 자주 들어봤을 것이다. 그다지 희귀한 것은 아니다. 거대한 공공사업 프로젝트를 몇 년에 걸쳐서 실시하고, 그 관리운영을 반영구적으로 실시하는 것과 같이 다수의 기관에 대하여 정부는 다액의 출자를 실시해왔다.

출자라고 하면 주식투자와 같아서 실제로 NTT나 JT 등에 대하여 '정부보유주식'이라는 말이 있다. 정부는 기업의 주식을 다액으로 보유하고 있으며, 그것은 정부가 변제를 상정하지 않는 무상자금을 갹출하고 있는 것이다. 배당이 나오면 그 배당수입이 정부에 들어온다.

이러한 정부의 출자에 충당하는 재원으로서 영구채를 생각할 수 있을지도 모른다. 즉 '영구 출자공채'이다.

정부의 출자재원으로서 생각해보면

출자재원이라면 정부의 대차대조표상 자산의 부(部)의 원본이 상환되지 않는 자산 부분에 대응하는 부채가 되며, **둘 다 '무기한' 또는 '영구'**로서 기간을 매칭한다.

정부는 투자처에 대하여 자본을 제공하고, 주식지분을 취하고 있기 때문에 이 영구공채는 채무라기보다도 그것에 충당하는 정부의 자본이라는 성격을 갖는다. 이 영구공채 구입자도 정부에 대해서 주식지분을 취득하는 형태가 된다. 그들은 **정부가 정책적 혹은 전략적으로 정확한 투자활동을 하고 있는지 여부에 대하여 이해관심를 갖는 이해관계자**가 될 수 있다.

이와 같은 생각을 해보면 정부에 의한 전략적 투자(주식지분을 취하는 투자)라는 발상은 영구채라는 사실상의 주식지분이 지탱하는 모습이 되어 **'전략적 투자국가'로서의 일본을 구축하는 길**을 여는 것이 될 것이다.

또한, 현재는 보조금으로서 지출되고 있는 것도 그 대상의 성격에 따라서는 그것을 출자금으로 바꿀 수 있을지도 모른다. 예를 들면, 병원사업에 대해서 정부부문에서 적자보전적인 보조가 이루어지고 있는 경우 그것을 보조금이 아니라 출자금으로 구성하면 출자한 자본의 수익성 개선에 정부부문이 관심을 나타내고 있는 자세가 제시되어 병원사업의 생산성 향상에 대한 인센티브가 된다.

만일 장래에 이 병원사업이 잉여를 창출할 때까지 경영개선을 이루는 경우에는 거기서 정부에게 배당이 지불되고, 그것을 가지고 출자재원인 영구공채 보유자에게 배당금과 같은 것을 지불하는 구조를 구축할 수 있다면 영구공채는 주식으로서, 영구채 보유자는 정부부문에 대한 주주로서의 성격을 한층 강화하는 것이 된다.

이렇게 해서 '생산적인 부문에 투자하는 정부'를 구축할 수 있다면 일본 경제 전체의 생산성 증가에도 이바지하게 된다.

정부에 의한 투자펀드

그 구조로써 정부의 이러한 투자활동을 어느 정도 하나로 묶은 일종의 투자펀드를 구축하는 것을 생각할 수 있다. 이미 그러한 투자펀드로서는 재투의 일부를 구성하는 '산업투자특별회계'가 존재한다.

그 내용은 시대와 함께 변천해왔지만, 현재는 국가가 보유한 NTT 주식이나 JT 주식의 배당금이나 국제협력은행(2008년에 일본정책금융금고의 일부분에 통합)의 국고납부금 등을 원자(原資)로 하여 산업개발이나 무역진흥을 위한 투자를 담당하는 회계로 되어있다.

이처럼 자금은 정부에 수동적으로 들어오는 수입이 그 원자(原資)이지만 스스로 투자전략을 세워서 거기에 필요한 재원으로써 능동적으로 자금조달을 하는 수단을 구축한다면, 여기에 영구공채적인 자금조달이 적합하다는 것이 그 이유로 생각할 수 있을지도 모른다. 그 펀드가 출자의 재원을 묶어서 재투채가 아닌 투자용 영구공채의 형식으로 자금을 모집한다는 것이다.

다만, 정부의 투자대상 중에는 배당원자(原資)가 될 것 같은 이익수입을 기대할 수 있는 것도 있지만, 상당히 장기간의 투자회임기간을 거치지 않으면 기대할 수 없는 것도 있을 것이다. 그러한 성격이 다른 투자대상을 하나로 묶는다고 해서 영구공채가 충분히 매력적인 투자대상이 될 만큼 평균배당률을 실현하고 있는지는 모른다.

그래서, 정부부문이 실시하는 투자활동에 대해서 개별 투자대상마다 그것도 조건부 형식으로 재원조달을 하는 것을 생각할 수 있다. 그 경우 배당재원이 생기기 쉬운 것을 선별하고, 개별적으로 영구공채를 계획하는 것을 생각할 수 있다.

그렇게 되면 정부에 투자한 투자자는 이른바 정부를 통과하는 형태로 정부의 투자대상의 가치나 내용을 평가하여 영구공채 구입에 대한 의사결정을 하게 된다.

이제 패배주의적인 비관론에서 벗어나야 한다

필자가 이 영구출자공채를 굳이 다루어보는 것은 하나의 꿈이 있기 때문이다. 왜냐하면 현재의 일본은 좀 더 전략적인 국가로 탈피하지 않으면 '잃어버린 15년' 후에 정말로 '잃어버린 일본'이 기다리고 있을지도 모른다고 **걱정**하기 때문이다. 세계 최대의 대외 순채권국인 일본이 자신의 막대한 자산을 쓸데없이 썩게 놔두고, 그 잠재력을 활용하지 못하고 있다고 느끼는 사람이 많다. 여기에 국가의 전략적 의사를 작동시키는 일을 왜 하지 못하는 것일까. 자신이 가진 보물을 가지고 있기만 하고 활용하지 못하고 썩히는 일이 허용될 정도로 일본이 처한 상황은 좋지 않다. 역시 일본에는 위기감이 없다는 말을 들어도 어쩔 수가 없다.

우리 일본인들은 버블 붕괴 후, 민의 실패와 정부의 실패 둘 모두에 질려서 점점 '패배주의적 비관론'에 지나치게 빠져들고 있는 것 같다. 그 결과, 관도 민도 복종주의에 빠져 스스로를 얽어매 어느 것도 강한 위험을 감수하지 않으려 하며, 리스크에 몸을 드러내지 않는 것이 필요하다고 너무 지나치게 생각하고 있는 것이 아닌가 싶다.

예를 들면 우리는 구조 개혁에서 정책금융의 대 GDP 비율을 반감시키는 것이 정의로운 것처럼 '개혁'을 추진해왔지만, 이번 불황은 정부에는 민의 리스크를 나누는 중요한 기능이 있다는 점을 상기시켰다. 그러나 그것은 경제위기에만 해당되는 것은 아니다. 일본에게 요구되고 있는 뉴딜에서 공(公)의 영역을 개척하고 거기에 가치창출의 기회를 만들어가는 일은 한 사람의 국민이나 자본의 논리, 시장의 세계만으로는 도저히 감당할 수 없다. 거기에는 **국가, 정부, 관이 적극적으로 리스크를 분담해가는 것이 불가결**하다.

재정투융자나 정책금융이 다른 선진국에 비해서 경제에서 차지하는 비중이 높은 일본의 상황을 단순하게 수량적인 국제비교로 '이상(異常)'하다고 단정짓는 사고방식은 조금 천박하다고 생각된다. 그러한 시스템은 세계에서 으뜸가는 일본의 독자적인 시스템이었다고 재평가해야 한다. '일본판 뉴딜'이라는 새로운 지평을 착수하는 곳에 국가의 위치를 설정하고자 한다면 그에 필요한 기능으로써 정부에 의한 리스크 수용에 새롭고 적극적인 역할을 조직할 필요가 있을 것이다.

정부계 펀드의 대두가 시사하는 것

 실패에 질린 일본이 '관에서 민으로'를 추구하고, 정부에 의한 리스크 테이크를 극소화하려고 하는 사이에 세계의 흐름은 오히려 '민에서 관으로'라고 생각하는 것과 같은 현상이 진행되었다.

 그것은 말할 것도 없이 **정부계 펀드(Sovereign wealth Funds, SWF)** 이다. 지금은 원유가격의 하락과 세계적인 금융긴축 속에서 화제에 오르는 일은 많지 않지만, 리먼쇼크의 전까지는 SWF가 21세기 세계에서의 새로운 파워(위협)로 나타나고 있다고 자주 언급되었다.

 SWF가 주목받게 된 배경에는 고유가에 의한 중동 등에서의 잉여자금이 쌓이고, 중동지역뿐만이 아니라 중국, 러시아 등 정치적 대국이 펀드 설립에 착수하여 펀드의 투자전략이 보다 광범위하게 넓어지게 된 점에 있다. 이러한 관의 펀드로서는 일본에도 1조 달러를 웃도는 외화준비가 있고 그 운영이익 이외에도 연금기금이나 정부보유 주식의 매각이익 등을 원자(原資)로 삼아 일본도 '일본판 SWF'를 창설해야 한다는 논의가 정치권에서 나왔다.

 그러나, 정부에 의한 리스크 수용에 눈을 뜬 이와 같은 논의도 유감스럽게도 국제금융시장에서의 투명하고 중립적인 운영에 사고가 머물러 있었다. 민간경영을 지배하지 않고 외교정책의 의도를 갖지 않는 등 그 점이 중동 등과는 다른 서양형 민주주의의 국가의 추진방식이라고 평가

되었다.

그렇지만, 모처럼 이러한 논의가 나온 것이라면 한발 더 파고 들어가 보아야 했다. 어차피 국가전략펀드를 창설할 것이라면 그것은 **세계의 금융시장에서의 운영이 아니라 국가전략수행을 위한 세계에 대한 투자라는 발상**이 나와도 좋으며, 반대로 거기까지의 발상에 이르지 못한다면 그만두는 편이 좋다.

다만, SWF는 전혀 새로운 존재가 아니다. 일본에는 오랫동안 SWF와 비슷한 제도가 존재하고 있었는데 그것이 재투다. 재투의 존재 자체가 정부나 관의 비대화와 낭비를 낳았다는 인식에서 재투악역론이 상식화되었지만, 재투의 문제는 시스템에 내재하고 있던 구조가 시대에 맞지 않았고 운영의 실패에 따른 것이다.

일부러 정부펀드의 존재 자체가 부정되어야 한다는 것은 아니다. 새로운 국가전략목표가 구축되어 그것이 정부펀드를 필요로 한다면 그것을 시대에 맞춰서 다시 만들면 되는 것이다. 일본의 귀중한 국가적 자산을 쓸데없이 방치해서는 안 된다.

3. 공공펀드의 제안

공공펀드란 무엇인가?

외래어는 가능한 한 쓰지 말라고 자주 주의를 받는다. 그렇지만, 필자가 강조하고 싶은 것은 왠지 이 '공공펀드(public equity)'라는 단어가 가장 의미를 잘 전달해주는 것 같다. 좀처럼 적절한 일본어로 번역하기가 쉽지 않고 그 자체가 일정한 의미를 가지고 있어서 어떤 범위의 사람들에게는 가장 이해하기 쉬운 말이 있다.

본서를 여기까지 읽은 독자라면 이 단어에서 필자가 무엇을 말하고자 하는지를 벌써 이해하였을 것이다.

퍼블릭(public)이라고 하면 일본의 장래를 개척하는 데 있어 가장 중요한 열쇠가 공(public)의 형성이라는 점은 제3장에서 언급하였다. 에퀴티(펀드)라고 하면, 일단 본서에서 출자공채까지를 염두에 둔 영구공채의 논의가 시사하는 것은 아무래도 그 해답은 에퀴티(펀드)에 있는 것이 아닌가 하는 점이다.

본서에서의 결론은 이것들을 아우르는 공공펀드의 제안에 있다. 관도 민도 아닌 공의 세계에 가치를 조합하여 그 가치를 평가하는 민의 돈(자본)이 축적된 자산이나 개인의 여유자금에서 인출되어 그 가치의 실현을 지지한다. 통상 공을 지탱하는 경제는 기부, 즉 기부금이라는 무상의 돈(자본)이다.

그것을 촉진시키기 위해 **"증권형태로 기부금을 모집한다."**는 것을 생각할 수 있는데 이러한 제안이 바로 공공펀드이며, 그것은 사실상의 출자이다. 그러나 투자자들은 반드시 배당이라는 형태로 금전적 보상을 바라는 것은 아니다. 투자대상사업이 이익을 올렸을 때는 배당을 실시해도 좋지만, 애초부터 공은 이윤을 올리는 것을 전제로 하는 것은 아니다. 처음부터 배당을 기대하지 않아도 **기부하는 것 그 자체를 가치가 있도록 설계**한다.

증권의 형태라면 환금할 수 있기 때문에 만약 기부한 사람이 그 후에 자금 융통이 어려워져도 힘들지 않겠다는 안도감이 있다. 이것이라면 **부유층이 아니라도 기부를 할 수 있으며,** 많은 사람들이 공을 지탱하는 모습이 실현된다. 이렇게 해서 **출자와 기부를 연결**하는 곳에 필자의 제안이 있다.

국가 전체를 움직이기 위해서는 지역 등에서 구체적인 모델의 성공사례를 창출하는 것이 불가결하다. 사람은 비전이나 논리만으로는 납득하지 않는다. 저것이라면 가능할 것 같다는 것보다 실제로 돌아가고 있는 모습을 구체적으로 보일 필요가 있다. 사람들이 그것을 향해 실제로 움직이도록 하기 위해서는 어떠한 계기가 필요하다.

그 계기의 하나로 이른바 '기부펀드(donation bond)'라고 부를 수 있는 것을 일본사회에 새롭게 자리매김시켜 보고 싶다.

주류화하는 시민사회와 공의 가치창출

여기서 기부라는 것은 애당초 어떤 것이며, 일본의 상황은 어떻게 되어 있는지를 공이라는 관점에서 생각해보자.

공을 상징하는 것이 '시민사회'이다. 현재, 근대화를 뛰어넘은 선진국의 다음 단계로서의 '탈근대주의'에 있어서 21세기형 경제사회를 구축해나가기 위하여 오래전부터 있었던 시민사회라는 개념에 대해서 새로운 의미부여를 구축하려고 한다.

일본에서도 시민사회의 중요성은 정치의 장에서도 정면으로 거론되어 NPO 지원을 비롯해서 기부를 촉진하는 것을 정치의 의제로 삼게 되었다. **일본의 장래는 시민사회를 어떤 식으로 설계하는가에 달려 있다.** 제 3장에서 언급한 것처럼 관과 민의 2개의 축에 추가하여 공의 세계를 그리지 않으면 일본사회는 지속가능성을 담보할 수가 없다. 그것을 지탱하는 것이 시민사회라는 개념이다.

그것은 일본이 가치창출의 플랫폼이 되기 위해 필요한 **다양한 가치관의 창출을 향한 활동무대**이기도 하다. 그러나 그것을 지지하기 위한 경제적인 계산이 맞는 경제가 거기에 준비되지 않으면 현실적인 것이 되지 못한다.

가치관이 점점 다양화되어가는 성숙한 지식사회에서는 사람들에게 **스스로 가치선택을 하는 또 하나의 '투표' 기회**를 줄 필요가 있다. 그것이 공의 가치실현을 지지하는 기부이다. 공의 가치 가운데 관이 담당할 수 있는 것은 민주주의 과정에서 결정되지만, 그것을 거치지 않는 가치선택의 권리를 행사하지 않으면 다양한 가치의 창출은 실현되지 못한다. 그러기 위한 시스템 설계에 대한 일본의 과제가 있다.

공의 영역을 넓혀가는 과정에서 가장 접근하기 쉬운 가까운 존재는 지역이다. 앞에서 언급한 '설계사상 2' 아래서 가치규범의 축을 산업에서 지역으로 옮기고, 거기에 'B 시스템', 즉 탈근대주의 세계라고 하는 아무도 밟지 않은 땅을 개척한다. 거기에 새로운 시민사회의 영역을 만드는 것이 일본판 뉴딜의 핵심의제이다. 그 근본적인 부분에 시민사회의 설계를 자리매김하는 것이 가능할 것이다.

기부할 만큼의 충분한 돈을 가지고 있지 않는 사람도 다른 투표행동을 할 수 있다. 그것은 봉사자로서 비영리 조직이나 활동에 참가하여 시간과 일손, 지식과 지혜를 이 공의 분야에 투입하는 것이다.

현재 NPO 등의 비영리조직이 시민사회를 형성하는 데 있어 매우 큰 단면이나 기반 등의 활동단위로 주목받고 있다. 피터 드러커에 따르면 미국에서는 이미 1980년대에 비영리조직이 1,000만 명의 고용을 창출했다고 한다.

시장원리(market principle), 경쟁(competiton), 효율(efficiency)의 세계처럼 보이는 미국에서도 비영리의 논리로 시민사회가 사회 전체의 기반을 떠받치고, 그것이 미국사회의 활력의 원천이 되고 있다.

원래 일본의 지역사회에는 에도시대 등의 촌락공동체와 같은 상호부조의 NPO적인 연대를 오랫동안 볼 수 있었다. 공적인 것은 특별히 관공서가 하지 않아도 된다는 풍조가 있었다. 1890년경에 일본에서 확립한 '메이지 타이쇼우(明治大正) 경제시스템'의 형성을 향하여 사회의 가치규범의 중심축에는 지역사회나 지역경제권이 있었고, 거기에서 공공 인프라의 정비는 그 지방의 명망가들의 자선사업에 힘입은 부분이 컸다. 번벌정부(藩閥政府)에 의한 공공사업을 제외하고, 거기에는 자신들의 지역의 일은 자신들이 한다는 기개가 깔려있었다.

그것이 전후시스템하에서는 민간의 모든 영역을 '회사공동체'가 흡수하여 기업사회와 관이라는 '조직본위제사회'의 바깥 영역이 공백화되었다. **회사공동체에 대체하는 새로운 귀속의 장을 찾으려는 일본인의 욕구에 다양한 가치창출의 장을 형성하여 대응하는 것이야 말로 일본이 처한 현재의 난관을 돌파할 수 있는 해답이다.**

일본에는 기부문화가 없다고 말하지만 위에서 살펴본 것처럼 일본인에게 기부의 DNA가 없었던 것은 아니다. 메이지 타이쇼우 경제시스템 붕괴 후, 전시체제로 이행되는 가운데 '1940년 체제'가 구축되어 목적이 전쟁에서 경제성장으로 변했지만, 그것이 그대로 계승되고 강화된 것이 '전후시스템'이다. 그 속에서 우리들은 본래의 일본인의 특성을 상당히 잊어버린 것이다.

그것을 재검토하여 회복하는 일을 공이 주도하여 실시하는 것이 미래의 일본을 개척하는 원점일지도 모른다.

지식사회와 가치창출 커뮤니티

공(公)의 형성은 어떠한 지역에 한정하지 않고 지역을 횡단하는 것과 같은 하나의 문제나 주제 아래서, 예를 들면 같은 세대끼리의 통합을 추구하는 경향도 나타나고 있다. 예를 들면 이러한 가치공동체 형성은 'A 시스템'에 있어서도 비슷한 가치를 추구하는 전문가들의 횡적 관계가 공을 형성하고, 그것이 일본의 경쟁력의 원천이 된다는 것은 얼마든지 일어날 수 있다.

미국은 개인주의 국가이지만 종래부터 학교나 직장, 지역, 취미나 주의주장, 사회봉사라고 하는 모든 면에서 사람들이 다양한 단체를 결성하여 참가하는 사회였다. 건국 당초부터 전미에 걸쳐서 계급도 직업도 상관없다는 평등한 인식이 형성되어 그것이 조직적인 풀뿌리주의로 기능해왔다.

1960년대에 전통적인 가치규범이 흔들린 이후, 이것을 대신해서 고도한 전문성을 가진 운동가가 지명도와 리더십을 발휘하는 톱다운형 조직이 등장했다.

많은 분야에서 NGO(비정부조직), NPO(비영리조직) 등 이른바 전문화한 옹호집단(일정의 주장을 하는 집단)이 주류화해 왔다. 앞으로 시민사회에서 중요한 것은 **전문가형 비영리조직, 전문가형 시민사회 일 것**이다. 거기에서는 부단한 혁신이 요구되고, 그것이 평가받음으로써 기부가 집중되며 일정한 경쟁도 전개된다.

주제별 전문가형의 비영리시민사회가 각각 다양한 가치창출을 노리고 경쟁하는 모습을 포함해서 시민사회나 공의 영역을 넓혀나간다. 그 때 일본형 시민사회가 지역을 출구로 해서 각 분야에 중심을 통하게 하는 형식으로 설계하는 것을 생각해도 좋다. 그것은 자연발생적으로 꼭 풀뿌리적인 이미지의 커뮤니티일 필요는 없다. '창업가 플랫폼'처럼 지역에서의 산업이나 기술의 지식집적 또는 의료나 환경처럼 상당히 고도로 조직화된 것으로서 공의 영역을 잡는다. 그러나 **그것을 지탱하고 있는 것은 지역이고 시민이며, 시민에 의한 개개의 가치선택**이다.

주제별이든 무엇이든 간에 중요한 것은 그들이 가치창출 커뮤니티라는 것이다. 지역이라는 것이 그러한 다양한 가치추구 시스템을 다층의 레이어 구조 속에 짜 놓은 그 전체가 공이라는 점을 추구해보고 싶다.

일전에 피터 드러커가 지적한 것처럼 전문지식이 부가가치의 주요한 원천이 되는 지식사회에서는 그 담당자가 될 사람들은 기업 등의 조직에 대한 종적의 귀속의식 보다도 스스로의 가능성의 실현이나 횡적 연결을 추구하게 되는데, 그들을 사회에 연결하는 커뮤니티가 바로 비영리조직이다.

일본에서도 이러한 흐름이 일어나기 시작했다. 그것은 새로운 가치창출 속에서 스스로 사는 보람이나 인생의 의미를 창출해가는 새로운 흐름이다. 거기에는 사람들의 관계나 지적가치, 자아실현이나 사회공헌을 요구한다. 그와 같이 커뮤니티 그리고 시민사회라는 크고 넓은 두꺼운 층으로 전개하는 상황에 일본도 들어왔다.

일본에서도 기부시장을 형성해야 한다

시민사회나 가치공동체를 육성하는 수단으로써 NPO에 필요한 것은 자립성이 높은 재정기반이다. 관에서의 평가(그리고 조성)와는 관계없이 보람이 있고, 그것이 평가되어 기부가 모이는 것으로 성립되는 메커니즘을 확립해야 한다. 그것을 지지할 수 있는 것은 관에서는 실현할 수 없는 다양한 가치를 실현하고자 하는 한 사람 한 사람의 시민 이외는 없다.

이것을 만드는 방식으로서 '헝가리방식'이 잘 알려져있다. 이것을 응용한 지바 현(千葉県) 이치하라시(市川市)에서는 등록 NPO 단체에 각 시민이 매긴 점수에 따라서 총액으로 시민세의 1%가 돌아가는 구조로 운영되고 있다. 각 가정에 배부되는 시내 전체 NPO 단체의 명칭과 각 단체가 스스로 올린 문장의 리스트를 보고 주민이 좋다고 생각되는 단체에 체크한다. 주민이 자신의 세금을 관에 납부하는 대신에 자신의 판단에 따라 중요하다고 생각하는 가치를 실현하는 단체에 기부하는 것으로 이른바 사실상의 기부금 세액공제가 이뤄진다. 거기에는 관시스템을 통한 일률적인 가치판단과 다른 다양한 가치를 평가하는 시민의 생활이 있다.

NPO에 대한 일본의 지원세제는 NPO의 총수입 중에서 널리 일반으로부터 모금한 기부금이 차지하는 비율이 어느 정도 있는가를 가지고 공익성이 있는지 여부를 인정하며, NPO에 대한 기부금이 소득공제의 대상이 되는 제도로 되어 있다.

이것은 틀림없이 '기부시장'을 노린 것이다. **기부금이 세금우대를 인정받는 데 필요한 공익성의 인정을 관이나 특정한 사람의 판단에 맡기지 않고 몇몇 사람이 참가할 수 있는 기부시장에 맡기고 있다.** 많은 사람들에게 가치가 평가된 활동이라면 공익성이 있는 것이며, 세제 면에서 이러한 기부시장을 육성해나가는 것도 중요하다.

일본은 기부의 기반이 미국 등에 비해서 아주 취약한 나라로 일컬어지고 있다. 어느 한 해를 비교해보면 미국은 기부금 총액이 연간 24.5조 엔 정도인데 비하여 일본은 7,200억 엔 정도이며, 미국의 기부금 총액 가운데 23조 엔은 개인에 의한 것으로 일본은 개인에 의한 것은 2,200억 엔 정도이며 약 100배의 차이가 있다.

세제상의 우대를 받은 개인기부금 공제액은 미국은 18.3조 엔, 일본은 400억 엔 정도로 비교가 되지 않는다. 개인 가운데 기부를 한 사람은 미국에서는 30% 정도로 높지만 일본은 2.2%에 불과하며, 가계당 평균기부액은 1,620달러인데 비하여 일본은 2,900엔 정도이며, 미국은 10만 달러를 넘는 소득계층의 87%가 기부를 실시하고 있다.

미국은 지역사회에 대한 공헌이 하나의 문화로 뿌리를 내리고 있고, 고소득자에 의한 기부가 매우 많다고 한다. 소득이나 자산의 격차 속에서 부의 집중이 편중되어있기 때문에 기부시장이 충실하게 형성되어있다는 면도 무시할 수 없다.

일본인은 기부를 하지 않는 국민일까?

이 점에 대해서 재무성의 나까오 다께히코(中尾武彦) 씨가 쓴 『미국의 경제정책(中公新書)』에 따르면 미국에 있어서 부의 집중현상과 자산의 격차확대는 특히 최근에 있어서 현저하게 나타나고 있다. 부유층 인구는 확대되고, 그것도 차이가 월등한 부유층이 증가하여 그들에게 집중하는 부(富)도 큰 폭으로 증대되어왔다. 가족여행은 자가용 비행기로 가고, 가족여행계획을 세우기 위한 회사까지 설립되고 있는 등 일반인과는 다른 세계를 형성하는 부유층이 상당히 증가한 것 같다.

여기서 중요한 것은 이러한 부유층이 리스크를 수용하고 기부를 함으로써 사회 전체 속에서 큰 역할을 하고 있다는 점이다. 개인이 자유롭게 처분할 수 있는 자산이 아니라면 성공하는 것은 열 가지 중에서 한두 가지밖에 되지 않는 벤처투자 등에서는 도저히 불가능한 일이다.

자주 거론되는 것이 일본인의 자산 구성은 위험성 자산의 비중이 낮다는 점이며, 그렇기 때문에 안전자산인 예금 및 저금에서 위험성 자산으로 즉, '저축에서 투자로' 이동시키라고 한다.

그러나 이 책에서 지적하는 것은 일본의 자산격차가 미국과 같은 정도라면 일본의 위험성 자산의 비중은 미국과 같은 수준이 된다는 시산도 있다. 또한 미국의 기부문화는 이미 거액의 재산을 형성한 미국의 부유층이 그래도 만족하지 않고 자산의 증대를 도모하는 동기로 자신이 하고 싶은 기부를 하기 위해서라는 이유도 있다고 한다.

그럼, 미국사회는 왜 이러한 자산격차를 용인해온 것일까? 일부 경영진에 대한 눈꼴사나운 고액의 보수가 왜 사회적으로 허용되어왔던 것일까? 그 이유로는 이러한 엄청난 부자들의 리스크 수용이나 기부행위가 저소득층에게도 이익을 초래하고 있다는 것을 저소득층도 납득해온 점을 들 수 있다. 부의 집중이 저소득층을 증가시킨다는 점에서 그것은 용인되는 것이다. 그러나, 신자유주의의 90년대 패러다임이 궁극적으로는 중간층을 붕괴시킨다면 실제로 사회는 유지하지 못하게 된다. 오바마 대통령의 변화가 지지를 받고 있는 배경에는 그러한 것이 있었기 때문이 아닐까?

하지만, 공적인 건강보험이 정비되지 않아서 500만 명이나 되는 무보험자가 존재하는 미국사회가 돌아가는 배경에는 기부금으로 운영되는 병원이 그들을 받아들이기 때문이라는 설이 설득력을 갖고 받아들여지고 있다. 일본에서도 경쟁형 사회의 진전 속에서 사회적 격차의 해소가 주장되고 있다면 거기에 미국형 해답을 어느 정도 적용해볼 필요가 증가할 것이다. 일본의 저력의 원천은 민의 잠재력이며 그 활용에 해답이 있다.

그러나, 일본에서는 돈벌이 자체를 천하다고 생각하는 사회통념이 강하다. 경쟁이라는 게임을 통해서 룰만 지키고 있으면 돈을 번 사람이 반드시 표창을 받는 사회는 아니다. 운이 좋은 사람을 질투하는 것이 아니라 어떠한 배경에서 번 돈이든 돈벌이라는 행운이 많은 사람은 그만큼 사회에 환원함으로써 그 존재가 정당화되는 세상을 만드는 것이 중요할 것이다.

그것은 기부뿐만이 아니라 부의 창출 그 자체에 대한 인센티브도 된다.

전쟁 전의 일본에는 그러한 문화가 존재하여 어떤 의미에서는 그것이 사회를 지행하고 있었다. 메이지 타이쇼우(明治大正) 경제시스템 때의 일본은 자산의 격차가 지금의 미국보다도 컸다. 당시 지역의 유력한 상인이나 명망가가 사재를 털어서 공(公)을 위하여 지역을 만드는 현상이 일본에는 있었다. **지금의 상황을 일본 고유의 상황이라고 단정 짓는 것은 경솔한 생각**이다.

이제 **'자산에서 기부로'**를 회복할 시기가 도래한 것이다. 청빈만이 올바른 것이 아니라 풍요로운 사회에서는 **풍요로움을 향유하고 활용하는 것이 큰 가치**가 될 것이다. 풍요로움을 향유할 수 있는 자가 풍요로움을 향유하여 그들이 즐겁게 실행하는 가치선택의 결과로써 돈이 사회의 상호부조로 돌아가는 구조야말로 중요하다.

현재, 일본의 국민 사이에도 기부문화가 정말로 없는 것은 아니다. 가계의 평균기부액 2,900엔 이외에 2만 엔 가까운 정재(淨財 : 절이나 자선사업 따위에 기부하는 깨끗한 돈)가 가계에서 평균적으로 이루어지고 있다. 절이나 신사 등의 종교기관에 기부가 편중되고 있지만, 미국에서도 사실은 기부처로서 종교기관의 자선단체가 60%를 차지하고 있으며, 종교단체도 세금우대의 적용대상에 들어있다는 점에 유의할 필요가 있다.

종교 이외에도 사람들이 기부를 하는 것에 관하여 그 사상이나 가치, 대상을 구축해가는 것이 일본의 과제이다.

기부금의 세금우대에 대해서 생각한다.

일본에도 기부 의사를 가지고 있는 사람은 실제로 많다. 이것은 어느 정도 자유로운 소득이나 자산을 가진 사람들이 자주 지적하는 것이지만, 나중에 세금에 여윳돈이 있으면 기부를 스스로 꺼리게 만드는 일본의 기부세제를 어떻게 해주었으면 좋겠다는 목소리가 크다. 다만, 세금우대를 해주는 방법을 보면 일본의 기부세제는 미국과 비교해도 그다지 손색이 없고, 차이점은 대상이 되는 단체나 용도의 범위에 있다.

일본에서는 ① 국가나 지방공공단체에 대한 기부금, ② 지정기부금(용도를 정한 것), ③ 특정 공익증진법인에 대한 기부금, ④ 전술한 인정 NPO 법인에 대한 기부금 등 네 가지 경우에 있어서 소득세에서의 소득공제, 법인세에서의 손금산입, 상속세에서의 원칙 비과세조치를 일정한 범위 내에서 받을 수 있다.

이 세제하에서 일본은 실제로 기부금우대세제가 적용되고 있는 단체 수는 어떤 통계에서는 약 1만 9,000여 개 단체, 미국에서는 2003년에

96만 4,000여 개 단체라는 숫자도 있으며, 영국에서도 18만 7,000여 개 단체가 있다고 한다. 상기 가운데 ④는 '기부에 의한 투표'에서 '민에 의한 공의 가치선택'의 취지를 가장 잘 실현한 제도지만, 일본에 3만 3,000여 개 정도 있는 NPO 가운데 인정 NPO 법인은 70여 개 단체밖에 없다.

기부금의 우대세제에는 소득공제 이외에 한층 강화한 우대조치로서 **세액공제제도라는 제도도** 있다. 그것은 기부금액을 거의 그대로 납세액에서 공제하는 것으로 납세자는 같은 부담을 관에 대해서 할지 아니면 자신이 선택한 공에 대해서 실시할지 여부를 선택할 수 있게 된다.

이것은 주권자로부터 위임을 받은 의회에서의 다수결을 통해서 관의 자금배분을 결정하는 현재의 간접민주주의의 사고방식에 구멍을 뚫는 논리이다. **주권자가 의회를 통하지 않고 스스로 자금배분을 결정하는 부분을 세금이라는 관시스템이 확보하는 것**이기 때문에 그것은 일종의 직접민주주의의 논리인지도 모른다. 다만, 세수 가운데 그 범위를 어디까지로 할 것인지는 간접민주주의에서의 의결로 결정된다. 그 범위에 있어서 다수결원리에서는 채택하지 않는 가치의 선택을 위임한다는 의사결정은 의회민주주의에서도 충분히 있을 수 있는 일이다. 그것은 공의 형성을 관이 지지한다는 의사결정이 된다.

세액공제에 대해서 보다 큰 문제는 관측에서는 소득공제에 비해서 보다 큰 세수 감소의 문제가 나타난다고 하는 점이다.

그러나, 앞으로 공적부담이 어느 정도 증가한다고 하면 그 모두를 세금이라는 강제적 부담으로 조달하기 보다도 일정 범위의 선택안 속에서 세액공제를 만들어 각자의 자유선택에 의해서 조달받는 부분을 늘이는 것의 이점이 커질 것이다. 그렇게 하는 편이 **공이라는 것이 많은 사람들의 가치선택과 납득에 의해서 지지**되기 때문이다. 큰 정부를 가능한 한 지양하려면 '**세금에서 기부**'로도 생각해야 할 것이다. 그것은 한편으로 증세하면서도 다른 한편으로 세액공제에 의한 기부촉진을 강구한다는 맞춤형 기술이 될 것이다.

시민사회는 부유층에 의한 '자산에서 기부'만으로 지탱되는 것은 아니다. 미국에서는 일반대중 차원에서도 거대한 '기부시장'이 있다. 일본의 층이 두꺼운 중간층의 힘을 시민사회의 형성으로 이끌어내기 위해서 우선은 앞에서 살펴본 이찌카와시(市川市)와 같은 대응을 주민에게 가깝고 효과가 보이기 쉬운 지방차원에서 조금 더 확충하는 일부터 시작해보면 어떨까? 이러한 대응도 기부문화를 일본사회에서 지역을 중심으로 회복해가는 일로 연결될 것이다.

중요한 것은 공의 가치는 자신들이 만들어내고 지탱해 나간다는 발상이다. 그것을 한 사람 한 사람의 일본인에게 어떻게 촉구해나갈 것인가의 문제이며, 그러한 의미에서 공공펀드는 유력한 계기가 될 것이다.

세제우대를 요구하기 전에 할 수 있는 일이 있다

공의 경제학적 측면은 기부이며, 기부의 촉진에 일본의 과제의 범위가 있다고 해도 그 수단은 과연 세제뿐일까?

분명히 세제는 중요하지만 그 전에 생각해야 할 일이 있을 것이다. 애초 세금을 깎아주기 때문에 기부를 한다는 발상 자체가 공의 가치에 대한 의도와는 모순된다고 보는 시각도 있다. 그러나 필자는 거기까지 경직되게 생각할 필요는 없다고 생각한다. 사람이 누구나 자신의 경제적

이익과는 무관하게 살아갈 수는 없다. 기부라는 것이 오로지 비교적 경제적으로 자유로운 부자들의 도락이 되서는 안 된다.

세금에서 이득을 취하지 않아도 가능한 한 많은 사람이 자신들의 경제적인 이익과 그렇게 크게 모순되지 않는 범위에서 기부함으로써 자신의 사는 보람과 기쁨을 느끼면서 기부할 수 있게 하는 것이 중요할 것이다. 그것은 자신의 개인적 기쁨일지 모르지만, 그것을 통해서 실현되는 것은 공의 가치이다. 그것이 가장 솔직하고 자연스러운 모습이다. 공의 가치를 호언장담하고 스스로를 거기에 바치는 모습을 모든 일반시민에게 요구하는 것은 부자연스럽다.

오히려 **자신의 사는 보람이나 기쁨을 통해서 공의 가치로 연결되는 곳에서 자연스럽게 커뮤니티나 지역, 그리고 국가에 대한 공의 의식이 함양되어 가는 것**을 노리는 편이 현실적이다. 이는 어깨에 무리하게 힘을 넣어도 오래가지 못하는 이치와 같다.

실제 문제는 기부세제를 대폭 확충해가는 일에는 장애가 많다는 것이다. 세제상의 우대조치란 국민이 부담하는 세금의 공평성에 일정한 구멍을 뚫는 일이기 때문에 거기에는 '공익'이라는 대의명분에 대해서 국민적인 합의가 필요하다. 그것이 관시스템의 규칙이다.

또한 국가나 지방자치단체도 이렇게 재정상황이 어려울 때 세금을 면제한다는 이야기는 애초 저항이 클 것이다. 개별의 조세특별조치와 같은 것은 관의 개입을 증대시키거나 제도의 복잡성이나 개별이권 같은 문제도 있다. 폭넓게 기부금에 세금의 감면이라는 흐름을 일으키는 것과 같은 여유는 적어도 지금의 재정에는 없다.

특히, 세액공제가 되면 그만큼 재정수입을 통째로 상실한다는 이야기가 된다. 본래는 국가나 지방자치단체의 주머니로 들어갈 돈을 다른 곳에 배분하는 것이기 때문에 그것은 제로섬 속에서의 관과 공의 쟁탈전처럼 된다.

관의 재정 '부담'을 민의 자산에 의한 '가치'평가로

그렇게 하지 말고 플러스섬 속에서 사물을 생각하자는 것이 필자의 생각이다. 편재하는 자산이나 잠자고 있는 국민저축을 끌어내서 그 인수처를 만듦으로써 관에서 돈을 옮길 필요 없이 공의 재원을 새롭게 만든다.

이미 살펴본 것처럼 관은 앞으로 수많은 시스템의 재원으로부터 철퇴를 요구받고 있다. 그것을 대신하는 구조를 별도로 만듦으로써 비로소 재정재건이 가능하게 된다. 우선은 그러한 흐름 속에서 공을 구성하기 시작하는 일이 현실적이다.

지금까지 관이 담당하고 있던 공의 이러한 부분을 민이 담당하고, 그 결과 지금까지는 관이 재정 부담을 하고 있었던 만큼 민에게 대체되어 재정이 남는다. 거기에 대한 기부금의 소득공제라면 재정부담은 중립적이 된다. 그러나 소득공제나 상속세의 감면이라면 재정 부담이 줄어든 분을 훨씬 상회한다. 그 정도의 우대조치로 기부가 재정 부담을 대신한다면 재정건전화에도 기여하게 된다.

재정재건의 관점에서 보아 지금까지 생각해온 영구공채를 기부와 연결하는 발상은 유용하다. 초고령사회의 진전으로 확대해가기만 하는 공적 니즈에 개개의 국민에 의한 가치선택에 의해 공적 니즈를 유지하는 구조를 만들 필요성이 증대하고 있다.

여기서 중요한 경제적인 측면은 일본은 관에는 돈이 없지만 민에는 돈이 있으며, 그러나 편재되어있고 그 상당 부분이 해외로 유출되어 국내에서 유익한 현금흐름으로 돌고 있지 않는 상태를 활용하는 데 있다. **저축에서 투자로에서 자산에서 소비로, 자산에서 기부로의 전환이 필요하다.** 그것을 향한 인센티브를 사회에 어떻게 구축해나갈 것인지가 일본의 과제이다.

그렇다면 여기에 영구공채를 조합할 여지가 생긴다. 영구채는 원금부분이 상환되지 않고 내버려두는 돈이라는 점에서는 정부부문에 대한 기부와 동일한 경제적 효과를 갖는다. 이것을 단순히 정부에 대한 **기부가 아니라 더욱더 기부의 효과가 보이도록 구성**하는 것이다.

정부든 지자체든 "이런 곳에 출연하는 돈의 재원을 영구채로 모집합니다."라고 사용처를 메뉴화하여 사람들에게 공의 가치선택의 여지를 만들어주고, 선택한 가치에 대해서 자선사업적인 성격이 강한 영구채를 구입시키는 것을 생각할 수 있다.

예를 들어, "정부는 의료기관에게 ○○병 치료의 보급을 도모해야 하고, 거기에 필요한 △△의 의료기기를 널리 전국의 병원에 보급하고자 합니다. 거기에 필요한 재원을 여러분의 뜻에 맞추어서 무기한 국채로 조달합니다."라고 공모발행하는 것을 생각할 수 있다.

일반적으로 정부부문이 특정사업에 대해서 일반적인 공채가 아니라 그 사업에서 얻을 수 있는 수입으로 원금과 이자를 지불하는 채권을 발행하여 자금을 조달할 경우 그것을 **세입담보공채**(revenue bond)라고 한다.

이것은 정부부문의 개별사업을 그것에 관심을 가진 투자가들의 평가에 맡겨서 그 가치를 평가하는 투자자로부터 자금을 조달하는 것이다.

그들이 사업의 스테이크홀더(이해관계자)가 됨으로써 규율이 작동하며, 만약 사업이 기대한 대로의 수입을 올리지 못하여 채권에 손실이 발생해도 사업의 가치 자체를 중시하는 그들에게서 납득을 얻기는 쉽다.

특히, 일본이 앞으로 가치규범의 축을 산업에서 지역으로 전환할 '설계사상 2'를 추진하고자 한다면 그 지역에서 지방정부 등이 실시하는 프로젝트에 대한 사람들의 관심은 크게 높아지게 된다. **매력적인 지역건설을 향해 지역의 사람들이 지지하는 지방자본시장의 육성이 기대**될 것이다. 지역에서의 개별가치를 표출한 세입담보공채는 그 속에서 중핵적인 지위를 차지하는 금융상품이 될 것이다.

그 연장선상에 금융적인 운용을 뛰어넘는 논리를 조합시켜서 기부금 펀드의 세계를 그리는 것을 충분히 생각할 수 있다.

어쨌든 **영구공채에 대해서는 '기부' 촉진의 구조 구축과 함께 도입을 검토해보는 것은 어떨까?** 그것은 종래는 조세부담에 의해 조달된 부분을 대체하는 것이며 결과적으로는 재정재건효과가 발생하게 된다.

그러한 영구공채라면 그 보유자에 대해서 세제상의 우대조치를 강구해도 그것으로 인한 세수감소는 재정부담 경감분보다도 적을 것이기 때문에 재정부담의 문제는 생기지 않는다.

관(官)이란 독립적인 다양한 가치선택의 장

그러나 이러한 의미에서의 영구공채보다도 보다 넓은 범위에서 공공펀드를 제안하고 싶다. 종래는 관이 담당하고 있던 분야라면 공익의 대의명분을 이미 갖고 있기 때문에 세제상의 우대를 구성하기 쉬운데 반하여, 시민이 스스로의 가치선택으로 형성하는 공은 그렇게 쉽지 않다.

애초 공이란 관이 지정하는 가치와는 독립해서 새로운 가치를 창조하는 세계이다. 시민사회란 '법'도 '화폐'도 아닌 세계에 있어서 그들을 뛰어넘는 책임을 생각하고, 스스로 독자적인 영역을 끊임없이 계속 창조하는 존재이다. 관이 인정한 가치 창출만이 공이라면 그것은 관의 하청의 세계가 된다. 공을 상위에 두고 관과 민이 이것을 지지하는 것이 설계사상 3이다.

오히려 공(公)이 먼저 온다. 거기서 태어난 가치 가운데 민주주의로 통용되는 것이 관시스템에 받아들여진다. **관시스템의 세계인 세제우대는 공이 창출해낸 가치를 민주주의가 나중에 추인함으로써 비로소 성립하는 것이다.** 관과는 독립적으로 먼저 '민이 지탱하는 공'이 가치 그 자체를 창출해내는 것을 생각해야 한다.

애초 이 사회에서는 각 개인에게 다음과 같은 세 가지 투표행동의 기회가 주어져 있다. 첫 번째는 **민주주의 시스템에 있어서 선거**이다. 이것은 세금이라는 대가를 부담하고 관시스템을 통해서 실현하는 가치를 다수결의 원리로 선택하는 행동이다.

두 번째는 **시장시스템에 있어서 소비**(또는 투자)이다. 이것은 가격이라는 대가를 부담하고 민시스템에 제공받는 재화나 서비스의 구입에서 얻을 수 있는 개인적인 효용을 선택하는 행동이다.

세 번째는 **기부와 참가**이다. 이것은 자신의 뜻에 맞게 금전이나 노력을 공출하고, 또는 활동에 참가함으로써 다수결의 민주주의 시스템에서는 반드시 행할 수 없는 가치의 실현을 선택하는 행동이다. 이것이 공시스템을 움직이는 인센티브이다. 가치관이 다양화한 지식사회에서는 이 세 번째의 투표행동이 사회의 주류가 되어간다.

거기서 선택하는 가치란 무엇인가를 생각하는 점에서 가치 창출이 시작되며, 그것은 관이 일률적으로 결정할 수 없는 불확정한 세계이다.

이야기가 줄거리에서 약간 벗어나지만, 이번 정액급부금에는 일본인이 이 공에 대해서 생각하기 시작하는 계기를 만들어준다는 데 의의가 있다. 생활이 곤란하다고 말할 수 없는 사람, 소비의 사용처를 그다지 그리지 못하는 사람, "소비 진흥의 효과는 없고, 단지 인기를 얻으려는 선심 정책보다 유효한 곳에 써라."고 정액급부금에 반대해온 사람, 그러한 사람들은 **정액급부금을 공을 위하여 기부해보면 어떨까?**

정액급부금은 그 원형이 고안된 후쿠다(福田) 정권 때의 생활지원대책에서 아소(麻生) 정권 때는 경기대책으로서 소비의 진흥으로 그 목적이 크게 변화했다. 생활지원이라면 사회적으로 풍족한 입장에 있는 사람이 받는 것은 "야비하다."라는 논리도 성립할 것이다.

그러나, 소비라면 고액소득자도 당연히 소비를 하기 때문에 그것을 받아서 소비에 사용하면 그만큼 경기자극 효과는 커진다.

물론, 이것에 반대하는 야당에도 정당한 이유가 있다. 같은 돈이라면 정부 스스로 지출하는 것이 보다 의의가 있다. 또는 경기자극 효과가 높은 사용방법이 있을 것이라는 사고방식이 있다. 거기에는 경기대책의 수단의 평가에 대해서 여당과의 견해의 차이가 있다.

그러나, 이미 예산이 통과된 이상 만약 그 정책수단의 취지에 반대한다면 기부라고 하는 다른 취지로 바꿔서 활용하면 된다. 기부된 돈은 그것을 국민에게 급부하지 않고 국가가 지출로 돌린 경우의 사용용도보다도 대단히 유효하게 돌아갈지도 모른다. 정액급부금에 반대하는 야당의 국회의원도 그것은 돌려받지 않는 것이 아니고, 자신의 이익을 위한 소비도 아니며, 공에 대한 기부를 위하여 그것을 받는다고 국민에게 널리 기부를 호소하면 박수갈채를 받을 것이다.

돈을 병원에 기탁하는 것으로 안심을 산다

결국, 공의 경제적인 뒷받침인 기부는 세금과는 관계없이 구성되어야 한다. 그렇다고 하면 사람들을 무상의 자금제공으로 내모는 동기나 계기는 **세금의 감면이라는 금전적인 이점과는 다른 차원의 '가치'로서 구축**해 나가야 한다. 거기에 우리들 한 사람 한 사람이 지혜를 짜낼 수 있는 프런티어가 있다.

그렇다면, 그러한 가치란 무엇일까? 그것을 만들어내는 것이 기부펀드로서의 영구 '공(公)'채(債)이다. 이 공이 국가가 아니고, 정부나 지자체 등의 관도 아니며 공을 나타내는 것은 독자에게는 이미 자명할 것이다. 공공펀드라는 개념이 딱 맞는 것도 잘 알 것이다.

여기서 가치의 사례를 하나 들고 싶다. 미국의 어느 유명대학의 A병원의 예이다. 어느 자산가 B씨가 A병원과의 사이에서 다음과 같은 계약을 맺는다. 먼저 B씨는 A병원에 고액의 공탁금을 제공한다. 이 공탁금을 야금야금 없애고 A병원은 B씨에 대해 생전에는 철저한 의료서비스를 제공한다. A병원은 B씨가 사망한 후 남은 공탁금과 B씨가 남긴 상속재산을 기부받는다.

이미 공탁금을 적립하는 단계에서 A병원의 현금수입은 충실하게 되며, B씨의 사후에는 상속재산이 기부되어 들어와서 더욱더 윤택해진다. 그에 따라 의료의 질의 고도화와 사회적 상호부조의 부분에 돌릴 재원확보가 가능하게 된다.

고액 기부가 가능한 자산가가 아니더라도 이와 같은 편익을 이 병원에서 받을 수 있다는 매력이 있으면 꼭 누구나가 이러한 기부를 하고 싶다고 생각할 것이다. **돈을 병원에 기탁하는 것으로 이 사람은 안심을 살 수 있다.** 하지만, 후세에 남길 수 있을 정도의 자산도 없고, 장래의 생활자금에 전혀 불안이 없는 사람이 아닌 경우에는 그러한 기부는 주저하게 된다.

여기서 공공펀드가 나설 차례이다. 병원 측에서는 널리 설비자금이나 운영자금에 대해 또는 설립이나 증설 단계에서 'ㅇㅇ병원 펀드증권'을 발행하여 자금을 모집한다. 이것에 응하는 사람은 이 병원에서 다양한 혜택을 받고 싶다든지, 또는 지역의료나 건강을 위하여 자신의 저축이나 자산을 활용하고 싶다고 생각하는 사람일 것이다. 증권을 구입하면 그 돈은 병원에서 변제하지 않고 이자도 붙지도 않으며, 아직 세제상의 우대조치도 없을지도 모르지만 안심과 병원이 제공하는 혜택을 향유할 수 있다. 장래에 돈이 필요하게 되면 이 증권을 매각해서 환금하면 된다.

기부를 단순한 기부가 아닌 일종의 출자증권으로서 구성하는 것은 그러한 기부의 혜택을 부유층뿐만 아니라 폭넓은 층의 사람들이 받을 수 있도록 하기 위해서이다. 그래야만 공이라고 할 수 있다.

병원이 출자자에게 줄 수 있는 혜택이란?

예를 들어서 병원이 이 영구채적인 증권을 구입하여 보유하는 사람에게 주는 혜택으로서는 진찰이나 입원에 대해서 우대하는 것이다. 입원할 때는 최상위까지는 아닐지라도 다소 차별화된 서비스를 제공하는 것 등을 생각할 수 있다.

다만, 일본에서는 모든 사람에게 평등한 의료서비스를 제공한다는 사고가 철저해서 적어도 공적보험의 범위의 의료행위에 대해서 우선적인 대우를 하는 경우에는 증권을 보유하고 있지 않은 사람들의 반발도 있을 것이다. 그 밖에 응급한 입원환자가 있을 때 침대를 우선적으로 할당하는 것에도 한계가 있을 것이다. 그렇다면 예를 들어서 병원이 새로운 병동을 건설할 때 그 건설자금에 충당한 증권을 보유한 사람에 대해서 우선적으로 입원권을 주는 것을 생각하면 좋을 지도 모른다.

예를 들어서 진찰이나 입원이 아니더라도 우선적인 제공을 생각할 수 있는 서비스로는 평상시의 검진이나 건강검진도 있으며, 요즘은 안티에이징독 등 새로운 형태의 건강 체크 서비스도 있다. 개인의 건강정보를 관리 및 분석함으로써 가능해지는 건강 상담이나, 예방진료 또는 입원 후의 재활이나 체력증강, 건강한 사람을 더욱더 건강하게 하는 서비스 등도 앞으로의 의료서비스에 요구된다.

이른바 협의의 의료행위 이외에도 건강이나 안심이라는 가치를 제공하는 서비스를 다양하게 생각할 수 있을 것이다. 평상시에 건강 및 의료정보를 정기적으로 제공하고, 그것을 주제로 한 강연회나 이벤트 등도 이러한 서비스에 해당된다.

이러한 서비스 제공이 우선적으로, 또는 싸고 편리성이 높은 형태로 받을 수 있는 것만으로도 증권보유자에게는 매우 큰 매력일 것이다.

그들이 그 병원을 기반으로 회원조직을 구성해도 좋다. '○○병원 건강 커뮤니티 클럽'이다. 회원 상호간의 친목이나 귀속의식도 매력이 된다.

나아가 그들에게는 병원에 대한 이해관계자로서 병원경영이나 제공하는 서비스 또는 지역과의 관계 등에 대해서 의견을 표명하는 기회를 주는 것도 생각할 수 있다.

이것은 증권보유자들에게 건강을 출구로 한 지역의 공 형성에 대한 참가의식을 불러일으키게 하며, 그 자체가 큰 가치이다. 만날 때부터 이미 대등하지 않은 의사와 환자라는 관계에서 오는 의학정보교환의 문제도 해결할 수가 있다.

그들이 병원이나 의료인들을 지역에 대한 공헌으로 이끌어낼 수 있다면 주민에도, 의료를 담당하는 측에도 큰 이점이 될 것이다.

공공펀드에 대한 움직임은 이미 시작하고 있다

이상에서 병원의 '펀드증권'에 대하여 여러 가지를 생각해보았지만, 의료 이외의 세계에서도 같은 것을 생각할 수 있을 것이다. 간병이나 노인복지, 호스피스 등도 있을 것이다. 사회보장 이외에도 다양한 전개를 생각할 수 있다.

사람들이 무상자금을 기꺼이 내면서 생각할 수 있는 기쁨이나 만족감, 안도감이나 편리성 등의 가치를 보장하면 그것에 응해서 돈을 지불하는 사람은 꽤 많지 않을까? **다양한 지역재생 구상**에 이러한 자금조달방법을 조합시키는 방법도 생각할 수 있다고 생각한다.

일본 전체를 그곳에서 사는 보람이나 만족을 찾는 사람들이 자금을 염출해서 실현되는 다양한 공의 가치형성을 향한 플랫폼 모자이크로 실현해가는 것을 국가의 다음 목표로 삼으면 어떨까?

이것이야 말로 '일본판 뉴딜'이다. 이러한 시도는 이미 시작되고 있다. 예를 들어서 필자의 지인으로 모회사 사장인 H씨는 병원을 대상으로 병원시설이나 부동산의 자산유동화와 그 증권화에 따른 소유분 자산을 주주우대와 같은 형태로 서비스를 제공하는 것을 기획하고 있다.

거기에서는 임상의료 이외의 건강서비스, 퇴원 후 서비스 등을 시민의 종합건강서비스로 제공한다. 특히, 관리영양사나 이학요법사, 간병인 등 의료나 간호사 이외의 비용지출 대상으로 생각하고 있던 직원을 서비스 제공 요원으로 활용한다. 이러한 보험진료 이외의 서비스를 무상 또는 우선 제공이나 입원 등의 우선 서비스의 확대로 기부적인 출자에 대한 인센티브를 강화해가는 것이 가능하다고 H씨는 생각하고 있다.

건강이라는 가치에는 음식이나 운동, 정신적인 면, 간병, 교육(먹이고 기르는 것 등)이 관계하고 있다. 개인의 건강기록으로서 가정이나 일상에서의 건강정보관리 등을 병원으로 일원화 또는 업무를 위탁함으로써 진정한 시민의료 건강거점으로서 서비스의 상승효과를 만들어낼 수 있다는 것이 H씨 생각이다.

시민으로서도 자신이 협업하고 있다고 하는 참가의식에 의해 스스로의 니즈를 반영시킬 수도 있고, 말도 안 되는 불평이나 불만도 배제할 수 있는 등 부차적인 효과도 생기게 된다. H씨는 이것을 병원뿐만 아니라 도시녹화공원, 학교, 문화스포츠시설 등에도 응용해나가는 모델을 창출하는 것을 목표로 하고 있다.

게다가, H씨는 신탁재산의 활용이라는 접근방법을 모색하고 있다. 개인의 재산을 병원에 신탁해서 그 신탁재산의 신탁수익권을 의료건강서비스에 충당한다는 것이다. 이것을 고령세대의 금융자산 운용계획으로 만들어서 상속재산 등을 뺀 나머지를 병원에 신탁해서 평생 동안 건강하게 살기 위한 서비스에 충당한다.

그러기 위해서는 병원 측에서도 현재의 진료보수 수입만을 대상으로

한 비즈니스 모델이 아니라 건강, 간병서비스 전반으로 비즈니스 모델을 바꿀 필요가 있다. 이것을 복합 시설화하여 건강지킴이로서의 역할을 지역에서 담당하도록 하는 것도 추구한다.

H씨는 사립병원에서 이 모델의 시도를 시작한 모양이지만, 언젠가는 공립병원에서도 이러한 모델을 구축하고 싶다고 한다.

자치단체가 주주를 모집해서 주주를 우대한다

시민의 참가의식의 대가로 펀드형태의 자금을 모집하고 있는 사례는 이미 지방자치단체에서도 볼 수 있다.

예를 들어서 증권형태의 유통성까지는 이르지 않았지만 히가시가와죠(東川町)에서는 널리 지역 밖에서도 '주주'를 모집하여 그것에 응한 사람들에 대해서 '주주우대'를 하고 있다. 이것은 '사진의 마을' 히가시가와 주주제도라고 불리는 것으로, '히가시가와죠를 응원하고자 하는 사람들이 투자하여 주주가 되어서 마을 만들기에 참가하는 제도'이다.

'히가시가와죠만의 프로젝트 중에서 투자(기부)하고 싶은 사업'을 선택하여 이것은 "주주증명서가 되는 카드발행과 주주우대 이외에 자치단체에 대한 기부에 해당하기 때문에 '고향 납세'로서 주민세 등 세법상의 공제를 받을 수 있다."고 되어있으며, 참고로 한 계좌당 1,000엔이라고 한다.

필자의 지인으로 여성 가수인 ○씨는 이에 응했더니 여러 가지 정보와 안내자료가 이 마을에서 배달됨과 동시에 자신의 공연안내도 거기에 게재되었을 뿐만 아니라 1만 엔을 거출함으로써 "'당신은 사진의 마을 히가시가와'의 주주로서 히가시가와의 미래를 키우기 위해 가치 있는 공헌을 하셨기 때문에 여기에 히가시가와의 특별주민으로 인정합니다."라고 쓰인 인증서를 넣은 그 고장의 수공예점에서 제작한 액자가 배송되었다고 한다. "이런 문장이 적혀있어서 저절로 조금 더 공헌하고자 하는 마음이 생긴다."고 ○씨는 말했다.

독자 여러분들도 주의 깊게 찾아보면 전국 각지에 비슷한 시도의 사례를 다양하게 찾아볼 수 있으며, 중요한 것은 이러한 발상을 환금 가능한 펀드증권으로 만들어내는 것이다.

서로 지혜를 짜내서 공공펀드를 만들자

다만, 여기서 문제가 되는 것은 공공펀드에 관한 법적인 권리의무를 어떻게 확립할 것인가이다.

본서는 그것을 분명하게 설정해서 금방이라도 실행 가능한 제도나 구조를 제안하는 데까지 시야에 두고 있는 것은 아니다. 영구국채에 관한 논의를 계기로 하여 그러한 발상의 중요성을 제기하고, 정책이나 비즈니스의 입안자나 전문가들에게 검토를 재촉하는 데 그친다.

그러나, 마지막으로 다음과 같은 점은 지적해두고 싶다. 먼저, 영구채권이라고 해도 인간 세상에 진정한 영구란 없다는 것이다. 공공펀드로 형성한 어떠한 자산이나 시설도 언젠가는 노후화할 것이고, 사업내용도 그 사회적 가치를 상실할 때가 올지도 모른다. 또한 자금을 거출한 사람 측에서도 사람의 생명은 영원하지도 않고, 증권보유자에게 주는 혜택도 그 사람의 생명이 계속되는 동안에만 영구하다는 것이지 생명이 끝나고 그 사람의 '이 세상'이 끝나면 거기서 혜택도 끝내면 될 것이다.

생전에 제3자에게 매각되는 경우에는 그 후의 유효기간에 제한을 두면 된다. 병원의 회원으로서의 혜택은 매각상대도 향유하지만, 거기에 20년이든 30년이든 기간을 설정해도 충분한 가치가 있다.

이것은 상속의 경우도 마찬가지이다. 예를 들어 상속인도 종신으로 그 혜택을 받을 수 있지만 그러한 상속은 한 번만 가능한 것으로 한다. 그래도 당초의 구입자는 귀중한 자산을 상속인에게 남기는 것이 될 것이다.

몇십 년간의 시간이 지나면 당초에는 매우 고마웠던 거출자금의 가치도 물가상승과 더불어 거의 없는 것과 같은 수준으로 저하되어 간다. 그것에 대해서 언제까지나 영구적으로 혜택을 계속 달라고 하는 것도 무리가 있다. 종신혜택만으로도 '영구'라고 할 수 있는 좋은 가치가 있다.

문제는 초기의 증권구입자가 사망하기 전에 발행주체가 사업을 그만두었을 경우 또는 시설 등을 매각한 경우이다.

그래서 의료에 있어서는 '기금'과 같은 구조가 필요하다. 예를 들어 기금이 '의료펀드증권'의 발행주체가 되어 개개의 병원의 자금을 모집할 때도 그 기금을 통해서 그것을 구입함으로써 기부가 이루어지게 한다. 증권구입자는 거출한 기부금의 사용 용도의 대상으로 삼고 싶은 병원 등을 지정한다. 만약에 그 병원이 조기에 파탄해도 다른 병원에서 동일한 혜택을 받을 수 있도록 알선을 하는 등의 수단을 기금이 강구하는 것을 생각할 수 있다.

그러한 '가치보증' 기관을 각각의 분야마다 설립하는 것도 공의 형성이다. 그러한 시행착오는 어느 정도 필요할 것이다.

자신의 끝이 있는 인생을 넘어서

어쨌든 문제를 두려워해서 아무것도 하고 있지 않으면 세상은 전혀 전진하지 못한다. 공공펀드의 안전망 형성에 대해서는 이러한 공의 기관이 성숙할 때까지는 지방자치단체나 국가가 뭔가의 대비책을 생각해서 추진해나가면 좋을 것이다.

적어도 현재처럼 공을 형성하고 싶어도 세제상의 문제로 기부금이 나오지 않아서 움직이지 않는 상황을 타파하는 일을 슬슬 생각해야 하는 시기가 된 것은 확실하다.

그 수단으로써 먼저 수많은 관계자가 지혜를 모아서 공공펀드를 설계하는 것이 바람직하다. 아마도 최초의 시작 지점에서 주도권을 잡는 주체로서 현실적인 것은 역시 정부부문일 것이다. 기존의 또는 계획 중의 공공시설이나 공적사업에 대해서 재정부담의 경감효과도 노리는 형태로 공공펀드를 설계하여 공모한다. 실제로 그러한 사례에 재촉되어서 민(民)의 독자적인 움직임이 양성되어가는 것이 아닐까?

그래서, 우선 가장 요구되고 있는 것은 국가보다도 지자체일 것이다. 그러한 공을 형성하는 모델 만들기를 지역의 비전으로 주도해가는 역할이 지자체에 기대된다. 거기서 성공사례가 생기고 다양한 가치형성의 바람직한 형태가 공공펀드를 통해서 모색되어 가면 거기에서 국민합의를 얻을 수 있는 보편적인 '공익(public benefit)'도 각 분야에서 정의될 것이다.

그때는 세제를 맡은 국가가 나설 차례이다. 국가가 나서서 기부금세제의 확충에 대한 일정한 선을 분명하게 긋고, 공(公)이 기부로 유지되는 사회기반을 구축해나가면 좋을 것이다.

거기에서는 아마도 공공펀드에 대해서 상속세비과세 조치를 강구하는 범위도 보이게 될 것이다. 일부 부유층에 대한 우대도 공공의 재원이라는 개념이 확립되어 있으면 받아들이기 쉬워진다. 그때는 일본에 편재되어 있는 부가 힘차게 인출될 것이다.

문제를 두려워하거나 세부적인 것에 집착하지 말고 지역의 공 형성을 향해서 꿈을 그리는 연구를 하는 일을 많은 분들이 시작했으면 좋겠다. 공공펀드는 그것을 현실화하는 가장 강력한 수단이기 때문이다.

그리고 그것이 선거에서 투표로는 채우지 못하는 공에 대한 참가의식을 일본 국민에게 불러일으켜, 공의 가치형성을 통해서 21세기의 가치를 창출하는 플랫폼으로 일본을 발전시켜 나가는 것을 기대하고 있다.

아마 그 일을 통해서 **우리 일본인들은 공동체, 지역, 그리고 국가의 이해관계자로서의 의식을 갖게 해서 이것을 사랑하는 마음을 회복시켜서 인생의 진정한 삶의 보람이 과연 무엇인지를 발견해가는 것이 되지 않을까?**

영구국채의 논의가 시사하는 것은 사실은 한 사람 한 사람의 '유한한 인생을 뛰어넘는 영원한 가치란 무엇인지를 발견해내려고 하는 행위의 중요성'일지도 모른다.

영구국채의 논의를 통해서 보이는 것

지금 일본은 100년에 한 번 겪는다는 경제위기에 허덕이고 있다. 기록적인 총수요의 마이너스가 계속되고 있고, 돈은 돌지 않고 있다. 정부는 몇십조 엔이나 존재한다고 하는 수요 갭을 메운다고 하는 발상에서 재정출동(fiscal stimulus)의 규모를 쌓아올리고 일전에 왔던 길에 격세유전을 하고 있다. 그러나 선진국 최악의 일본의 재정 상황에서는 그러한 정책이 다시 큰 후유증을 남기지 않을까 걱정하며, 적극적으로 재정지출을 단행해야 한다고 주장하고 있는 사람들도 한편으로는 걱정하고 있다. 민간도 정부도 돈이 없고 돈을 돌리는 지혜도 없다.

하지만 그것은 유량의 이야기이다. 일본에는 민간에 거액의 자산스톡이 있다. 그것을 유량으로 잘 꺼내기 위한 가치를 조합하지 못하기 때문에 불황을 쉽게 극복하지 못하고 평상시에도 참된 구조개혁을 실현하지 못했다. 글로벌 경제의 성장에 의존한 경기라서 도금이 벗겨져버린 현재 그러한 일본 경제의 모습이 적나라하게 드러나게 되었다.

일본 경제 재건의 원자(原資)는 분명히 있다. 1,500조 엔으로 일컬어지는 개인금융자산이 일본에 있는 것은 누구나 알고 있다. 비금융자산을 합치면 3,000조 엔이나 되는 자산을 일본의 개인들이 보유하고 있다. 일본이 해외에 소유하고 있는 채권에서 해외에서의 부채를 뺀 순수한 대외 순채권액은 약 250조 엔(2007년 말)으로 세계 최대이다. 이것은 일본인이 축적해온 스톡이 국내에서 제대로 활용되지 못했고, 그 결과 해외에서 활용되고 있는 분이 거액에 달하고 있다는 것을 나타내고 있다.

게다가 일본의 개인자산의 대부분은 고령자가 보유하고 있다(개인금융자산 1,500조 엔의 약 75%를 65세 이상이 보유). 그렇기 때문에 '활력 있는 초고령사회의 운영모델의 구축'이 '일본판 뉴딜'의 주요 테마가 된다. 점점 더 인구에서 차지하는 비율이 증대하고 있는 고령자들이 그 보유자산을 국내에서의 소비나 기부 등에 기꺼이 지출하는 '매력 있는 가치'를 다양하게 창출함으로써 그 축적자산을 유동화할 수 있게 되기 때문이다.

본서에서는 영구국채의 가능성에 대하여 여러 가지 관점에서 검토하였다. 그 논의를 통해서 경제나 재정 또는 금융에 대하여 사물의 사고방식의 절차나 순서가 여러 가지로 보이기 시작했다고 생각한다.

검토 대상은 재정의 일반재원이나 기존의 국채의 차환에 충당하는 영구국채에서 정부지폐나 무이자 비과세국채, 영구연금국채나 영구출자공채 등으로 각양각색에 이르고 있다. 그중에는 하기 나름에 따라서 실현가능한 유형의 것도 있었을지도 모른다.

하지만, **초고령사회의 운영모델에 향한 일본판 뉴딜의 취지에 가장 맞는 것은 '공공펀드'이다.** 이것이 필자의 결론이다.

일본 국민은 평균적으로 연간 가처분소득의 4배의 금융자산을 보유하고 있지만, 독일이나 프랑스는 2배 정도에 불과하다. NIRA(종합연구개발기구)의 시산에 따르면 일본의 고령자나 부유층은 합리적으로 생각할수 있는 정도보다 100~150조 엔을 더 여분으로 저축하고 있다. 이것은 노후에 필요한 자금을 훨씬 초과하고 있다.

일본은 자산을 국내에서 유효한 용도로 꺼낼 수 있는 수단은 무엇인가라는 관점에서 그러기 위한 대담한 제도를 생각하는 것을 강요당하고 있다. 그리고 만약 공공펀드를 포함해서 영구국채의 논의에서 이끌어내는 제도가 어떤 형태로든 실현이 되면 그것은 수많은 일본인에게 공에 대한 참가의식을 낳는 것이 될 것이다.

현재의 정치나 민주주의에 절망하기 쉬운 수많은 일본인을 정부나 자치체, 지역의 공동체나 공의 이해관계자로 삼는 것이야말로 그들에 대한 최고의 이익을 강화하는 것이 된다.

만약 신흥국이나 개발도상국의 인프라정비에 투자했더라면

여기서 잘 생각해보아야 할 것은 애초에 일본이 세계 제일이라는 거액의 대외순채권 보유국이라는 지위가 필요한 것일까?

일본 정도의 경제대국이라면 그런 것이 있다는 것 자체가 국내에서 유효한 자금수요를 충분히 만드는 일에 실패하고 있음을 나타내는 것에 불과하다. 그것이 세계에 돈을 과잉 공급하여 세계 경제를 불안정하게 만드는 하나의 원인이 되었다. 이것은 일본 경제가 세계 경제에서의 바람직한 역할에 대하여 그 지위에 맞는 건전한 모습을 구축하지 못했다는 것을 시사하고 있다.

그 건전한 모습이란 무엇일까? 하나는 **일본이 내생적으로 가치를 창출하는 플랫폼이 되어서 세계에서 수요를 창출해내는 존재가 되는 길이다.**

일본이 **전략적 투자국가**가 되는 것이다. 정부펀드의 예를 들 것까지도 없이 지금까지 일본에는 그러한 대외전략이 불충분했다. 전략국가로서 일본이 탈피할 수 있었던 것은 **펀드를 잡는 투자**를 통해서였다. 일본의 대외채권의 내용도 2차적인 금융자산투자로부터 1차적인 직접투자로 이동해갈 것이다.

애초에 채권투자나 시장에서의 자산운영이라는 것은 실체적인 가치를 낳는 자산에 대한 구상권을 갖는 것에 불과하다. 중요한 것은 실체적인 가치는 생성되는 자산 그 자체이다. 일본의 대외자산의 구성은 그 소유지분을 갖는 방향으로 변화해야 한다.

궁극적으로 떠올리는 것이 그 자체가 보편적인 가치를 낳는 자산이다. 그 대표적인 예로서 영원히 보편적 가치를 갖는 '금', 인류의 생존에 없어서는 안 될 '식량공급능력', 그리고 환경과 양립하는 '에너지'를 들을 수 있다. 예전의 일본은 '황금의 나라 지팡'이었고, '싱싱한 벼이삭의 나라'였으며, '자연과 공생하는 민족'이었다. 이것들로 상징되는 것을 전략 대상으로 삼아 추구함으로써 일본은 국가로서의 안정과 신뢰를 확보할 수 있게 된다. 그것을 민간 기업에서 말하면 자본의 충실이라는 것인지도 모른다. 그것을 통해 전략적 투자국가가 목표로 하는 자본의 충실이 그려진다.

한편, 일본인의 자산이 국내에서 유동화되면 대외순채권이 축소하여 뉴딜의 원자(原資)도, 전략적 투자국가로서의 원자도 부족해진다고 걱정할지도 모른다. 그렇지 않아도 앞으로는 저출산 고령화의 진전으로 일본의 저축형성력이나 자산형성력이 저하되는 것을 걱정하고 있다. 일본이 세계에 물자와 돈을 공급하는 개미에서 미국처럼 여치로 변화하는 것에 걱정을 표명하는 사람도 있을 것이다.

하지만, 걱정할 필요가 없다. **원자(原資)는 풍부하게 있다. 아시아 등 신흥국 및 개발도상국의 방대한 저축초과이다.**

금융경제화되어 버린 세계 경제의 왜곡현상은 사실은 이 투자주도형 또는 20세기형 패러다임을 가진 이들 국가들의 저축초과가 만들어낸 방대한 돈이 그 유효한 투자처를 찾지 못했던 것에서 오고 있다. 그들은 미국이라는 수요대국으로의 물자수출 등으로 손에 넣은 흑자를 미국에 재투자할 수밖에 없었다. 쌓인 외화준비는 미국의 재무성증권에 운영할 정도밖에 방법이 없었던 것이다.

스티글리츠는 그러한 원자(原資)를 만약 성장하는 아시아 등 신흥국이나 개발도상국의 유효한 인프라정비에 투자했더라면 7~8% 정도의 운영 이율을 올렸을 것이라고 말했다. 미국 측에서 보면 저금리로 유리한 자금조달을 하기로 되어있던 재무성증권의 이율이 3% 정도라고 하면, 금리차이만으로도 막대한 투자이익의 기회가 사라져 왔다고 한다. 그것은 미국에 돈의 초과 유입과 과도한 금융경제화를 촉진시켰다.

그 원인은 축적된 원자(原資)를 사회적, 경제적으로 유리하고 의미 있는 투자기회로 순환시켜가는 금융자본시장이나 금융 메커니즘이 아시아나 신흥국 및 개발도상국에서는 미정비 상태에 있었기 때문이다. 여기서 일본의 역할이 부상한다.

세계에 대하여 프로티어를 개척하는 책임을 다하는 국가

일본은 그러한 원자(原資)의 매력적인 운용처가 되어, 그것을 아시아나 신흥국 및 개발도상국 등의 경제사회의 건설을 향한 유효한 투자로 변환해 가는 역할을 다하는 나라가 되어야 한다. 그것이 전략적 투자국가를 의미하는 것이다. 세계적인 금융위기로 엔고가 되었을 때에 그 기회를 일본은 충분히 활용하지 못하였다. 일본은 이에 따라 세계로부터 의지할 수 있는 거대한 존재를 다시 구축하는 것이 가능할 것이다.

그러기 위해서 필요한 것은 일본의 고도의 금융기능이다. 그것은 매력 있는 두꺼운 층의 금융자본시장이나 통화시장을 민 측에서 형성하는 것에 의해서도 촉진될 것이다. 그러나 무엇보다 중요한 것은 유효한 투자처를 해외에서 발굴하고, 해외의 원자를 그것에 대한 투자자금으로 변환하는 고도한 금융중개기능의 구축이다. 그러기 위해서는 조직적인 노하우나 정보기능의 축적이 필요하다. 그것은 **민간금융기능만으로는 충분히 수행할 수 없기 때문에 관과 민이 전력을 다하는 총력전이 필요하다.**

그렇다고 한다면 전문분야마다 분립해온 정책금융기관을 통합하거나 민영화시킨 것이 정말로 옳았을까? 거기에는 고도로 축적된 지식을 가진 전문가 조직이 일정한 전문성을 가지고 분립하는 모습이 역시 필요하지 않을까? 관의 기능의 고도화도 필요하다. 관의 축소보다도 고도의 전략성을 가진 관을 구축하는 일이 요구되고 있다. 그리고 이러한 전략 투자국가를 뒷받침하게 되는 것이 일본판 뉴딜이다.

근년, 일본의 해외원조자금의 철퇴가 현저하게 나타나고 있는 가운데 그래도 국제협력은행 등에 의한 일본 자금의 인기가 높은 것은 거기에 일본이 축적한 기술력이 동반하고 있기 때문이다. 단순하게 자금을 출자하는 것뿐만 아니라 자원이나 환경 등 다양한 프로젝트를 받쳐주는 일본의 기술이 동반하고 있다. 그것이 아직 남아 있는 일본 자금의 힘이다.

예를 들어 일본이 어느 국가든 언젠가는 직면하게 될 초고령사회의 운영 해답을 잇달아 창출해내는 국가라면 아시아나 신흥국 및 개발도상국의 경제사회 건설에 **그 노하우나 비즈니스모델, 제도설계 능력 등을 활용**하게 된다. 일본 자금에 그러한 부가가치가 동반함으로써 **일본은 금융의 중개를 통해서 아시아나 세계의 자금순환의 핵심이 되는 것을 한층 더 지향할 수 있을 것이다.**

그것은 일본 스스로 내생적인 가치를 창출하는 일을 핵심으로 하여 실현한다. 그러한 뉴딜을 국내에서 뒷받침한다는 문맥하에서 공공펀드의 전략을 평가하고 싶다.

세계에서의 존재의 가치가 계속 저하되고, 대국의 전략에 농락당하고 근면한 국민이 부지런히 노력하여 쌓은 부를 수탈당하는 이런 일본의 상황에서 벗어나기 위하여 지금 일본에 요구되고 있는 것은 **경제대국으로서 일본은 스스로 세계에 대해 새로운 프론티어를 개척하는 책임을 다하는 국가가 되는 것이다.**

그럼으로써 세계에 해결책을 제시하고, 인간의 새로운 활동영역을 인류에게 제공하는 국가가 되는 것이다. 그 길을 걷지 않고서는 일본의 미래는 열리지 않는다. 그러나 생각하기에 따라서는 그 길을 걷는 힘을 일본은 충분히 보유하고 있다. 영구국채의 논의를 시작하는 것은 그러한 메시지인 것이다.

제 4 부

일본 재건은
가능한가

제4부

일본 재건은 가능한가?

국가경제재생의 공공선과 일본인의 미덕

1. 영구국채는 공공재 소유권이다

제3장에서 마쓰다 마나부(松田学)의 논문을 정독했다. 논문의 결론에 해당하는 부분부터 필자의 주장을 전개하고자 한다. 그 이유는 논문의 결론을 '실제로 영구채권이 퍼블릭(Public)·에퀴티(equity)로 연결할 수 있는 것이 아닌가?' 라고 에둘러 신중한 표현을 사용했지만, 필자는 조금 단정적으로 규명하고자 한다.

에퀴티(equity)란 무엇인가?

에퀴티는 여러 의미로 사용되고 있는 단어이지만, 여기에서 사용하는 에퀴티는 소유권(ownership)을 의미한다. 일반적으로 에퀴티즈(equities)는 증권세계에서 주식(stock)을 나타내지만, 정확히 말하면 일반 주식(stock)이다. 주식은 기업이 소유권을 분할한 것이다. 즉, 주주가 기업의 소유자라는 것이다. 여기서 소유권=주식의 관계가 성립한다. 이러한 관계를 '영구채권=소유권'으로 설정하여 기업(주식회사)을 예를 들어 이를 증명해보기로 하자.

A기업이 보통사채를 발행하여 자금을 조달하는 경우를 가정하자. 만약 5년 만기의 채권을 발행한다면 5년의 상환기간 내에 원금과 이자를 변제하게 된다. 5년 만기의 채권, 10년 만기의 채권, 20년 만기의 채권이라도 같은 방법으로 변제해야 한다. 그러나 변제기간을 무제한, 즉 영구적으로 한다면 어떻게 될까? A사는 원금변제가 영구히 연기되지만, 이자의 지불도 영구히 계속해야만 한다. 어떠한 이율이라 해도 A사가 존속하는 한 계속해서 이자를 지불해야 한다는 것이다. 이때 자금의 흐름을 살펴보면 영구채권의 이자는 주주의 배당과 사실상 같은 것으로 해석할 수 있다. 주식은 기업의 소유권이며 이를 보유한 주주가 기업의 소유권자이기 때문이다. 따라서 A사가 존속하고 이익창출을 계속하는 한 이익을 배당금으로 주주에게(사실상 영구적으로) 공여해야 한다. 이것은 영구채권의 소유자가 A사로부터 영구적으로 이자를 지불받는 구조와 같은 것이다.

B가 영구채를 보유하고 있다고 가정하자. B는 일정의 자금 C를 A사에 공급하고 영구적으로 자금 C의 상환을 요구하지 않으면 영구적으로 A사가 창출하는 이익의 일부를 취득할 수 있는 권리를 소유하게 된다.

그렇다면 그 권리는 '주식=소유권'과 같은 기능을 하는 것이라고 할 수 있다. 따라서 자금 C는 명목상으로 채권이지만, 사실상 A사의 주식=소유권으로 간주할 수 있다. 즉, '영구채권=소유권=에퀴티'의 공식이 성립하는 것이다.

이 경우 자금 C는 A사의 자본으로 간주해도 무방하다.

채권의 상환기간을 영구적으로 설정함으로서 채권이 자본화되는 즉, 주식의 소유권과 같은 성질이 된다는 것이다. 이는 투자가인 B사, 자본인 C는 A사의 주식=소유권의 기능을 한다는 공식이 성립한다. 이를 통해 영구채권=에퀴티라는 공식을 납득할 수 있을 것이다.

반대로 주식은 A사의 소유권(에퀴티)이다. 이는 '영구채'로 간주해도 무방하다. B사의 행위는 주식을 매입하여 주주가 되어 자기자본을 A사가 영구적으로 상환하지 않아도 된다는 것을 대신하여 자금 출자로서 A사가 창출하는 이익을 영구적으로 취득하는 경제행위인 것이다. 주식은 주식시장에서 매각하여 투자자금을 회수할 수 있지만, 그것은 A사가 상환하는 것과 전혀 다른 것이다. 채권과 영구채는 시장에서 판매가 가능하다.

즉, 주식의 입장에서도 주식 ⇒ 소유권 ⇒ 영구채권이라는 공식이 성립한다는 것이다.

앞에서 영구채를 '영구적으로 A사가 창출하는 이익의 일부로 취득할 수 있는 권리'로 설명했다. 영어로 주식(stock)을 지분(share)이라고도 한다. 즉, 주식이란 기업의 소유권으로, 그것이 의미하는 것은 기업이익의 일부를 취득할 수 있는 권리를 말한다. 지분이라는 단어가 영구채권=소유권=주식이라는 관계를 증명하는 것이다.

빚인 채권과 주식은 전혀 다른 성질의 자본이다. 양자가 전혀 다르지만, 변환이 불가능한 것은 아니다. 이를 증명하고 있는 것이 전환채권이다. 전환채권은 사채(社債)로 발행한 것을 주식으로 전환이 가능한 금융상품이다. 다시 말해 빚을 영구적으로 변제하지 않고 주식으로 전환하는 것이다.

'빚의 이자'와 '주식의 배당'에는 한 가지 커다란 차이가 있다. 차금의 이자는 경영 상태에 관계없이, 호황·불황에 관계없이, 미리 정한 조건에 의해 지불해야 한다. 한편 주식의 배당은 기업경영에 의해 좌우된다. 이익창출이 된다면 고배당이 기대되지만, 이익창출이 적을 경우 무배당이 된다. 이런 차이를 어떻게 설명할 수 있을까? 이자든 배당이든 기업이 도산한다면 투자가는 이익을 취득할 수 없다. 이자와 원금을 변제한다 해도 기업경영이 악화된다면 변제조건의 변경을 채권자가 따를 수밖에 없다. 이렇게 생각한다면 이자와 배당은 본질적으로 이질적인 것이 아닌 것이다.

앞에서 에퀴티는 소유권이며 주식과 같다고 설명했다. 주식을 간단히 말하면 기업자산의 소유권이다. 회계학적으로 설명하면 기업의 자산과 부채에 대한 전체 소유권이다. 따라서 에퀴티의 실체는 자산에서 부채를 제외하고 남는 자산이라고 할 수 있다. 개인 주주의 에퀴티(소유권)는 전 재산에 대한 개인 주주의 지분(청구권)을 의미한다. 여기서 개인이 기업의 주식을 매입하는 것은 어떤 의미를 갖는 것인가? 그것은 자산과 부채 양자를 기입하는 대차대조표를 매입하는 것을 의미한다. 바꿔 말하면 기업이 창출하는 이익에 대한 청구권을 갖는다는 것이다. 그것이 에퀴티(소유권)인 것이다.

이상에서 '영구채권＝에퀴티＝소유권'의 증명은 사기업을 대상으로 한 의문의 여지가 없을 것이다. 그러나 영구채권을 발행하는 주체가 국가정부의 경우라면 어떻게 해석해야 할 것인가? 다시 말해 기업의 경우 영구채권은 에퀴티이며 그 소유권(＝에퀴티)은 주식으로 설명이 가능하지만, 정부는 주식을 발행하지 않기 때문에 정부가 발행한 영구채권을 어떻게 해석해야 하는가이다.

이 문제에 대해 마쓰다(松田) 씨는 제3장에서 '퍼블릭(public)·에퀴티(equity)'라는 개념을 도입하여, 공적인 이해당사자라는 표현을 사용하고 있다. 여기서 이해당사자는 '영구적으로 이해관계가 있고 책임을 질수 있는 사람'을 의미한다. 이때 스테이크(stake)는 이해관계·관여·관심 등을 나타내는 의미로 사용된다. 과거 미국 부시정권의 로버트 졸릭(Robert Zoellick) 국무부(副) 장관이 "중국에도 국제관계의 이해당사자(stakeholder)로서 자각했으면 한다."는 발언을 해, 이해당사자라는 단어가 물의를 빚은 적이 있다.

민주국가에 있어 국민 누구나 국가정부의 이해당사자이다. 국민은 세금을 비롯한 국민으로서의 의무를 다하고 국가정부에 대해 마지막까지 법률적인 것뿐만 아니라 도덕적으로 관심과 책임을 다한다. 이것이 민주국가에 있어 국민의 모습이다. 또한 이것이 진정한 이해당사자인 것이다.

그렇다면 영구채권을 매입하는 사람이 '퍼블릭·에퀴티(공공적 소유권)'라는 이해당사자의 의미는 무엇인가?

그것은 영구채권 투자가가 '일반국민 이상으로 국가정부의 운영에 대해 이해와 책임을 갖는 존재'라고 해석할 수 있다. 이는 영구채권 투자가는 '사재(私財)를 국가에 영구적으로 빌려주고 국가에 대해 일반국민 이상으로 공헌하는 사람'으로 해석할 수 있다. 영구채권이 무이자채권, 또는 무이자에 가까운 초저리의 채권이라면, 영구채권의 보유자(매입자＝투자자)가 재정적으로 국가정부에 대해 일반국민 이상으로 책임을 다한다는 존재로 해석이 가능하다는 것이다. 그렇다면 이 영구채권 소유자에 대하여 이자를 지불하는 것 이외에 정부는 어떤 보상이 가능할까? 그 가능성을 탐색하기로 하자.

1) 상속세 · 증여세 면제

마쓰다가 이것에 대해 논문에서도 논했다. 그 효과는 이득과 손실이 있지만, 필자는 영구채권을 소화하는 데에 효과가 있다고 생각한다. 그러나 이 경우 영구채권 매입자는 장래에 감세라는 경제적 혜택을 받기 때문에 국가정부에 대한 공헌도가 낮아질 것이다. 즉, 공적(public) 소유권 (equities)의 공적 부분이 약화된다는 것이다.

2) 명예가치로서 증정

조금 더 간단하게 생각할 수 있는 것이 훈장 등의 수여다. 국가정부에 대해 거액의 사재기부에 준하는 훈장을 수여하는 것이다. 영구채권은 재산을 포기하고 기부하는 것이 아니지만, 영구채권이기 때문에 국가정부에 대한 '기부'로 간주할 수 있다. 이에 대해 훈장 및 칭호 등의 명예가치를 수여하는 방법 등을 생각할 수 있다.

훈장 이외에 '명예시민'이 아닌 '명예국민'의 칭호 등을 고안해도 좋을 것이다. 또는 예전 작위를 부활시키는 것도 재미있을 것이다. 메이지 헌법에서는 천황의 칙지(勅旨)에 의해 공작(公爵), 후작(侯爵), 백작(伯爵), 자작(子爵), 남작(男爵)의 5단계 영전이 수여되었다. 메이지 시기에는 세습되었지만, 현재는 세습이 어울리지 않을 것이다. 영국의 기사 (knight) 칭호에 필적할 만한 1세대에 한하여 작위를 수여하는 것을 생각해도 좋을 것이다. 여기에는 반론도 있을 것이다. 훈장 및 작위는 원래가 경제적 가치 이외의 분야에서 국가사회에 대한 공헌을 치하하여 수여하는 명예로운 것이다. 그렇다면 영구채권을 매입함으로서 훈장이나 작위를 수여하는 것은 본래 금전으로 환산할 수 없는 명예가치를 금전으로 매입하는 것과 같다는 비판이 일어날 수도 있다. 그러나 영국에서는 비틀스(The Beatles)가 외화획득, 수출확대로 국가정부에 공헌했다는 이유로 기사(knight) 작위를 받았다. 국민 모두가 이를 승낙한다면 영구채권을 1억 엔 매입하여 1세대에 한해 남작의 칭호를 받아도 그리 나쁘지 않다는 것이다.

3) 공공재 소유권으로 연결하는 방법

향후 새로운 공공서비스를 제공할 경우 국가정부 및 지자체의 재정이 매우 열악하다는 것을 전제하에 진행할 필요가 있다. 영구채권의 발행으로 축적한 자금은 일반 재원으로 지출해도 무관하지만, 오히려 특정 공공사업을 위한 공채로서 자금을 모집하여 사업별로 지출하는 것이 일반 국민의 이해를 얻기에는 쉬울 것이다. 예를 들어 전국적으로 자기부상열차(Linear motor car) 망을 정비한다고 가정하자. 이 경우, 국가가 건립하는 공공사업단체의 자금조달에 영구국채를 사용되면 된다. 당면의 이익배당은 생각할 수 없지만, 사업이 궤도에 올라 이익을 창출할 때 영구채권의 보유자에게 우선적으로 이익을 배당하면 된다. 또한 영구채권 보유자는 자기부상열차가 영업을 개시함과 동시에 운임의 할인 등(주주우대)의 서비스를 받을 수 있도록 한다. 즉 국민의 여유자금이 공공서비스 제공을 위한 자원으로써 영구채권이라는 형태로 공공경제에 흡수된다는 것이다. 자치단체에서도 같은 형태로 자금을 확보할 수 있다. 예를 들어 대학·미술관·박물관·동물원 등 공공서비스 공급을 생각해보자. 새롭게 건립하든지, 아니면 노후화되어 영업이 곤란한 시설을 보수하는 것 등에 필요한 신규자금의 조달을 자치단체의 영구채권의 발행으로 보존하는 것이다. 이 경우, 영구채권 매입자에는 기본적으로 2개의 특전을 부여하는 것을 약속한다.

첫째, 각각의 기업에서의 우대서비스다. 미술관·동물원 등이라면 무기한의 무료입장권 등 영구채권 매입자에게 혜택을 주자는 것이다.

둘째, 각각의 기업체가 독립채산으로 운영되어 이익이 창출된다면 그 이익이 영구채권의 매입자에게 환원된다는 것을 약속한다. 대학 및 병원의 경우 첫 번째 특전부여를 어떻게 설계할 것인가에 따라 상반된 의견이 제시될 수도 있다. 병원이라면 한정된 병실에 우선적 입원, 정기 건강검진 우대 등을 생각할 수 있다. 생명은 평등하다는 평등사상에서 이러한 우대조치에 반대하는 주장이 있을 수 있다. 그러나 그것은 구급차에서 2명 중 어느 쪽을 구할 것인가와 같은 논리가 아니다. 평상시에는 어느 정도의 차별화가 가능하다는 것을 논하고 있는 것이다(제3장에서 마쓰다(松田)씨가 구체적으로 제언).

대학 특히 입학허가의 문제는 미묘한 논쟁이 될 것이다. 어느 공립대학에서 영구국채 매입자의 손자까지 우선적으로 입학허가를 부여하는 우대조치를 취한다면 어떻게 될까? 무모하게 보일지 모르지만, 필자는 충분히 검토할 가치가 있는 조건으로 판단한다.

여기서 잠깐 필자의 과거에 관련된 이야기를 하고자 한다. 필자가 하버드대학교 정치학부 대학원박사과정에 지원서를 제출했을 때의 이야기이다. 서류에 다음과 같은 내용이 명시되어 있어 놀란 적이 있다.

"다음에 열거한 가족은 하버드대학에 커다란 공헌을 한 가족들이다. 당신은 이 가족과 어떤 연관이 있는가?"

그 가족에는 케네디 가도 포함되어 있었다. 어쨌든 그 가족들과 관계가 있다면 입학 시 우대조치를 받을 수 있다는 것이다. 부정입학이 아닌 것이다. 인맥에 의해 당당히 입학하는 것이다. 이는 공적기관이지만, 시립대학인 하버드대학교에 있어 당연한 것이었다.

자산가에게서 거액의 기부를 받아 빈곤층 학생에게 많은 장학금을 수여하는 것이다. 물론 입학 후 우대받은 학생이라도 특별취급을 하지 않고 졸업조건을 갖추면 졸업이 가능하다.

대통령으로서 암살된 케네디는 처음에는 프린스턴대학교에 진학했다. 그러나 "장래 미국의 대통령이 되기 위해서는 하버드대학교에 가야 한다."고 생각한 아버지에 의해 1년을 다닌 후 하버드대학교에서 공부하게 되었다. 그때 아버지 조셉 케네디가 하버드대학교에 기부한 금액이 100만 달러라고 한다. 당시의 100만 달러는 지금의 가치로 환산하기 어렵지만, 100만 달러로 빈곤층 몇몇 학생이 졸업을 할 수 있었을 것이다. 하여튼 이처럼 실용주의 입장에서 시립·도립·국립 등의 공립대학교에서도 영구채권 보유자와 그 관계자에게 입학우대조치를 실시하는 것도 나쁘지 않을 것이다.

이야기를 바꿔 보통 공의 경제에 민간의 여유자금을 도입하는 방법으로 기부를 생각할 수 있다. 기부를 하면 당연히 금전적 대가는 기대할 수 없다. 기부가 무상의 행위이기 때문이다. 자산가이면서 통 큰 사람이 아닌 이상 순수한 기부행위는 쉬운 것이 아니다. 또한 순수한 기부를 수령

한 공공단체가 긴장감을 갖지 않을 수 있다. 어느 정도 우대조치를 동반한 영구공채라면 출자 측에서도 쉽게 접근할 수 있고 수령 측에서도 이해관계자에 대한 책임감을 자각해야 하기 때문에 감시받는 느낌을 가질 것이다.

영구공채가 '퍼블릭(Public)·에퀴티(equity)'라는 명제는 앞에서의 논의로 충분히 입증되었다고 생각한다. 나머지 문제는 '퍼블릭·에퀴티' 라는 익숙하지 않는 단어를 어떻게 번역할 것인가이다. 필자는 이를 '공공재소유권' 의 단어로 번역하는 것이 좋은 것으로 생각한다.

영구공채 = public equity = 공공재 소유권

제3장을 집필한 마쓰다(松田)도 여러 단어를 사용하면서 영구채권을 설명했지만, 본질적으로 필자가 주장하는 것과 같다. 이것에 대해 간단히 서술하고자 한다.

공(公)의 세계에 충실하기 위해 민(民)의 여유자금을 어떻게 활용할 것인가? 이것이 가장 근본적인 문제이다.

이를 위해서는 영구채권을 안(案)으로 생각할 수 있다. 그런데 영구공채란 회계학적 및 법학적으로 처리하기가 어려운 존재이다. 그러나 그 기능을 분석하면 영구공채의 본질이 사실 '공공소유권'이라는 것을 알 수 있다.

공공소유권이란 '증권형태로 공공재를 위한 기부의 모집'과 같다. 영구공채로 조달된 자금은 공공부문에서 사회자본정비와 공공서비스의 공급을 위해 사용되는 기부금이지만, 그 기부금이 증권의 형태로 조달된 것으로 개인에게 소유권이 있다. 바꿔 말하면 영구공채권은 기부의 성격을 갖는 채권, 즉 기부채권인 것이다.

마지막으로 영구채권이 국가자본에 중요하고, 자치단체 및 도도부현의 공공서비스 제공에 커다란 역할을 할 수 있다는 것에 대해 설명하고자 한다. 특히 영구채권과 PPP의 조합이 커다란 힘을 발휘할 수 있다는 것에 주목하여 설명하고자 한다. PPP는 Public Private partnership의 약자로 '민관연대'로 번역된다. PPP는 공공서비스를 행정과 민간기업 · NPO · 주민이 연대하여 제공하고자 하는 사회적 시스템이다. 시설은 공설 · 공유지만, 그 관리운영을 민간에 위탁하는 것이다. 즉, 공설 · 민영의 형태이다. 예를 들어 보육원의 건물은 시(市)가 건설 · 소유하고 그 운영은 시와 계약한 민간의 기업이 책임을 갖게 하는 것이다. 또는 시(市)의 도서관 운영을 자원봉사자 중심의 지역 NPO 법인에 맡기는 등의 연대도 가능할 것이다.

필자는 『PPP로 시작하는 지역재생(PPPではじめる '地域再生')』(일본정책투자은행기획팀 편저, 2004)의 서적을 가지고 있다. 서적의 내용에는 '새로운 사회정비의 PPP 활용 사례'로 다음의 9개 사례가 열거되어 있다.

1. 보육원사업(동경 미타가시, 東京三鷹市)
2. 폐기물처리사업(홋카이도 니시이부리 지역, 北海道　西いぶり地域)
3. 극장사업(홋카이도 후라노시 北海道富良野市)
4. 동물공원사업(후쿠오카 현 기타규슈시, 福岡県 北九州市)
5. 대학사업(고치 현, 高知県)

6. 공영주택 · 인큐베이터 오피스사업(도야마 현 도야마시, 富山県 富
山市)

7. 중학교 · 공동회관 · 보육소 · 케어하우스 등 복합사설사업(치바 현
이치카와시, 千葉県 市川市)

8. 병원사업(고치 현과 고치시, 高知県と高知市)

9. 공영주택사업(홋카이도 오비히로시, 北海道 帯広市)

또한 이 서적에는 '제공 중인 공공서비스의 PPP 활용 사례' 로서 11개
의 사례가 나열되어 있다.

최근 자주 듣는 PFI(Private Finance Initiative)는 공공시설의 건
설 · 자금조달 · 운영 모두를 민간위탁으로 하여 PPP 중에서 '민간건설,
민간운영' 를 나타낸다. PFI는 PPP의 일부이다. 민관연대 최근의 전체
상은 『민관(공민, 公民) 연대백서: 지역을 경영하는 시대 2008~2009』
(동양대학대학원 경제연구과 편저)에 자세히 서술되어 있다.

2008년~2009년 판은 그 해 연차백서의 세 번째이다. 현재, PPP 사
례가 각지에서 증가하고 있는 모습을 보이고 있다. PPP의 자금조달 수
단으로써 영구공채가 사용된다면 더욱 성과를 낼 수 있을 것이다. 영구
공채라는 수단이 공(Public), 사(Private) 양쪽의 균형을 갖게 하는 수법
이라고 이미 설명했다. 이러한 의미에서 영구공채는 PPP와 가장 적합
한 것이라고 할 수 있다.

2. 정부발행통화는 가능

본 연구의 주제는 아니지만, 일본 경제 재생의 수단으로써 '정부발행 통화론'에 대해 간단히 설명하기로 하자. 필자의 저서 『열등화 되어가는 일본(劣化列島日本)』의 299~317쪽까지 정부통화발행에 대해 주장했다. 그중에는 재미있게 표현한 우설(愚說)도 있다. 필자가 주장하고 있는 것은 오사카대학대학원 교수인 니와 하루키(丹羽春喜)의 정부발행 통화론이다[제3장에서 마쓰다(松田) 씨가 비판한 것은 니와 하루키의 주장이 아니다].

니와 선생은 10년 이상 전통적 케인스 경제학에 기초한 정부통화발행을 주장해왔다. 일본은행권 이외에 재무성의 발행의 '지폐'를 발행하자는 것이 아니다. 그런 일이 발생한다면 경제가 혼란스러워질 위험이 있다. 본디 행정부에는(일본은행권과 별도로) 통화권이 있다. 우리가 매일 사용하고 있는 50엔, 100엔 등의 동전은 행정부(재무성) 발행의 '정부발행통화'이다.

정부는 통화발행권을 가지고 있기 때문에 그것은 일본은행에 무형재산으로 매각하고 그 대가로 일본은행권을 정부가 매입하면 된다. 법적 근거는 일본은행법 제38조에 있다. 이 조항에 의하면 재무장관이 일본은행 총재를 지도할 수 있다. 이에 재무장관은 일본은행 총재를 지도하여 정부통화발행권이라는 무형자산을 일본은행에 매각하고 그 대가로 10조 엔, 20조 엔이라는 형태로 일본은행 계좌에서 재무성 계좌로 이체하면 된다. 매우 간단한 컴퓨터상의 작업이다. 이렇게 하면 재무성이 지출하고, 실제로 시장에서 유통되는 화폐는 일본은행권이 되는 것이다.

이때, 정부(재무성)가 일본은행에 수수료를 지불하면 일본은행 대차대조표가 개선된다. 정부는 정부통화발행이라는 부담이 사라진다. 그렇다면 인플레이션이 발생하지 않을까하는 걱정이 있을 수 있다. 전혀 문제가 없다. 니와(丹羽) 교수에 의하면 현재 일본 경제의 디플레이션 갭이 400조 엔에 달한다고 한다. 일본 경제가 완전고용을 달성한다면 연간 900조 엔의 생산능력이 있음에도 불구하고 현재 500조 엔에 불과하다. 즉 수요(소비) 부족의 디플레이션 상황으로 정부가 경기확대 정책을 전개한다 해도 인플레이션에 대한 걱정이 없다는 것이다. 이것이 니와(丹羽) 교수의 정부통화론의 주요 내용이다. 자세한 내용은 니와교수의 저서 『정부통화권의 발동(政府通貨權の発動せよ)』 및 논문 「기사회생의 구체적 경제성장정책(起死回生の具体的経済成長策)」을 참조하기 바란다. 니와(丹羽) 이론은 속물론의 야량자대(夜朗自大)의 논의가 아닌 정통적 경제학 이론과 구체적 통계학을 토대로 한 최적의 정책제언이라고 생각한다.

현재 일본은 과잉공급력과 거액의 국민 금융자산, 엔고 그리고 디플레이션이 진행 중에 있다. 이러한 조건이 복합되어있기 때문에 정부발행통화 정책이 가능하다는 것이다.

그러나 정부발행통화는 어디까지나 긴급·피난적 정책이기 때문에 조건이 갖추어지지 않으면 나쁜 선례를 남기는 것이 아닌가하고 걱정하는 사람도 많다. 또한 정부통화발행에는 무엇보다도 반대론(특히 일본은행 내)이 강하다. 그러므로 정치적 실현가능성을 생각한다면 오히려 "국채가 현실가능성이 높다."고 생각한다. 이것에 대한 내용은 필자의 『와라! 대공황(どんと来い大恐慌)』 164~181쪽을 참고하기 바란다.

여기서 경제정책론의 "통화의 신용이란 무엇이며, 그 기초는 무엇인가"에 대해 논할 필요가 있다. 영구채권의 발행으로 조달된 자금은 국민의 여유자금이기 때문에 통화의 본질에 대해 생각할 필요가 있다는 것이다.

필자는 통화의 본질이 교화의 도구라고 생각한다. 그리고 통화의 신용의 기초는 국가에 대한 신뢰라고 생각한다. 엄격히 말하면 통화가치를 물리적으로 보장하는 것은 일국의 종합적 생산력이다. 종합적 생산력이란 단순히 자본설비나 노동력의 총체를 말하는 것이 아니다. 근면·성실, 상호의 신뢰관계를 구축, 창의적 사고의 일본국민 전체를 의미한다. 이를 문명력으로 바꿔서 말해도 좋은 것이다.

통화의 신용기초는 국가에 대한 신용이다. 그리고 신용의 기초는 일본의 역사 및 전통에 의한 일본의 문명력이다. 우리들이 엔(円)화를 신용하는 것은 역사적으로 형성되어온 일본의 문명력을 믿고 있기 때문이다. 또한 그 문명력을 떠받들고 있는 생산력을 믿고 있기 때문인 것이다.

정부의 통화발행권을 유지하게 하고 영구채권의 신용을 담보로 할 수 있는 것은 궁극적으로 일본의 문명력이 작용하고 있기 때문이다. 상호 신뢰하면서 열심히 일하는 일본인, 이러한 우리 자신을 우리가 믿고 있기 때문이다. 왜 우리는 영구공채 등 영원히 변제되지 않는 채권을 구입하는가? 내지는 몇백 년 후에야 겨우 상환되는 채권을 구입하는가? 그것은 우리들이 일본의 미래를 믿고 있기 때문이다. 일본문명이 미래에도 계승된다는 것을 믿고 있기 때문이다.

3. 교기보살(行基菩薩), PPP, 퍼블릭 에퀴티

일본인은 공공을 위해서 기부를 하지 않는 국민으로 알려졌다. 그러나 필자는 그것이 잘못된 것으로 생각한다. 일본의 전통적 농촌공동체에는 도로공사(보수 포함), 농작업, 제사 등의 작업이 많다. 절에 기진(寄進)하는 것도 무시할 수 없는 금액이다. 기부라고 해도 금전적 기부가 전부는 아니다. 공공설비·유지에 협력하는 노동력을 제공하는 봉사활동도 기부행위의 일환이다. 도로공사, 농작지 개척, 관개용 수로정비, 교량건설 등이 영주의 하명이 아니라 농촌지도자가 자주적으로 행하는 공공사업도 많았다. 필자가 거주하고 있는 동경 에도가와구 기타고이와의 수신비(東京都江戶川区北小岩水神碑)의 옆에 '선병위통(善兵衛樋)'의 기념명판(銘版)이 있다. 거기에는 이시이 전베에(石井善兵衛)라는 농촌지도자가 명치 11년 에도가와(江戶川)에서 관개용 수로를 개설하여 농업 진흥에 크게 기여했다고 명기되어 있다. 이와 같이 일본에는 농민 자신의 힘으로 공공사업을 실시한 예가 많다. 스스로 노동력을 제공, 또는 돈이 많은 사람은 돈을 내는 방법 등으로 농민 스스로 행한 PPP인 것이다. 이는 농민자신이 퍼블릭·에퀴티를 소유한 것이라고 말할 수 있다.

농민이 대가를 바라지 않고 노동을 제공한 것은 영구채권을 구입하는 것과 비교가 가능하다. 공공사업에 의해 건설되는 공공재에 대해 스스로의 노동력(봉사활동) 대가로서 퍼블릭·에퀴티를 가지고 있다는 것이다. 그러나 퍼블릭·에퀴티라고 해도 경제적 가치로 환산할 수 없는 에퀴티이다.

일본인이 자주적으로 실시해온 공공사업의 PPP에는 나라(奈良)시대의 명승 교기(行基, 668-749)가 실시한 공공사업이 있다. 공해(公海, 774-835)가 실시한 공공사업도 유명하지만, 교기의 업적에 흥미로운 것이 있다.

교기는 15세 때 출가하여 24세에 수계(受戒), 이후 수행에 들어가 신통력(지금의 초능력)을 가졌다고 한다. 37세 때 민간포교를 개시했다. 그때가 평성경천도(平城京遷都)의 시기이다. 신도조영(新都造営)의 노역에서 벗어난 도망자가 교기(行基)의 사도승이 되었다. 교기는 제자들을 이끌고 전국을 돌면서 각지에 교량 건설, 도로정비, 수로개발, 제방을 구축하고 항구를 개설했다. 이것들은 서민을 구하기 위한 것이었다. 개관용의 연못을 굴착, 사찰의 건설, 빈곤한 사람들을 위해 후세야(布施屋, 빈민 구제소)를 만들었다. 741년(천평 13년)까지 교기와 그의 동료, 제자들이 생활이 어려운 사람을 구하기 위해 기내(畿內) 일대에 건설한 시설은 사원 34개, 이사(尼寺) 15개, 교량 25개, 구제소 9개 등이다. 이는 승려보다는 정치가였다고 평가할 수 있다. 타나카 가쿠에이(田中角栄) 정도로 공공사업에 욕심이 있었다.

교기는 스스로 땀을 흘려 노동한 것은 물론 흥미 있는 것은 많은 공공사업의 자금을 민간으로부터 조달했다는 것이다. 국가의 지원 없이 행한 것이다. 또한 교기의 일행이 100명 정도로 그들의 식사비도 적지 않았을 것이다.

교기는 먼저 민중이 필요로 하는 것이 무엇인지 파악하여 그것을 지원했다. 그것이 교량이라면 교량을 만들고 항구라면 항구를 만들었다. 이 과정에서 교기는 대중의 인기를 얻었고 무엇보다도 민중의 리더로서 '장(長)'의 마음을 사로잡았다. 교기가 새로운 공공사업을 실시하려 할 때 과거 교기와 지우(知遇)를 얻은 장(長)들은 "교기선생이 말씀하신다면……(어쩔 수 없이, 기쁘게)"이라고 말하며 자금과 노동력을 교기에 보내 협력했다. 그의 사업은 이렇게 하여 크게 확대된 것이다. 교기는 관(정부)에 의지하지 않고 민(民)의 경제력을 결집시켜 공공사업을 완수한 것이다.

교기 자신이 구축한 네트워크 역량이 본격적으로 가동하게 된 것은 동대사(東大寺)의 대불조영(大佛造營)의 권진(勸進)에 기용되면서부터이다. 권진은 대불조영의 총책임자로 자금·자재조달의 임무를 포함한다. 쇼무 천황(聖武天皇)은 호족(豪族)의 반란, 자연재해, 천연두 확산 등의 국내 상황을 걱정하면서 불교의 힘으로 국가를 안정시키려는 의도로 대불조영을 단행한 것이다. 쇼무 천황은 '대불을 국민 모두의 힘으로 만들어야 국가가 하나로 뭉칠 수 있다.'고 생각했다. 그리고 국민을 단결시킬 수 있는 능력을 가진 리더로 교기를 그 책임자(권진)로 임명한 것이다. 실제 교기는 전국 각지의 국민들로부터 기부금을 모금하여 국민적 프로젝트를 성공시켰다. 이로써 그 리더로서의 능력과 그동안 축적된 실적이 평가되어 대승정위(大僧正位)가 주어졌다.

대불건립이야말로 황실에서 서민에 이르기까지 나라시대를 일대로한 민관(공민)연대 프로젝트였던 것이다. 이뿐만이 아니다. 이 PPP 사업을 통해 빈곤층이 직업을 얻고, 식사(食事)와 거주지가 제공되었다. 쇼무 천황이 교기를 임명함으로서 대불건설을 전 국민의 사업으로 성공시킬 수 있었던 것이다. 교기는 사람들의 희망을 어떤 형태로든 가능하게 한 것이다. 사람들은 기쁨에 젖었고 기부도 하게 된 것이다. 즉, 상호 간에 주고받는 감사와 봉사의 선순환 구조가 확대된 것이다. 이후 그는 교기보

살(行基菩薩)로 불리게 되었다.

　필자가 교기의 이야기를 서술한 것은 PPP 및 퍼블릭·에퀴티의 철학이 외부의 것이 아닌, 일본인 유전자에 장착되어 계승되어왔다는 것을 독자들도 알고 있을 필요성 있다고 생각했기 때문이다. 니노미야 손토쿠(二宮尊德)의 사업, 공해(公海)의 사회사업도 이를 증명하고 있다고 생각한다. PPP라는 단어가 외래어지만, 일본인은 조금 더 역사와 문명에 자부심을 가질 필요가 있다.

결론

필자가 멕시코에서 일본으로 귀국하는 비행기 안에서 일본 경제신문(2009년 4월 7일)을 읽으면서 재미있는 기사를 발견했다. '빌려간 사람에게 친절? 중세의 일본'이라는 중세 일본의 차금(借金) 관계를 다룬 문화란(文化蘭)의 에세이(essay)였다. 에세이에서 중세 일본의 차금사업은 다음과 같은 규칙을 가지고 있었고, 지극히 상식적인 것이었다.

- 이자를 받을 수 있는 것은 480일(16개월)까지
- 이자의 총액은 원금의 2배까지
- 단 이율은 자유
- 복리(複利) 계산은 금지
- 빌린 금액의 150%의 금액으로 담보는 언제든 무조건 돌려받을 수 있다.

시대가 변화면 차금에 대한 생각도 바뀐다.

영구채권은 현재 일본에 존재하지 않는다. 쉽게 도입될 수는 없겠지만, 국제적 긴급사태가 발생했을 때 그 실현성을 대담하게 검토할 필요가 있다고 필자는 생각한다. 필자는 신자유주의자가 아닌, 케인스의 유효수요 이론이 일본에서도 통용될 것으로 생각한다. 이때 영구국(공)채에 의해 예산에 여유가 생긴다면 총수요를 자극하여 일본 경제의 순조로운 성장 확보가 가능할 것으로 확신한다. 이것을 전제로 본서를 전개했다. 일본국민은 근면 성실하고 항상 새로운 가치를 창출하는 국민이다. 그렇기 때문에 수요부족을 해결하기 위해 영구채권(또는 정부발행통화)이라는 비상수단의 사용이 가능할 것으로 생각한다. 과잉 소비국가는 이러한 방법이 불가능할 것이다.

필자의 원고가 가장 늦어 3명의 공동저자와 야마다 편집장에 폐를 끼쳤다. 이분들께 진심으로 사과드린다. 영구국(공)채를 실현하여 일본 경제에 다시 한 번 밝은 빛이 비추기를 기원한다.

2009년 5월 1일
저자를 대표해서 후지이 갠기

부록

I

도민과 함께하는 지방재정정책연구회

도민과 함께하는 지방재정정책연구회

– 2011. 4. 29. 창립(회장 김탁 의원 외 11명)

◉ 2011년도

① 지방재정정책연구회 창립총회 개최
- 일   시 : 2011. 4. 29(금), 14:00
- 장   소 : 도의회 소회의실
- 참   석 : 10명(지방재정정책연구회 회원)
- 내   용 : 회장, 총무 각 1명 선임, 지방재정정책연구회
  구성배경 설명 및 회칙 제정 등

② 연구활동계획 수립을 위한 간담회 개최

- 일   시 : 2011. 6. 13(월), 17:00
- 장   소 : 도의회 의장실
- 참   석 : 10명(지방재정정책연구회 회원)
- 내   용
  - 지방재정 연구주제 및 강의일정 협의
  - 강의, 세미나 개최시기 결정(매회기 개회 또는 폐회일 14:00)
  - 지도교수 위촉 (목포대학교 경제학과 고두갑 교수)

② 지방재정 정책방향 세미나

- 일   시 : 2011. 7. 1(금), 14:00
- 장   소 : 도의회 브리핑 룸
- 참   석 : 10명(지방재정정책연구회 회원)
- 내   용 : 정부 간 재정관계 및 지방재정 구조 등
           (강사 : 목포대학교 경제학과 고두갑 교수)

④ 지방재정 정책방향 세미나

- 일   시 : 2011. 9. 20(화), 14:00
- 장   소 : 도의회 브리핑 룸

- 참　석 : 10명(지방재정정책연구회 회원)
- 내　용
  - 거버넌스 지방재정 중심
  - 전남 세입구조 변화추이 분석

⑤ 타 지자체 재정운영사례 및 시설 비교 시찰
- 기　간 : 2011. 10. 17(월) ~ 18(화), 2일간
- 대상지역
  - 경상남도(경남도의회)
  - 광 양 시(광양제철소, 여수광양항만공사, 홍쌍리 매실농원)
- 참　석 : 10명(지방재정정책연구회 회원)
- 내　용 : 재정운영현황 파악, 지방재정 기여도 조사 등

⑥ 지방재정 활성화 방안 발굴을 위한 워크숍

- 기　간 : 2011. 12. 13(화) ~ 14(수), 2일간
- 장　소 : 신안 엘도라도 리조트
- 참　석 : 10명(지방재정정책연구회 회원)
- 내　용 : 지방재정의 효율성 제고 방안

　　　　　(강사 : 목포대학교 경제학과 고두갑 교수)

⊙ 2012년도

① 지방재정 정책방향 세미나

- 일　시 : 2012. 1. 30(월), 14:00
- 장　소 : 도의회 브리핑 룸
- 참　석 : 10명(지방재정정책연구회 회원)
- 내　용 : 정부 간 재정관계 및 지방재정 구조

② 지방재정 정책방향 세미나

- 일　시 : 2012. 3. 22(목), 14:00
- 장　소 : 도의회 브리핑 룸
- 참　석 : 10명(지방재정정책연구회 회원)
- 내　용 : 과세 자주권(한국과 일본의 비교)

③ 지방재정 정책방향 세미나

- 일　시 : 2012. 5. 4(금), 14:00
- 장　소 : 도의회 브리핑 룸
- 참　석 : 10명(지방재정정책연구회 회원)
- 내　용 : 정부 간 재정관계 및 지방재정 구조

④ 지방재정정책 세미나

- 일　시 : 2012. 10. 15(월), 14:00
- 장　소 : 도의회 브리핑 룸
- 참　석 : 10명(지방재정정책연구회 회원)
- 내　용 : 지방재정 지출의 문제점과 과제

◉ 2013년도

① '13연구회 활동방향 관련 간담회

- 일　시 : 2013. 2. 1(월), 14:00
- 장　소 : 도의회 브리핑 룸
- 참　석 : 12명(지방재정정책연구회 회원)
- 내　용 : 연구보고서 발간계획 및 벤치마킹 계획 협의

② 지방재정 정책방향 세미나
- 일　시 : 2013. 4. 30(화), 14:00
- 장　소 : 도의회 브리핑 룸
- 참　석 : 12명(지방재정정책연구회 회원)
- 내　용 : 지방재정운영 타 지자체 사례 분석

③ 지방재정 정책방향 세미나
- 일　시 : 2013. 5. 21(화), 14:00
- 장　소 : 도의회 브리핑 룸
- 참　석 : 12명(지방재정정책연구회 회원)
- 내　용 : 우리나라 지방재정 운영 실태

④ 지방자치 20년 전남 지방재정의 회고와 전망 토론회
- 일　시 : 2013. 7. 17(수). 15:00
- 장　소 : 도의회 초의실
- 참　석 : 107명(연구회원 12명, 도의원 30명, 관계공무원 등 65여명)
- 내　용
  - 주제발표 : 2명(목포대학교 고두갑, 김용민 교수)
  - 토　론 : 4명(전북발전연구원 오병기 박사, CBS 광주 조기선 부장,
　　　　　　여수 YMCA 이상훈 사무총장, 전라남도 노래영 과장)

II

지방재정정책연구회 회원 프로필

김 탁 의원(목포4, 민주당)

제9대 전라남도의회 의원
지방재정정책연구회 회장
경제관광문화위원회

김재무 의원(광양3, 민주당)

제9대 전라남도의회 의원
전라남도 의회 의장

이용재 의원(광양1, 민주당)

제9대 전라남도의회 의원
지방재정정책연구회 총무
건설소방위원회

이호균 의원(목포3, 민주당)

제9대 전라남도의회 의원
행정환경위원회

이동권 의원(영광1, 민주당)

제9대 전라남도의회 의원
경제관광문화위원회

서정창 의원(완도1, 민주당)

제9대 전라남도의회 의원
기획사회위원회

송대수 의원(여수2, 민주당)

제9대 전라남도의회 의원
행정환경위원회

유근기 의원(비례, 민주당)

제9대 전라남도의회 의원
건설소방위원회

장 일 의원(진도, 민주당)

제9대 전라남도의회 의원
기획사회위원회

박동수 의원(순천2, 민주당)

제9대 전라남도의회 의원
건설소방위원회

정정섭 의원(구례, 무소속)

제9대 전라남도의회 의원
경제관광문화위원회

노종석 의원(함평2, 민주당)

제9대 전라남도의회 의원
기획사회위원회

김　탁 (목포 4)	
소속정당	민주당
주　소	목포시 옥암동 당가두로 13번길 9
이 메 일	imokpo21@hanmail.net

● 최종학력
  • 목포대학교 사회과학대학 지역개발학과 졸업
  • 목포대학교 경영행정대학원 석사과정 수료

● 주요경력
  • 목포 YMCA 총무(사무총장)
  • 순천 YMCA 사무총장
  • 목포환경운동연합 집행위원장
  • 제6, 7대 목포시의회 의원
  • 제7대 전·후반기 목포시의회 부의장
  • 목포포럼 사무국장
  • 목포문화연대 자문위원
  • 한국디아코니아자매회 이사
  • 제9대 전라남도의회 의원(현)
    - 기획사회위원회 위원, 영산강프로젝트특별위원회 위원장
    - 예산결산특별위원회 위원
    - 지방재정정책연구회장(현), 경제관광문화위원회 위원(현)
    - 2013 순천만국제정원박람회 특별위원회 위원(현)

총무

	이 용 재 (광양 1)	
	소속정당	민주당
	주　　소	광양시 광양읍 용강1길 12, 103동 1708호(창덕에버빌아파트)
	이 메 일	yongjae_02@naver.com

◉ 최종학력
- 동아대학교 경영학과 졸업

◉ 주요경력
- 광양상공인회 회장
- 광양상공회의소 부회장(현)
- 광양로타리클럽 회장
- 민주평통 자문위원, 광양시 청소년육성회 회장
- 광양서초등학교 운영위원장
- 광양시배구협회장, 볼링연합회장
- 동아대학교 총동문회 부회장(현), 광양중학교 총동문회 부회장(현)
- 광양서초등학교 총동문회 부회장(현), ㈜백제 대표이사
- 법무부 범죄예방위원회 위원(현)
- 제9대 전라남도의회 의원(현)
  - 경제관광문화위원회 위원, 예산결산특별위원회 위원
  - 2012 여수세계박람회지원특별위원회 위원
  - 건설소방위원회 위원(현), 여성정책특별위원회 위원(현)
  - 2013 순천만국제정원박람회 특별위원회 위원(현)
  - 예산결산특별위원회 위원(현)

	김 재 무 (광양 3)	
소속정당	민주당	
주 소	광양시 태인동 용지1길 8	
이 메 일	kjm215@hanmail.net	

● 최종학력
- 순천제일대학 경영과 졸업

● 주요경력
- 광양시 태인동 청년회장
- 동광양JC 회장, 전남지구JC 회장
- 연청 광양시지구 회장
- 광양시배구협회장, 광양시새마을지회장
- 전남지역경제인협회 부회장, 전남신용보증재단 이사
- 광양만권경제자유구역조합회의 의장
- 태인장학회 이사(현), 광양시체육회 고문(현)
- 민주당 광양·구례지역 수석부위원장
- 민주당 전남도당 수석부위원장·운영위원·상무위원(현)
- 민주당 전남도당 대의원대회 준비위원장(현)
- 민주당 중앙당 중앙위원(현)
- 제9대 전라남도의회 후반기 의장(현)
  - 제7대 교육사회위원장, 제8대 부의장
  - 2012 여수세계박람회지원특별위원회 위원

이 호 균 (목포 3)	
소속정당	민주당
주　　소	목포시 옥암로 27(상동)
이 메 일	hg18900@hanmail.net

● 최종학력
- 조선대학교 건축공학과 졸업, 건국대학교 경영대학원 졸업
- 대불대학교 일반대학원 졸업(경영학박사)

● 주요경력
- 목포과학대학 총장
- 목포시체육회 상임부회장, 전남배구협회장
- (사)전남곰두리봉사회 후원회장(현)
- 연청 목포시 회장
- 전남자율방범연합회 상임고문(현)
- 민주당 목포시운영위원회 상임부위원장
- 민주당 전남도당 부위원장
- 민주당 국민화합특별위원회 부위원장
- 제8대 전라남도의회 의원
- 제9대 전라남도의회 의원(현)
  - 제9대 전라남도의회 전반기 의장
  - 행정환경위원회 위원(현), 명품도시연구회 회원(현)
  - 지방재정정책연구회 회원(현)

이 동 권 (영광 1)	
소속정당	민주당
주 소	영광군 영광읍 옥당로 140-1
이 메 일	ldk6342@hanmail.net

◎ 최종학력

- 조선대학교 법정대학 법학과 졸업

◎ 주요경력

- 민주당 전남도당 부대변인
- 민주당 전남도당 영광지역위원회 상임부위원장(현)
- 조선대학교 총동창회 부회장(현)
- 영광 정주라이온스클럽 회장
- 민주당 전남도당 보건복지특별위원장
- 제8대 전라남도의회 의원
  - 농수산환경위원회 위원
  - 예산결산특별위원회 위원
  - 2012 여수세계박람회유치특별위원회 위원
  - 2007 회계연도 결산검사위원회 위원
  - 의회운영위원회 위원, 기획행정위원회 부위원장
- 제9대 전라남도의회 의원(현)
  - 기획사회위원회 위원장
  - 예산결산특별위원회 위원(현)
  - 경제관광문화위원회 위원(현)

서 정 창 (완도 1)	
소속정당	민주당
주　　소	완도군 완도읍 청해진남로 55번길 5
이 메 일	sjc2078@hanmail.net

● 최종학력
- 목포상업고등학교 졸업
- 전남도립대학 졸업

● 주요경력
- 국민운동본부(완도군) 사무국장
- 민주연합청년동지회 회장
- 완도군청년회장, 완도군 청년연합회 회장
- 완도군번영회 이사
- 완도 건축기능공협회장
- 구도회 회장
- 제7대 전라남도의회 의원
- 제9대 전라남도의회 의원(현)
  - 윤리특별위원회 위원장
  - 의회운영위원회 위원
  - 예산결산특별위원회 위원
  - 기획사회위원회 위원장(현)

송 대 수 (여수 2)	
소속정당	민주당
주　소	여수시 여문2로 54-26(문수코아루 수아파트) 101-1103
이 메 일	sds2901@naver.com

● 최종학력
- 전남대학교 토목공학과 졸업

● 주요경력
- ㈜대우 건설부문 근무, 여수청년회의소 회장
- 여수시의회 의원, 여수경찰서 청소년지도위원장
- 연청 여수시지구 회장
- 전남 도시계획공동심의위원회 위원
- 여수 소방대책협의회 위원
- 제7, 8대 전라남도의회 의원
- 전라남도의회 엑스포특위위원장 · 건설소방위원장
- 광양만권경제자유구역 조합회의 의장(현)
- 제9대 전라남도의회 의원(현)
  - 제9대 전반기 부의장, 기획사회위원회 위원, 전남녹색성장포럼 위원
  - 호남권광역발전위원회 위원, 행정환경위원회 위원(현)
  - 명품도시연구회 회원(현), 지방재정정책연구회 회원(현)
  - 여수박람회장 사후활용방안지원 특별위원회 위원(현)
  - 전남 동부권 산업단지 환경특별위원회 위원(현)
  - 예산결산특별위원회 위원(현)

유 근 기 (비례)	
소속정당	민주당
주　　소	곡성군 곡성읍 삼인동길 21, 101동 903호(한양아파트)
이 메 일	yoo8844@hanmail.net

◯ 최종학력
- 전남과학대학 토목지리정보학과 졸업

◯ 주요경력
- 새시대새정치연합청년회 곡성군지구회장
- 새정치국민회의 김대중대통령 후보 연설원
- (사)푸른마을협의회 곡성군 의장
- 국민참여운동본부 전라남도 운영위원
- 민주당 노무현대통령 후보 연설원, 전라남도생활체육협의회 이사
- 민주평화통일협의회 곡성군 회장, 곡성군법원 민사조정위원
- 민주당 곡성군지역위원회 사무국장 · 부위원장
- 제7대 전라남도의회 의원
  - 전라남도혁신위원회 운영위원, 운영위원회 부위원장
  - 농림수산 · 교육사회 위원, 예산결산특별위원회 위원
- 제9대 전라남도의회 의원(현)
  - 행정환경위원회 위원, 윤리특별위원회 위원
  - 예산결산특별위원회 위원장
  - 건설소방위원회 위원(현), FTA대책특별위원회 위원(현)

	장 일 (진도)	
소속정당	민주당	
주 소	진도군 진도읍 서문길 8-5	
이 메 일	ji9600@hanmail.net	

◑ 최종학력

- 광주공업고등학교(건축과) 졸업
- 동신전문대학교 중퇴

◑ 주요경력

- 진도군청자문위원
- 전남배구협회 부회장 · 회장
- 민주당 진도군지역위원회 조직부장
- 민주당 전남도당 종교특별위원회 부위원장
- 제8대 전라남도의회 의원
  - 의회운영위원회 의원
  - 예산결산특별위원회 위원
  - 2010 F1국제자동차경주대회 지원특별위원회 부위원장
  - 경제관광문화위원회 부위원장
- 제9대 전라남도의회 의원(현)
  - 경제관광문화위원회 위원장
  - 예산결산특별위원회 위원
  - 기획사회위원회 위원(현)

	박 동 수 (순천 2)	
소속정당	민주당	
주 소	진도군 진도읍 서문길 8-5	
이 메 일	ji9600@hanmail.net	

● 최종학력
- 순천중학교 27회, 순천고등학교 20회 졸업
- 경희대학교 정치외교학과 졸업

● 주요경력
- 제3, 4, 5대 순천시의회 의원, 순천시의회 의장(제5대 의회 전반기)
- 민주당 전남도당 부위원장(현)
- 순천문화원 부원장(현), 연청 순천지구회 초대회장
- 한국 걸스카우트 전남연맹 순천지구 후원회장(현)
- 순천우체국 고객대표자회의 의장(현)
- 순천중·고등학교 총 동창장학회 이사(현)
- 경희대학교 총동창회 이사(현), 국제로터리 순천백우클럽 초대회장
- 아·태평화재단 전남동부지부 조직국장
- 제9대 전라남도의회 의원(현)
  - 윤리특별위원회 위원, 2012 여수세계박람회지원특별위원회 위원
  - 건설소방위원회 위원(현)
  - 2013 순천만국제정원박람회특별위원회 위원(현)
  - 여수박람회장 사후활용방안지원 특별위원회 위원(현)
  - 예산결산특별위원회 위원(현)

	정 정 섭 (구례)	
소속정당	민주당	
주 소	구례군 산동면 현천1길 14	
이 메 일	guscjs@hanmail.net	

◉ 최종학력
- 광주고등학교 졸업
- 전남대학교 중어중문과 4년 제적(명예졸업)

◉ 주요경력
- 풀뿌리 좋은 정치네트워크 선정후보
- 구례군 농민회장(2005~2008년), 통일부 통일교육위원
- 한국한약재생산총연합회 부의장 겸 전남지부장
- 전남대학교 총학생회 5·18진상규명위원
- 화엄사, 기아자동차 자매결연 대표, 전국농민회 총연맹 광주전남부의장
- KBS 난시청지역 부당수신료폐지대책위원장
- 보건복지부 한약재수급조절위원, 전라남도 학교급식지원심의위원
- 산수유수입철회 대책위원회 공동대표
- 전남대학교 중어중문과 총동창회 부회장(현)
- 제9대 전라남도의회 의원(현)
  - 농수산위원회 부위원장, 의회운영위원회 위원
  - 예산결산특별위원회 위원(현), 경제관광문화위원회 위원(현)
  - 2013 순천만국제정원박람회특별위원회 위원(현)

노 종 석 (함평 2)	
소속정당	민주당
주 소	함평군 학교면 두동길 71
이 메 일	rs6654@hanmail.net

● 최종학력
- 학다리중학교 · 광주대동고등학교 졸업
- 목포과학대학 사회복지과 졸업

● 주요경력
- 함평지역위원회 부위원장(현)
- 함평학교농협 조합장
- 함평천지농협 조합장
- 전남농협마늘협의회 회장
- 전남농협 RPC협의회 부회장
- 농민신문사 대의원
- 제9대 전라남도의회 의원(현)
  - 농수산위원회 위원, 윤리특별위원회 위원
  - 영산강프로젝트특별위원회 부위원장
  - 기획사회위원회 위원(현), 의회운영위원회 위원(현)
  - 여성정책특별위원회 위원(현)
  - 2013 순천만국제정원박람회특별위원회 위원(현)
  - 예산결산특별위원회 위원(현)

III

지방재정정책연구회 토론회 개최

녹색의 땅 전남
Green Jeonnam

'13. 7. 17.(수) 15:00
전남도의회 초의실(2층)

지방자치 20년 전남 지방재정의 회고와 전망
토 론 회

議 전라남도의회
[지방재정정책연구회]

개회사

존경하는 내외 귀빈 여러분!

그리고 오늘 이 자리에 참석해서 토론회를 빛내주신 김재무 의장님을 비롯한 회원님 여러분!

새로운 희망 속에 시작했던 금년 한 해도 벌써 반 바퀴를 돌아 하반기로 접어든 가운데 의정활동과 지역구활동 등으로 바쁘신 가운데에도 자리를 함께해주신 회원님들께 깊은 감사의 말씀을 드립니다.

아울러 연구회 활동의 중심에서 많은 역할을 해주신 목포대학교 고두갑 교수님과 토론회 패널 여러분, 그리고 관계공무원 여러분께도 감사의 말씀을 드립니다.

금년은 지난 1991년 7월 전라남도의회가 부활한 지 만 22년이 되는 해이기도 합니다.

그동안 도민의 기대 속에 출범했던 지방자치는 많은 변화와 발전을 거듭해오면서 도민들의 삶의 질과 생활수준은 크게 개선되고 있으며 그와 비례해서 주민들의 기대치 또한 날로 높아지고 있습니다.

그럼에도 우리 지방자치가 나아가야 할 길은 아직도 멀고 많은 걸림돌

이 도처에 도사리고 있습니다.

아울러 지방은 중앙을 떠받치는 큰 기둥이며 지방을 튼튼히 해야 국가의 경쟁력도 강화될 수 있다는 것은 이제 보편적인 논리임에도 해결해야 할 당면과제들은 산적해있습니다.

지역 간 경제격차 해소를 통한 균형발전, 지방재정 확충과 건전성 확보, 지방분권 및 시민·사회 지역공동체 활성화, 지역경제 활력 제고 등이 바로 그것입니다.

우리 연구회는 이러한 과제들 중에서 전남이 안고 있는 취약분야인 지방재정 확충과 관련하여 정책연구와 대안 제시, 그리고 전라남도 재정의 건전한 운영·관리 등에 기여하자는 뜻을 함께하는 의원님들로 구성되어 오늘에 이르고 있습니다.

그동안 연구회 회원님들은 본연의 임무인 의정 활동을 성실하게 수행하면서도 2011년 4월 29일 창립 이후 현재까지 지방재정 정책방향 토론회와 타 지역의 사례 비교견학을 실시한 바 있고, 특히 매월 한 차례씩 모여서 일정한 주제를 놓고 토론과 학습을 계속해왔습니다.

오늘의 토론회도 지금까지 배우고 쌓아 온 지식들을 결집해서 새로운 재정정책 방향을 모색하고 대안을 제시하는 자리가 될 것입니다.

이제 지방재정은 지금까지 계속되어 온 무분별한 사업과 전시성·선심성 행사 등 예산낭비를 막는 제도적 장치가 마련되어야 하고, 재정분권을 확대할 수 있도록 획기적인 정책변화가 필요한 때라고 생각합니다. 앞으로도 연구회 회원님들과 이 자리를 함께한 모든 분들의 적극적인 동참을 당부 드립니다.

아무쪼록 오늘 토론회가 전남 재정이 나아가야 할 방향을 제시하는 자리가 되기를 기대하면서, 그간 바쁘신 일정에도 불구하고 재정의 건전성을 앞당기자는 일념으로 연구모임에 함께해주신 회원 여러분께 다시 한 번 감사의 말씀을 드리고, 참석해주신 모든 분들의 앞날에 행운과 축복이 함께하시길 기원합니다.

2013. 7. 17.

전라남도의회 지방재정정책연구회장 김 탁

여러분! 반갑습니다.

먼저, 우리도 재정의 건전성 운영과 세수 확대를 위한 토론회가 열리게 된 것을 진심으로 축하드립니다.

또 그동안 의정활동 하느라 눈코 뜰 새 없이 바쁘신 데도 불구하고 오늘과 같이 좋은 자리를 마련해주신 김탁 회장님을 비롯한 회원님들의 노고에 깊은 감사를 드립니다.

특히, 주제 발표와 토론을 위해 귀한 시간을 내어주신 여러 전문가님을 비롯해서 이 자리에 참석하신 모든 분들께도 감사의 말씀을 드립니다.

우리 전라남도의회는 전문성을 높이고 공부하는 의회의 상을 구현하기 위해 의원 연구단체 결성을 적극 권장하고 그 활동을 적극적으로 지원하고 있습니다.

그 활동의 일환으로 오늘 지방재정정책 토론회가 열리게 된 것은 매우 바람직한 의정활동이라고 생각합니다.

아시다시피, 작금의 현실은 지방재정 수요가 폭발적으로 증가하고 있으나, 지방세 등 세입은 오히려 줄어 재정운용에 어려움이 있습니다. 따라서 자주재원 확충을 위한 노력이 어느 때보다 필요한 시기입니다. 또한 지방재정정책의 변화를 예고하고 있어 정책변화에 맞는 능동적인 대처가 필요합니다.

특히 우리 전라남도는 재정 자립도가 전국에서 최하위일 뿐만 아니라 초고령 사회에 진입하여 복지 예산이 도 예산의 대부분을 차지하고 있습니다. 이로 인해 지역을 견인할 성장 동력 산업을 육성하는 데 필요한 재원이 턱없이 부족한 실정입니다.

또한 전라남도 대규모 사업 추진으로 인한 부채가 폭발적으로 증가하고 있어 도 재정 건전성 운영에도 문제점이 드러나고 있습니다.

아무쪼록, 오늘 토론회에서 우리 도의 재정 운영에 대한 문제점과 개선방향에 대해 다시 한 번 짚어보는 소중한 시간이 되기를 기대합니다.

그리고 오늘 참석하신 전문가님들의 좋은 고견과 대안을 많이 제시해 주시면 집행부 정책에 반영토록 노력을 다하겠습니다.

끝으로 바쁘신 가운데에서도 토론회에 참석하여 주신 의원님들과 전문가님, 그리고 이 자리에 함께해주신 모든 분들께 다시 한 번 감사의 말씀을 드리며, 앞으로 여러분의 활발한 연구 활동과 건승을 기원합니다. 고맙습니다.

2013. 7. 17.

전라남도의회 의장 김재무

목차

● 토론회 개최 개요

● 주제발표 1

● 주제발표 2

토론회 개최 개요

지방재정정책연구를 위한 우리 도의 재정 전반에 대한 현황과 지방세수 확충 방안에 대해 각계 전문가들의 주제발표와 토론을 통하여 보다 내실 있는 정책연구 활동이 되도록 추진하고자 함.

1. 추진방향

- 전문가 및 관련 단체 등에 의한 다양한 의견 수렴
- 전남 지방재정에 대한 현 실태 및 변화에 따른 전망
- 주제발표 및 토론에 따른 대안의 정책연구 활동에 반영 등

2. 토론회 개요

- 일   시 : '13. 7. 17(수) 15:00 ~ 17:00
- 장   소 : 전라남도의회 초의실(2층)
- 주   최 : 전남도의회 지방재정정책연구회
- 참   석 : 60명 내외
  - 지방재정정책 연구모임 회원(대표 : 김 탁), 전남발전연구원, 경제정의실천연합, 교수, 공무원 등
- 내   용
  - 주제발표
    - 전남 지방재정의 구조변화와 전망(고두갑 교수)
    - 재정자립을 위한 지방세수 확충방안(김용민 교수)
  - 질의응답 및 토론 등

3. 주제발표 및 토론회

- ● 사　회 : 이용재 의원(지방재정연구회 총무)
- ● 주제발표
  - 전남 지방재정의 구조변화와 전망

    고두갑(목포대학교 교수)
  - 재정자립을 위한 지방세수 확충방안

    김용민(목포대학교 교수)
- ● 토론자
  - 오병기(전남발전연구원 박사) – 조기선(CBS 광주방송 부장)
  - 이상훈(여수 YMCA 사무총장) – 노래영(전라남도 예산담당관)

4. 토론회 진행순서

일시	시간			주요 내용	비고
	부터	까지	소요		
7.17 (수)	15:00	15:05	5′	개회, 국민의례, 의원 및 내빈소개	이용재 의원
	15:05	15:10	5′	개회사	김 탁 의원
	15:10	15:15	5′	축 사	김재무 의장
	15:15	15:35	20′	주제발표 (전라남도 지방재정의 구조변화와 전망)	고두갑 교수
	15:35	15:55	20′	주제발표 (재정자립을 위한 지방세수 확충방안)	김용민 교수
	15:55	16:10	15′	휴 식	
	16:10	17:00	50′	질의응답 및 토론회	토론자 전원

전라남도 지방재정의 구조변화와 전망

고두갑[1]

I. 서론

글로벌화의 진전으로 국경을 뛰어넘은 지방 도시 간의 네트워크가 활발하게 전개되면서 도시의 경쟁력이 지속적인 발전을 위한 중요 요인으로 자리 잡고 있다. 이는 지방도시의 경쟁력이 국가경쟁력을 결정짓기 때문에 세계화를 위한 지방화가 점차 국가정책의 중요한 부분을 차지하고 있다는 것을 의미한다. 바꿔 말하면 지방의 경쟁력은 중앙의 통제에서 벗어나 자체적 자생력을 갖추어 지방정부차원에서의 국제경쟁력 강화가 필요하다는 것이다. 이러한 의미에서 지방경제와 재정은 글로컬라이제이션(glocalization)의 시대에서 중요한 역할을 하고 있다고 할 수 있다. 특히 지역경제 성장을 위한 지방재정의 역할이 분권재정과 맥을 같이하기 때문에 재정건전성은 물론 지속적인 발전을 위한 자체적 노력이 필요하다.

우리나라 지방분권은 1990년대 이후 좀처럼 개선되지 못하고 있지만, 제도적 개선의 노력은 지속되어 왔다. 특히 지방재정의 강화를 위하여

---

1) 목포대학교 경제학과 교수

지방소득·소비세의 도입이 이루어져 지방분권을 위한 지방세정 및 재정 전반에 커다란 변화가 시작되고 있다. 그러나 지방재정 강화를 위한 중앙정부의 정책기조의 변화에도 불구하고 비수도권의 자치단체의 경우 경기악화에 따른 세수입의 감소, 저출산 고령화에 의한 사회 복지비의 증가 및 자치단체장의 방만한 재정운영 등으로 인한 세출의 증가로 지속 불가능한 재정 상태에 빠진 자치단체가 증가하고 있다.

2012년 시·군 예산개요에 따르면 전남의 경우 자체수입으로 공무원 인건비를 충당할 수 있는 지방자치단체는 22개 시·군 중 순천, 목포, 여수, 나주, 광양, 담양, 화순, 영암, 무안, 장성, 진도 등 모두 11곳이며, 나머지 11개 시·군은 지방세와 여러 가지 수익사업에도 불구하고 자체 인건비조차 충당하지 못하고 있다. 시 단위는 모두 충당한 반면 군 단위 지자체는 17곳 가운데 11곳이 충당하지 못하고 있다. 특히, 함평군의 경우 자체 수입은 170억 1,700만 원인데 비해 인건비는 325억 8,900만 원으로 수입 대비 인건비 비율이 무려 191.4%에 달하고 있다. 또한 고흥(109%), 보성(114.0%), 신안(113.4%), 곡성(161.6%), 구례(161.9%), 영광(122.0%), 장흥(149.1%), 완도(140.5%), 해남(139.3%), 강진(184%)군 등도 100%를 넘기고 있다. 자체 수입으로 인건비를 해결하지 못한 지자체는 전국적으로 41곳으로, 광주·전남(광주 동구 포함)의 12개 단체가 포함되어 전체의 29.3%를 차지하고 있다. 순수 지방세 수입으로 인건비를 해결하지 못한 지자체는 이보다 더 많아 순천, 목포, 여수, 광양, 화순, 영암 등 6개 단체를 제외한 나머지 16개 시·군이 적자에 허덕이고 있다.

재정자립도 역시 심각한 상태로 전라남도는 20.7%로 전국 17개 광역시·군 가운데 가장 낮은 것으로 조사됐다. 22개 시·군의 재정자립도가 평균 17.2%를 기록한 가운데 시 단위에서는 광양이 39.5%로 가장 높고 나주가 15.0%로 가장 낮았다. 군 단위로는 영암이 23.6%로 최고치를 기록한 반면 함평은 8.0%에 불과했다. 재정자립도가 10% 미만을 기록한 지자체만도 함평군을 비롯해 곡성(9.7%) 고흥(8.1%), 장흥(9.6%), 신안(9.3%), 해남(9.0%), 완도(9.9%) 등 7개의 단체에 달하고 있다. 자체수입과 지방교부세, 재정보전금, 조정교부금을 일반회계 예산규모로 나눈 재정자주도의 경우 평균 61.0%에 불과하고, 이 밖의 정책사업 비중은 82.1%, 자체사업 비중은 28.2%, 보조사업 비중은 54.0%, 사회복지 비중은 17.8%를 기록하고 있다. 결과적으로 전남의 재정은 지방세입이 열악하며 부족한 재원을 지방교부세와 국고보조금 등으로 보전하는 만성적인 재정부족현상에 직면하고 있다.

전남 지역의 경우 재정자립도가 매우 낮고 거의 모든 재원을 중앙에 의존하기 때문에 본 연구에서는 우리나라의 지방재정조정제도의 이해를 통한 전남재정의 분석을 시도한다. 구체적으로 현재의 중앙정부와 지방 간 재정구조가 어떻게 연결되어 있으며, 이것이 지방재정에 어떠한 영향을 미치고 있는지를 간략히 파악한 다음, 전남의 세입 및 세출 구조변화를 분석한다. 이를 바탕으로 향후 전남 지방재정 운영상의 시사점을 제시하고자 한다.

Ⅱ. 전남의 경제와 재정현황

1. 경제현황

전라남도는 대외적으로 국제 경제 환경변화에 대한 대응의 문제와 대내적으로 인구고령화, 지역불균형 등 다양한 문제를 안고 있다. 인구고령화가 빠르게 진행되면서 노동력 감소에 의한 생산력 저하가 지역 경제성장의 저해요인으로 지목되면서 도시의 경쟁력 강화와 지속적인 성장을 위한 대안이 절실히 요구되고 있다. 그동안 각 자치단체들은 지역문제를 중앙의 지역정책에 의존하는 경향을 보여왔다. 그러나 중앙정부 정책은 지역경제의 균형발전보다는 경제성장에 초점을 맞추어 '선택과 집중'에 편중하는 성장지상주의를 추구하였고, 그 결과 지역불균형 문제가 고착되어 경제구조가 대도시 중심으로 재편되는 구조적 문제를 유발했다. 그림 1은 전국 총생산에 차지하는 지역총생산의 비율을 나타낸 것으로, 지역총생산의 편중을 나타내고 있다. 특별시의 총 생산은 2001년 이후 감소경향을 보이고 있고, 경기도는 총생산이 증가추세에 있다. 즉, 수도권을 중심으로 경제가 재편되고 있는 것이다. 전남의 경우 경남, 충남, 경북보다 지역총생산이 낮게 추이되고 있으며 부산과 비슷한 움직

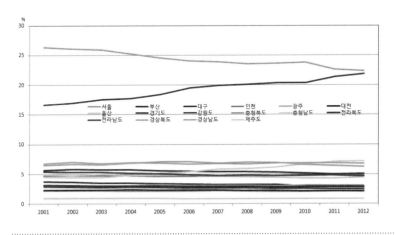

그림 1 지역총생산의 추이(시장가격 기준)
주) 2005년 기준가격
자료) 통계청

임을 보이고 있다. 전남은 수도권을 제외하고 다른 지방자치단체들과 비교하여 평균적인 위치에 있다. 전남의 지역총생산은 2001년에 비해 감소경향을 보이고 있지만, 전국 지역총생산의 5% 정도를 차지하고 있다.

이러한 총생산의 변화에는 지역인구의 고령화가 작용하고 있다. 지역 경제는 경제주체들의 활동에 영향을 받으며 지역사회의 구조변화를 투영한다. 고령인구의 증가는 수급불균형을 초래하여 실물경제와 금융 산업 등 경제 전반에 걸쳐 영향을 미치게 된다. 특히 인구고령화가 지역격차를 동반하면서 진행되는 경향을 보이고 있어 고령화 속도가 빠르게 진행되고 있는 지역일수록 지역 경제에 미치는 영향이 상대적으로 크게 나타나고 있다.

지역인구의 고령화는 경제문제뿐만 아니라 지방재정의 적자를 심화시키는 요인으로 작용하기 때문에 지역 경제 성장에 불리한 인구학적 조건을 형성하게 한다. 표 1에 나타나듯이 전남의 인구구조 내에서 고령화가 빠르게 진행되고 있다. 1990년 65세 이상의 인구가 전남 전체인구의 8%를 차지했으나 2010년에는 20%까지 차지할 것으로 예상된다. 이는 향후 노동력 감소를 초래하여 지역 경제성장을 크게 억제하는 요인으로 작용할 것이다.

표 2는 2010년과 2007년의 사업체 수와 종사자 수의 변화를 나타낸

표 1 지역인구의 고령화 추이(%)

	1990년	1995년	2000년	2005년	2010년
0-14세	26	22	20	19	16
15-64세	66	68	67	64	64
65세 이상	8	11	14	18	20

자료) 전남통계연보 DB

것이다. 2007년에 비해 2010년의 특징은 보건업 및 사회복지 서비스업의 성장이 높다는 것이다. 이는 지역인구의 고령화를 반영한 것이라고 할 수 있다. 사업체 수가 증가했으나 종사자가 감소한 경우는 농림어업과 전기 · 가스 · 수도 사업으로 나타났고, 사업체가 감소했지만 종사자가 증가한 사업체는 제조업, 공공행정 · 국방 및 사회보장 행정으로 나타났다. 사업체와 종사자가 증가한 것은 하수 · 폐기물처리, 운수업, 금

표 2 사업체와 종사자의 변화(개, 명)

	2007년 사업체 수 (A)	2007년 종사자 (C)	2010년 사업체 수 (B)	2010년 종사자 (D)	(B)-(A)	(D)-(C)
합계	124,763	518,452	125,395	569,925	632	51,473
농업, 임업 및 어업	293	4,785	340	3,662	47	-1,123
광업	981	3,664	1,002	3,519	21	-145
제조업	10,294	89,093	9,933	93,237	-361	4,144
전기, 가스, 수도사업	193	4,324	205	4,196	12	-128
하수 · 폐기물처리 , 원료재생	276	3,303	308	3,713	32	410
건설업	3,910	33,686	4,059	52,744	149	19,058
도매 및 소매업	36,585	82,348	35,503	81,296	-1,082	-1,052
운수업	8,781	27,039	9,024	31,519	243	4,480
숙박 및 음식점업	25,951	60,039	26,045	60,794	94	755
출판, 영상, 방송통신	673	6,789	695	6,463	22	-326
금융 및 보험업	1,580	20,427	1,658	21,476	78	1,049
부동산업 및 임대업	1,936	7,202	1,935	7,250	-1	48
과학 및 기술서비스업	1,483	7,500	1,589	9,647	106	2,147
사업시설관리	812	9,985	981	13,666	169	3,681
공공행정, 국방 및 사회보장행정	1,228	34,471	1,208	37,513	-20	3,042
교육서비스업	6,394	50,845	6,127	50,673	-267	-172
보건업 및 사회복지 서비스업	3,147	31,238	4,259	45,398	1,112	14,160
예술, 스포츠 및 여가관련서비스업	3,466	9,765	3,575	10,843	109	1,078
기타 개인서비스업	16,780	31,949	16,949	32,316	169	367

자료) 전남통계연보 DB

융 및 보험업, 과학 및 기술서비스, 사업시설관리, 보건 및 복지사업, 레저사업, 기타사업으로 나타났다. 특히 제조업의 감소는 제조업이 지역경제를 유지하는 기초산업이라는 점을 감안하면 전남 지역 경제의 경제력이 약화되고 있다고 할 수 있다. 또한 지역 경제 활성화에 기여했던 도매매·소매업의 감소는 지역 경제 순환구조에 심각한 영향을 미치고 있다는 점에서 지역의 경기가 침체되고 있음을 반영하고 있다.

2. 재정현황

지방자치가 시행된 지 20년이 지났지만 지방자치단체의 재정문제는 좀처럼 개선되지 못하고 있다. 그것은 지방재정의 운영이 지방교부세와 국고보조금에 의존하는 체질에서 벗어나지 못하고 있기 때문이다. 이는 지방분권이 추진되고 있지만 독자적 재정운영에 한계가 있어 재정의 자주성 추구보다는 중앙정부에 의존하는 체질로 고착되어가고 있다는 것을 의미한다.

1991년 지방의회, 1995년 자치단체장 선거 등 지방분권을 추진하기 위한 제도적 장치가 마련되었지만, 아직도 중앙집권적인 요소가 곳곳에 존재하고 있어 실질적으로 제도적 분권화가 진행되지 못하고 있다. 이러한 상황에서 1999년에 제정된 중앙행정권한의 지방이양촉진에 관한 법률을 통해 실질적 분권화를 실시하려는 정부차원의 노력이 진행되고 있다. 또한 정치권을 중심으로 지역균형발전법안들이 국회에 제출되어 지방자치를 촉진할 수 있는 방안들이 쏟아지고 있다. 이는 제출된 법안들의 효용성과 실현가능성을 차치하더라도 분권화에 대한 지역주민들의 욕구를 반영한 것이라고 할 수 있다.

표 3 재정자립도 변화(%)

시 도 별	평균 (순계규모)				도 특별자치도 (총계규모)				시 (총계규모)				군 (총계규모)			
	2009	2010	2011	2012	2009	2010	2011	2012	2009	2010	2011	2012	2009	2010	2011	2012
평균	53.6	52.2	51.9	52.3	33.3	31.6	33.0	34.8	40.7	40.0	38.0	37.1	17.8	18.0	17.0	16.4
서울	92.0	85.8	90.3	90.2	-	-	-	-	-	-	-	-	-	-	-	-
부산	58.3	57.6	56.4	57.4	-	-	-	-	-	-	-	-	33.2	40.4	32.4	35.0
대구	54.7	56.3	53.5	52.8	-	-	-	-	-	-	-	-	36.2	38.5	37.2	35.9
인천	74.2	70.4	69.3	71.0	-	-	-	-	-	-	-	-	17.9	19.1	15.9	15.2
광주	48.3	47.5	47.5	46.6	-	-	-	-	-	-	-	-	-	-	-	-
대전	59.3	56.3	57.2	58.3	-	-	-	-	-	-	-	-	-	-	-	-
울산	67.7	67.2	69.1	71.2	-	-	-	-	-	-	-	-	56.7	48.6	47.5	46.3
경기	75.9	72.8	72.5	72.6	64.1	59.3	60.1	61.7	57.6	55.6	54.0	51.9	31.3	28.7	30.9	28.9
강원	28.0	27.1	27.5	26.9	21.4	20.8	21.4	22.5	25.4	26.0	25.3	23.9	15.3	15.4	14.5	14.2
충북	33.3	33.7	32.7	34.2	25.4	25.1	24.1	27.6	31.8	32.8	28.5	28.2	22.0	22.1	21.1	21.4
충남	36.6	36.6	35.4	35.5	28.1	24.0	28.3	28.6	33.4	36.7	31.6	31.9	21.7	23.8	20.7	16.5
전북	23.6	24.6	24.5	26.0	17.5	17.3	18.6	21.1	21.6	22.6	20.9	21.1	13.3	14.3	14.3	14.1
전남	19.4	20.6	20.7	21.4	10.4	11.5	13.5	14.6	26.7	25.6	26.3	26.9	12.0	12.2	11.7	12.2
경북	27.7	29.3	28.1	28.3	19.1	21.7	21.4	22.5	28.4	26.8	25.8	26.7	15.1	14.6	13.4	13.1
경남	39.4	42.9	42.6	43.3	32.5	34.2	35.2	36.6	37.2	38.4	36.4	35	14.8	15.1	14.7	14.2
제주	25.2	26.1	25.1	28.5	24.9	25.7	24.9	28.2	-	-	-	-	-	-	-	-

자료) 통계청

표 4 연도별 세입재원별 예산규모(백만 원, %)

	합 계	지방세	비율	세외수입	비율	지방교부세	비율	재정보전금	비율	보조금	비율	지방채	비율
2006	10,712,217	1,060,615	9.9	2,490,904	23.3	3,074,870	28.7	57,747	0.54	3,978,709	37.1	49,373	0.5
2007	9,934,432	1,049,511	10.6	882,290	8.9	3,520,171	35.4	62,216	0.63	4,300,164	43.3	120,080	1.2
2008	13,934,575	1,248,968	9.0	3,002,927	21.6	4,412,579	31.7	84,197	0.60	5,076,328	36.4	109,576	0.8
2009	15,023,904	1,193,616	7.9	3,366,115	22.4	3,744,740	24.9	66,977	0.45	6,108,582	40.7	543,874	3.6
2010	13,974,475	1,343,698	9.6	2,511,737	18.0	3,824,247	27.4	99,312	0.71	6,104,416	43.7	91,065	0.7
2011	14,710,374	1,504,576	10.2	2,370,015	16.1	4,219,141	28.7	107,111	0.73	6,184,215	42.0	325,316	2.2

자료) 전남통계연보

그러나 전남의 지방재정 자립도는 좀처럼 개선될 기미를 보이지 않고 있다. 표 3은 지방자치단체들의 재정자립도를 나타낸 것이다. 전남의 재정자립도는 전국 지방자치단체에서도 하위권에 머물러 있다. 전국평균 재정자립도는 2009년부터 2012년까지 평균 53.6%에서 52.3%를 기록하고 있다. 전남의 경우 동기간 19.4%에서 21.4%로 약간 개선되었지만 전국 평균 최하위를 기록하고 있다. 특히 광역자치단체와 기초자치단체인 군 단위에서의 재정자립도가 전국 평균에 미치지 못하고 있다.

가용재원을 구체적으로 파악하기 위해 나타낸 것이 표 4이다. 전남의 지방세는 2006년부터 2011년까지 전체 재정의 10% 정도를 차지하고 있다. 여기에 비해 세외수입은 2007년을 제외하면 지방세 수입을 크게 상회하고 있다. 세외수입은 경상적 수입보다 임시적 수입의 비중이 높게 나타나 세수의 안정성이 확보되지 못하고 있다. 무엇보다도 중앙에 의존하는 의존재원의 비중이 상당히 높은 수준에 있다. 지방교부세와 보조금이 전남재정의 60% 이상을 차지하고 있어 재정자주성이 매우 약한 것으로 나타났다.

Ⅲ. 지방재정조정제도와 세입변화 추이

1. 지방재정조정제도의 의의 및 필요성

지방자치단체는 행정기능을 수행함에 있어서 필요한 경비를 원칙적으로 지방세와 세외수입 등 자체 재원으로 충당하는 것이 바람직하다. 그러나 지역 간의 재정력 격차나 세원편재로 인해 국세의 지방세 이전이라는 조세체계의 개편만으로는 오히려 지역 간 재정격차를 더욱 심화시킬 뿐이다. 그보다 중앙정부나 상위단체가 조세 등의 수입을 전국적으로나 광역적으로 거두어 재정력이 약한 자치단체를 중심으로 지원을 해줌으로써 행정 서비스를 균등하게 공급하는 것이 필요하다.

지방재정조정제도의 기능으로서는 재정불균형의 조정, 보편적 · 필수적 행정서비스 수준 유지, 지역 간 외부성 해소, 국가정책유도 등이 있으며, 이를 위해 지방정부로 이전되는 재정은 지방의 일반재정에 이전되는 지방교부세와 국고보조금 및 광역 · 지역발전특별회계, 지방재정교부금이 있다[2].

1) 지방교부세

지방교부세는 보통교부세, 특별교부세, 분권교부세, 부동산교부세 등으로 구성되어 있다. 보통교부세는 내국세 총액의 19.24% 중 분권교부세 0.94%를 제외하고 전년도 내국세 정산금액을 포함한 교부세 총액의

표 5 우리나라 중앙정부-지방정부 간 재정조정제도 현황

구분	지방교부세	국고보조금	광역 · 지역발전특별회계	지방교육재정교부금
근거법률	지방교부세법	보조금의 예산 및 관리에 관한 법률 등	국가균형발전 특별법	지방교육재정교부금법
목적	자치단체 재원보장, 재정불균형 완화	자치단체의 특정사업지원	자치단체 재정기반 확충, 지역 간 균형발전 도모	교육의 균형 있는 발전도모
재원	• 법정교부금 : 내국세의 19.24% • 종합부동산세 총액	국가의 일반회계 또는 특별회계 예산으로 계상	주세 100%, 과밀부담금, 개발지역훼손부담금, 농특세전입금, 일반회계전입금 등	• 법정교부금 : 내국세의 20.27% • 교육세의 총액
재원성격	일반재원	목적사업에 한정	포괄보조	일반재원

주) 국고보조금에 광역 · 지역발전특별회계 예산이 포함되어 있음.

2) 지방재정조정재로서 지방교육재정(교육비특별회계)에 이전되는 지방교육재정교부금이 있으나 본고에서는 지방교육재정을 분석대상에서 제외함

96%에 해당하는 금액이며, 특별교부세는 나머지 4%에 해당하는 금액이다[3]. 보통교부세는 지방자치단체가 기본적인 행정수요를 수행하는 데 소요되는 경비의 부족분을 보전하는 일반재원이다. 특별교부세는 특별한 지역현안수요 30%, 국가적 장려사업과 같은 시책수요 20%, 재해대책수요 50%로 안분하여 운영하고 있다.

분권교부세는 2005년도에 국고보조 149개 사업을 지방이양(주로 사회복지)하면서 이에 소요되는 재원을 합리적으로 보전하기 위하여 도입되었으며, 2014년까지 운영 후 2015년부터는 보통교부세로 통합되어 운영된다. 부동산교부세는 2005년도부터 부동산세제 개편에 따라 국세로 종합부동산세를 신설하고 세수 전액을 지방에 배분해오다가, 2008년 말 종합부동산세의 헌법불합치 판정으로 그 규모가 이전의 1/3 수준으로 감소하였다.

2) 국고보조금

국고보조금은 국가의 위임사무와 시책사업 등 목적사업의 범위를 한정하여 경비의 전부 또는 일부를 지방자치단체(혹은 법인과 개인)에 보조하는 것으로, 중앙정부가 지방자치단체에 특정용도에 한하여 그 재원을 보조해주는 조건부교부금제도이다. 국고보조의 대상은 각 개별 법령에 근거하여 보조할 수 있지만 그 예산 및 관리는 '보조금의 예산 및 관리에 관한 법률'을 따르고 있다. 국고보조사업의 전체 사업비 중 중앙정부가 부담하는 사업비의 비중을 국고보조율 또는 기준보조율이라고 하며, 각

---

3) 1983년에 지방교부세의 재원이 내국세의 법정률 13.27%로 정착된 이래, 2000년도에 15.0%, 2005년 19.13%, 2006년 19.24%로 증가하였다.

대상사업에 따라 20~100%의 정률보조와 정액보조로 구성되어있다.

국고보조금의 운영 실태는 국고보조금과 지방비 부담액이 매우 불규칙적이어서 지방자치단체의 계획적인 재정운영을 어렵게 만드는 요인이 되고 있으며, 지방자치자체에 의한 신청 위주로 운영하다보니 대부분 신청한 사업의 60% 미만이 국가예산에 반영되고 있으며, 과도한 신청과 경쟁에 의한 행정력 낭비도 지적되고 있다.

3) 광역 · 지역발전 특별회계

광역 · 지역발전 특별회계는 노무현 정부의 출범에 따라 2004년 지역간 발전을 도모하고 지역혁신사업 등을 추진하기 위해 지방양여금을 폐지하고 국가균형발전특별법을 제정하여 설치한 것이다. 이 국가균형발전특별회계는 이명박 정부의 광역경제권 개발계획에 의해 명칭이 광역 · 지역발전 특별회계로 2009년에 변경되었다.

광역 · 지역발전 특별회계는 주로 지방자치단체의 주도하에 예산이 편성되는 상향식 예산편성방식이 적용되고, 소관 부처별로 세출예산의 총액범위에서 전 · 이용을 폭넓게 허용하고 시도별로 총액을 배분하는 일종의 포괄보조금 형태로 운영되고 있다. [4]

대상 사업은 도입 초기에는 지역개발사업계정, 지역혁신사업계정, 제주특별자치도계정으로 설치 · 운영되었으나, 현재는 지역개발계정, 광역발전계정, 제주특별자치도계정으로 구분된다. 지역개발계정은 주세법에 의한 주세의 100분의 40 · 과밀부담금 · 일반회계나 다른 특별회

---

4) 운영되는 사업은 국고보조금과 종전의 지방양여금의 성격을 띠지만 그 비율은 법정비율로 되어있기 때문에 매우 안정적이다.

계의 전입금을 포함한 12개의 재원으로 구성되고, 광역발전계정은 주세의 100분의 60 · 일반회계나 다른 특별회계의 전입금 등을 포함한 12개의 재원으로 구성된다.

2. 세입구조의 변화와 추이

1) 도(본청) 일반회계 세입구조의 추이

표 6은 도(본청)의 세입구조의 변화를 나타낸 것이다. 도(본청)의 세입 중에서 가용재원인 지방세의 비중이 점점 감소하고 있다. 1991년 17.9%에서 2011년 13.4%로 감소하고 있다. 교부세는 1991년 23.5%에서 2011년 16.6%로 감소하고 있다. 반대로 크게 증가하고 있는 항목은 지방채 발행에 의한 세입이다. 1991년 지방채 발행이 없었으나 2011년에는 3,137억 원의 세입을 기록하고 있다. 이는 부족한 재원을 지방채 발행으로 보전하고 있다는 것이다. 지방채 발행에 의한 수입증가와 함께 보조금이 증가하면서 지방재정이 유지되고 있다. 보조금은 1991년 일반회계에서 37.5%를 차지했으나 2011년에는 크게 증가해 56.2%를 차지하고 있다. 이러한 측면에서 도(본청)의 재정운영은 보조금과 지방채 발행에 의해 운영되고 있다고 해도 과언이 아니다.

2) 기초 지방자치단체 세입구조의 추이

전남의 기초 자치단체로는 5개 시와 17개의 군이 있다. 표 7은 기초단체들의 세입구조를 나타낸 것이다. 시 단체의 세입구조는 지방세가 일반회계 총액에서 1991년 25.3%를 차지했으나 이후 감소하고 있고, 교부세는 도(본청)와 달리 증가하고 있다. 1991년 19.7%였던 것이 2011년에는

표 6 전라남도 본청 세입구조 추이(단위 : 백만 원)

		1991	1993	1995	1997	1999	2002	2004	2006	2009	2011
일반회계	지방세	100,951	130,824	172,088	204,235	194,307	366,449	328,137	417,842	460,128	714,718
	세외수입	103,020	93,057	93,505	204,356	186,861	232,184	192,463	301,636	251,231	416,652
	교부세	132,766	157,924	216,928	253,375	255,335	470,274	453,952	616,030	787,844	886,524
	보조금	211,935	245,859	481,256	713,066	886,516	1,707,168	1,496,824	1,995,162	3,031,393	2,997,331
	양여금	16,675	0	76,108	125,332	122,719	179,741	0	0	0	0
	재정보전금	0	0	0	0	0	0	0	0	0	0
특별회계	지방채	0	362	18,700	17,458	32,400	34,600	19,036	22,065	351,662	313,703
	총계(A)	565,347	628,026	1,058,585	1,517,822	1,678,138	2,990,415	2,681,630	3,352,735	4,882,157	5,328,928
	총계(B)	208,367	279,528	397,451	420,445	508,880	893,280	817,465	817,242	871,512	784,114
	(B/A)×100 (%)	36.9	44.5	37.5	27.7	30.3	29.9	30.5	24.4	17.9	14.7

자료) 지방재정연감

표 7 전라남도 시·군 세입구조 추이 (단위 : 백만 원)

		1991	1993	1995	1997	1999	2002	2004	2006	2009	2011
시	일반회계 지방세	69,209	90,780	138,394	179,882	199,650	251,616	328,073	416,648	498,273	541,116
	세외수입	116,105	120,539	232,969	420,869	527,911	733,960	914,295	845,837	933,447	655,488
	교부세	53,961	74,480	178,747	225,895	248,583	443,848	500,831	720,967	827,220	999,769
	보조금	34,601	38,692	114,468	194,393	285,292	631,164	411,781	613,522	937,634	983,202
	양여금	0	0	44,757	82,331	90,647	120,079	89,620	0	0	0
	재정보전금	0	0	0	0	0	36,173	33,184	33,505	38,181	71,238
	지방채	0	490	9,005	22,750	18,156	22,561	16,075	4,808	82,540	6,300
	총계(A)	273,876	324,981	718,340	1,126,120	1,370,239	2,239,402	2,293,859	2,635,286	3,317,295	3,257,114
	특별회계 총계(B)	439,628	295,401	297,631	481,416	504,112	627,285	806,470	967,681	739,582	637,077
	(B/A)×100 (%)	160.5	90.9	41.4	42.7	36.8	28.0	35.2	36.7	22.3	19.6
군	일반회계 지방세	70,005	85,226	100,618	122,437	119,065	147,979	187,860	226,126	329,844	324,451
	세외수입	134,499	178,606	263,984	544,236	558,785	963,963	1,292,802	1,343,432	2,231,884	1,359,271
	교부세	345,992	470,004	507,750	651,158	593,240	1,074,597	1,275,195	1,775,902	2,205,668	2,441,416
	보조금	220,804	273,427	431,178	604,386	632,386	1,181,536	1,031,884	1,331,996	2,072,703	2,081,375
	양여금	48,805	0	115,920	169,034	151,839	228,201	199,072	0	0	0
	재정보전금	0	0	0	0	0	31,154	27,655	24,242	38,303	63,499
	지방채	0	6,958	34,732	19,232	48,779	21,702	350	22,500	144,672	5,300
	총계(A)	820,105	1,014,221	1,454,181	2,110,483	2,104,094	3,649,132	4,014,817	4,724,198	7,023,117	6,275,313
	특별회계 총계(B)	143,136	319,505	190,200	256,390	318898	372,957	411,485	399,594	485,147	436,543
	(B/A)×100 (%)	17.5	31.5	13.1	12.1	15.2	10.2	10.2	8.5	6.9	7.0

자료) 지방재정연감

표 8 전국대비 전남재정의 비중(단위 : 백만 원, %)

		2001년			2006년			2011년		
		전남	전국	전남비중	전남	전국	전남비중	전남	전국	전남비중
도 본청	일반회계 지방세	366,449	9,155,506	4.0	417,842	11,731,859	3.6	714,718	14,338,107	5.0
	세외수입	232,184	2,758,736	8.4	301,636	3,875,546	7.8	416,652	4,319,350	9.6
	교부세	470,274	2,652,284	17.7	616,030	4,406,762	14.0	886,524	5,897,077	15.0
	보조금	1,707,168	11,763,075	14.5	1,995,162	13,881,035	14.4	2,997,331	19,980,438	15.0
	양여금	179,741	1,305,833	13.8	0	0		0	0	
	재정보전금	0	0		0	0		0	0	
	지방채	34,600	174,200	19.9	22,065	652,497	3.4	313,703	1,928,999	16.3
	총계(A)	2,990,415	27,809,634	10.8	3,352,735	34,547,698	9.7	5,328,928	46,463,971	11.5
	특별회계	893,280	7,142,957	12.5	817,242	7,021,719	11.6	784,114	8,959,193	8.8
	(B/A)×100 (%)	29.9	25.7		24.4	20.3		14.7	19.3	
시	일반회계 지방세	251,616	4,857,422	5.2	416,648	7,875,717	5.3	541,116	11,419,539	4.7
	세외수입	733,960	8,968,140	8.2	845,837	11,609,709	7.3	655,488	10,676,515	6.1
	교부세	443,848	4,139,249	10.7	720,967	7,599,123	9.5	999,769	10,490,168	9.5
	보조금	631,164	6,981,539	9.0	613,522	6,915,512	8.9	983,202	12,151,682	8.1
	양여금	120,079	1,194,325	10.1	0	0		0	0	
	재정보전금	36,173	1,979,866	1.8	33,505	2,472,430	1.4	71,238	3,164,589	2.3
	지방채	22,561	234,565	9.6	4,808	466,108	1.0	6,300	522,461	1.2
	총계(A)	2,239,402	28,355,107	7.9	2,635,286	36,938,599	7.1	3,257,114	48,424,954	6.7
	특별회계	627,285	8,812,348	7.1	967,681	12,864,684	7.5	637,077	12,478,410	5.1
	(B/A)×100 (%)	28	31.1		36.7	34.8		19.6	25.8	

	2001년 전남	2001년 전국	전남비중	2006년 전남	2006년 전국	전남비중	2011년 전남	2011년 전국	전남비중
지방세	147,979	1,080,604	13.7	226,126	1,500,231	15.1	324,451	2,044,099	15.9
세외수입	963,963	5,143,218	18.7	1,343,432	6,796,966	19.8	1,359,271	6,433,002	21.1
교부세	1,074,597	4,961,787	21.7	1,775,902	7,832,352	22.7	2,441,416	10,866,325	22.5
보조금	1,181,536	6,224,526	19.0	1,331,996	6,912,045	19.3	2,081,375	8,569,416	24.3
양여금	228,201	1,156,196	19.7	0	0		0	0	
재정보전금	31,154	306,814	10.2	24,242	384,555	6.3	63,499	680,466	9.3
지방채	21,702	65,691	33.0	22,500	74,888	30.0	5,300	141,229	3.8
총계(A)	3,649,132	18,938,837	19.3	4,724,198	23,492,037	20.1	6,275,313	28,734,539	21.8
특별회계	372,957	2,150,920	17.3	399,594	3,080,811	13.0	436,543	3,727,667	11.7
(B/A)×100 (%)	10.2	11.4		8.5	13.1		7.0	13.0	

일반회계

도 편 성

자료) 지방재정연감

30.7%를 기록해 세입에 높은 비중을 차지하고 있다. 더불어 보조금도 1991년 12.6%에서 2011년 30.2%로 크게 증가했다. 지방채 발행에 의한 세입도 크게 증가했음을 알 수 있다. 1993년 약 5억 원의 세입이었으나 2011년에는 63억 원으로 증가했다.

군 단체의 세입에서 지방세가 감소하고 있다. 1991년에는 일반회계의 8.5%를 차지하고 있었으나 2011년에는 5.15%로 감소했다. 교부세는 1991년과 1993년에 40%를 넘었으나 이후 감소하여 30%대를 유지하고 있다. 그리고 보조금의 경우 1991년 26.95%에서 2011년 33.2%로 증가했지만, 전체적으로 30% 내외를 기록하고 있다. 군 단체의 세입 특징은 시단체에서는 세외수입이 감소하고 있지만, 군 단체에서는 증가하고 있다는 것이다. 즉, 1991년 16.4%에서 2011년 21.7%로 증가했다. 전체적으로 전라남도의 재정은 지방세가 감소하고 있고 세외수입, 교부세, 보조금, 지방채 발행에 의존하고 있는 것으로 나타났다.

이러한 재정상황을 전국의 지방자치단체들과 비교하기 위해 나타낸 것이 표 8이다. 도(본청)의 비교에서는 지방세의 비중이 2011년에 5%에 불과하며, 지방채, 교부세, 보조금의 비중이 높다. 시 단체의 경우도 비슷한 양상을 띠고 있다. 지방채 발행에 의한 수입은 2011년 전국대비 1%를 차지하고 있어 다른 자치단체에 비해 상대적으로 낮게 나타났다. 군 단체의 경우에는 도(본청), 시 단체와 비교하여 지방세 비중이 높은 것으로 나타났다. 일반회계에서 차지하는 지방세 비중이 2001년 13.7%로 도(본청)의 4%, 시 단체의 5%보다 높게 나타났다. 반면 세외수입과 교부세, 보조금의 비중이 높게 나타났다.

Ⅳ. 세출구조 변화 추이 분석

1. 일반회계·공기업 특별회계·기타 특별회계

우리나라의 자치법 제126조 제1항에서 지방자치단체의 회계는 일반회계와 특별회계로 구분한다고 명시하고 있으며, 동조 제2항은 특별회계는 법률 또는 지방자치단체의 조례로 설치할 수 있다고 규정하고 있다. 일반회계는 지방자치단체의 기본적인 행정업무를 수행하는 데 필요한 경비를 정리하기 위한 회계이며, 특별회계는 지방자치단체가 특별한 목적을 갖고 일반회계와 분리하여 경리할 필요가 있을 때나 중앙정부의 법률 또는 지방자치단체의 조례에 의하여 설치하는 것으로 공기업 특별회계와 기타 특별회계의 두 종류가 있다.

표 9는 도(본청), 시, 도의 일반회계와 특별회계를 합한 총계규모의 세출현황이다. 총세출에서 일반회계 세출이 차지하는 비중이 1991년 이후

표 9 세출의 회계별 분류 (단위: 백만 원)

		1991	1993	1995	1997	2000
일반회계		1,388,084	1,727,649	2,663214	3,893,120	4,522,280
특별회계	공기업	280,562	210,204	290,620	349,458	285,091
	기타	391,179	472,931	348,762	445,226	628,556
총계		2,059,825	2,410,784	3,302,596	4,687,804	5,435,927

		2002	2004	2006	2011
일반회계		6,606,441	7,031,986	8,563,026	14,961,955
특별회계	공기업	598,065	627,811	613,108	826,842
	기타	640,118	647,025	856,085	1,032,892
총계		7,844,624	8,306,822	10,032,219	16,821,689

주) 각 해당연도의 세출결산 총계 기준.
자료) 지방재정연감.

계속 증가하고 있다. 반면 특별회계는 점점 감소하고 있다. 일반회계 세출이 1991년에 67.4%에서 2011년 88.9%로 증가했고, 특별회계는 1991년 32.6%에서 2011년 11.1%로 감소하고 있다. 이처럼 현재 전남재정은 일반회계의 비중이 높게 나타났지만, 자주재원인 지방세 비중이 낮아 중앙의존재원이 없이는 재정운영이 어려운 상태에 있다.

2. 기능별 분류 · 성질별 분류

모든 지방자치단체가 2008년 회계연도부터 사업예산제도를 실시함에 따라 예산과목체계가 전면적으로 바뀌었다. 기존의 품목예산제도는 개별사업(세세항)과 비목(목–세목) 중심으로 편성 및 집행, 관리하는 예산관리방식이었다. 투입재원의 통제에는 효과적이었지만, 정책우선순위에 입각한 재원배분과 효율적 성과관리에는 한계가 있었다. 따라서 예산계획, 편성, 집행에 이르는 예산체계를 사업단위로 구조화하고 이를 사업 목표와 연결함으로써 성과를 관리하는 사업예산제도를 도입하게 되었다. 사업예산제도하에서는 '분야–부문–정책사업–세부사업–편성비목–통계비목' 으로 된다. 여기서 분야 · 부문은 기능별 분류에 해당되고 편성비목 · 통계비목은 성질별 분류에 해당된다.

1) 기능별 분류

기능별 분류는 지방자치단체가 수행하는 주요 기능에 따른 세출의 분류로 예산정책의 수립을 용이하게 하고 의회의 예산심의를 돕는 데 목적이 있다. 기능별 분류는 세출의 측면에서 자치단체가 수행하고 있는 모든 사업계획과 활동에 관한 정보를 주민에게 알리기 위해 간편형 예산을 취하고 있기 때문에 '시민을 위한 분류'라고도 한다.

1963년 이후 그 기능을 여러 차례 조정하여 2007년까지 일반행정, 사회개발, 경제개발, 민방위비, 지원 및 기타로 나누는 기능별 분류를 사용하였다. 그러나, 2008년 지방예산에 사업예산제도를 도입하면서 기능별 분류를 일반 공공행정, 공공질서 및 안전, 문화 및 관광, 환경보호, 사회복지, 보건, 농림해양수산, 산업·중소기업, 수송 및 교통, 국토 및 지역개발, 과학기술, 예비비의 13개 분야 51개 부분으로 나누어 사용하고 있다. 앞에서 언급했듯이 기능별 분류는 고정되어있지 않다. 이는 정부활동의 기능에 따라 분류한 것이기 때문에 정부에 새로운 활동이 부각되거나 정부활동을 새로운 기준의 의해 분류하면 그 내용이 달라질 수밖에 없다. 표 10은 일반회계세출예산의 기능별 분류를 나타낸 것이다.

도(본청)의 기능별 세출은 사회개발비와 경제개발비의 비중이 높다. 경제개발비의 경우 1991년 61.8%를 기록했지만, 이후 감소하여 2006년에는 41.9%였다.[5] 이와는 반대로 사회개발비가 지속적으로 증가하고 있다. 1991년 20.0%에서 2006년에는 45.1%로 증가했다. 이는 지역 경제정책이 성장에서 지역주민의 삶의 질을 향상시키는 것으로 변화하고 있다는 것을 의미한다. 이러한 현상은 시 단위에서도 관찰되고 있다. 1991년에는 경제개발, 사회개발, 일반행정의 순으로 나타났지만, 2006

---

5) 1991년부터 1995년까지의 기능별 항목은 의회비, 일반행정, 사회복지, 산업경제, 지역개발, 문화체육, 민방위, 지원 및 기타이다. 1997년 이후 2006년까지는 일반행정, 사회개발, 경제개발, 민방위, 지원 및 기타로 구성되어 있다. 분석을 위해 1991년부터 1995년까지의 의회비를 일반행정에 포함했고, 문화체육은 사회개발에 포함시켰다. 그 이유는 의회비의 경우 선거와 의회운영비로 구성되어있어 일반행정에 포함시켜도 무방할 것으로 판단했기 때문이다. 문화체육의 경우, 문화예술, 체육, 교육으로 구성되어 있어 사회개발비의 내용과 동일한 부분이 많기 때문이다.

표 10 일반회계세출예산의 기능별 분류(백만 원, %)

		1991	1993	1995	1997	2000	2002	2004	2006
도 편 정	일반행정	39,822 (9.4)	39,018 (7.3)	75,274 (9.2)	89,701 (6.0)	154,600 (8.7)	300,362 (10.6)	114,833 (4.5)	209,671 (6.6)
	사회개발	84,543 (20.0)	106,526 (19.8)	129,723 (15.8)	356,813 (23.7)	586,497 (33.1)	807,971 (28.6)	994,481 (38.9)	1,424,325 (45.1)
	경제개발	261,689 (61.8)	317,061 (59.0)	539,940 (65.8)	881,933 (58.5)	902,325 (51.0)	1,549,031 (54.9)	1,268,574 (49.7)	1,324,347 (41.9)
	민방위비	2,548 (0.6)	19,538 (3.6)	24,390 (3.0)	50,877 (3.4)	52,145 (2.9)	67,085 (2.4)	88,753 (3.5)	97,129 (3.1)
	지원 및 기타	34,779 (8.2)	55,355 (10.3)	51,103 (6.2)	127,842 (8.5)	74,821 (4.2)	99,175 (3.5)	87,460 (3.4)	102,954 (3.3)
	합계	423,381	537,498	820,430	1,507,166	1,770,388	2,823,624	2,554,101	3,158,453
시	일반행정	48,429 (22.5)	76,307 (31.3)	167,928 (33.2)	205,151 (22.6)	243,109 (21.1)	298,312 (17.3)	344,498 (21.3)	424,529 (21.0)
	사회개발	61,064 (28.3)	82,863 (34.0)	121,439 (24.0)	407,427 (44.9)	494,030 (42.9)	682,313 (39.7)	726,008 (44.8)	887,571 (43.6)
	경제개발	93,317 (43.3)	69,816 (28.7)	197,675 (39.0)	248,099 (27.3)	334,262 (29.0)	684,314 (39.8)	497,946 (30.7)	657,188 (32.3)
	민방위비	7,623 (3.5)	1,717 (0.7)	1,391 (0.3)	2,443 (0.3)	3,097 (0.3)	3,834 (0.2)	1,891 (0.1)	2,957 (0.1)
	지원 및 기타	4,997 (2.3)	12,718 (5.2)	17,856 (3.5)	44,733 (4.9)	76,053 (6.6)	51,517 (3.0)	50,095 (3.1)	63,964 (3.1)
	합계	215,452	243,421	506,289	907,853	1,150,551	1,720,290	1,620,438	2,036,209

군		1991	1993	1995	1997	2000	2002	2004	2006
	일반행정	185,106 (29.1)	247,343 (30.0)	341,564 (31.2)	433,228 (23.1)	503,656 (23.2)	584,137 (19.6)	696,973 (23.1)	784,482 (22.8)
	사회개발	101,463 (15.9)	145,362 (17.6)	166,939 (15.2)	588,908 (31.5)	768,185 (35.4)	1,094,682 (36.8)	1,121,888 (37.2)	1,389,290 (40.4)
	경제개발	328,280 (51.5)	399,006 (48.4)	556,388 (50.8)	790,259 (42.3)	815,837 (37.6)	1,215,051 (40.8)	1,124,842 (37.3)	1,210,154 (35.2)
	민방위비	8,553 (1.3)	6,109 (0.7)	3,796 (0.3)	7,871 (0.4)	5,167 (0.2)	6,324 (0.2)	6,666 (0.2)	16,254 (0.5)
	지원 및 기타	13,685 (2.1)	20,009 (2.4)	28,386 (2.6)	49,621 (2.7)	78,059 (3.6)	74,660 (2.5)	68,117 (2.3)	36,654 (1.1)
	합계	637,087	824,081	1,095,777	1,869,887	2,170,904	2,974,854	3,018,486	3,436,834

주) ( )는 합계에 차지하는 비중.
자료) 지방재정연감

년에는 사회개발, 경제개발, 일반행정의 순으로 변화했다. 즉, 성장 중심에서 복지, 문화, 환경 중심으로 이행하고 있다는 것이다. 전라남도 군 단위의 기능별 세출은 도(본청), 시 단위와 비슷하게 지역 경제개발비의

표 11 2009년과 2011년의 일반회계세출예산의 기능별 분류(백만 원, %)

	2009			2011		
	도(본청)	시	군	도(본청)	시	군
일반공공행정	325,535 (6.9)	135,161 (5.0)	326,190 (6.0)	320,669 (6.3)	132,599 (4.6)	294,267 (5.5)
공공질서 및 안전	277,978 (5.9)	44,942 (1.7)	121,645 (2.2)	236,952 (4.6)	63,667 (2.2)	154,241 (2.9)
교육	–	51,571 (1.9)	21,749 (0.4)	142,164 (2.8)	72,627 (2.5)	34,811 (0.7)
문화 및 관광	434,613 (9.3)	207,490 (7.6)	391,659 (7.2)	714,241 (13.9)	239,342 (8.4)	393,956 (7.4)
환경보호	434,657 (9.3)	187,093 (6.9)	484,658 (8.9)	372,663 (7.3)	185,276 (6.5)	432,357 (8.1)
사회복지	1,036,114 (22.1)	605,604 (22.3)	802,757 (14.8)	1,066,746 (20.8)	644,855 (22.6)	785,489 (14.7)
보건	51,962 (1.1)	48,265 (1.8)	81,338 (1.5)	45,494 (0.9)	42,675 (1.5)	97,535 (1.8)
농림해양수산	1,047,807 (22.4)	293,145 (10.8)	1,434,323 (26.4)	1,038,540 (20.3)	314,161 (11.0)	1,457,065 (27.3)
산업·중소기업	209,150 (4.5)	55,985 (2.1)	107,745 (2.0)	147,573 (2.9)	51,312 (1.8)	87,445 (1.6)
수송 및 교통	337,574 (7.2)	290,611 (10.7)	269,990 (5.0)	372,219 (7.3)	344,934 (12.1)	221,841 (4.2)
국토 및 지역개발	295,884 (6.3)	370,894 (13.7)	627,145 (11.6)	336,828 (6.6)	317,445 (11.1)	568,437 (10.6)
과학기술	2,716 (0.1)	–	3,428 (0.1)	819 (0.0)	–	5,027 (0.1)
예비비	–	44,938 (1.7)	55,184 (1.0)	64,772 (1.3)	52,409 (1.8)	57,588 (1.1)
기타	232,497 (5.0)	377,940 (13.9)	696,619 (12.8)	266,531 (5.2)	390,971 (13.7)	751,285 (14.1)
합계	4,686,487	2,713,639	5,424,430	5,126,211	2,852,273	5,341,344

자료) 지방재정연감

감소, 사회개발비가 증가하고 있다. 전체적으로 전라남도는 경제개발비가 감소하면서 사회개발비가 증가하고 있다. 이는 1990년대와 비교하여 지역 경제성장에 몰입했던 것에서 탈피하여 지역 주민의 생활향상을 위한 비용지출의 증가라고 할 수 있다. 이러한 해석은 앞에서도 언급했지만 사회개발비의 내역에 교육 및 문화, 보건 및 생활환경 개선, 사회보장, 주택 및 지역사회 개발로 구성되어있어 지역주민 생활의 질적 향상을 위한 것이라고 할 수 있기 때문이다. 이러한 기능별 세출에서의 사회복지비는 앞으로도 계속 증가할 것으로 예상된다. 표 11은 2009년과 2011년의 기능별 세출의 내역을 나타낸 것이다.

2009년과 2011년의 도(본청)의 기능별 세출은 농림수산과 사회복지가 20% 이상을 차지하고 있지만, 점차 감소경향을 보이고 있다. 농림수산의 경우 2009년에 비해 농촌과 어촌관련 비용이 감소한 것이 그 요인으로 작용하고 있다. 한편 2009년에 비해 크게 증가한 것은 문화 및 관광 분야이다. 이 분야에서는 관광과 체육관련 비용의 증가가 원인으로 작용했다. 다른 항목들은 10% 이하로 2009년과 거의 비슷한 수준을 기록했다. 시 단위의 기능별 세출에서는 사회복지가 20% 이상을 차지하고 있다. 이는 기초생활보호, 취약계층지원, 보육, 가족 및 여성, 노인 및 청소년과 관련된 비용이 높기 때문이다. 다른 항목들은 2009년과 비슷한 수준으로 나타났다. 군 단위의 기능별 세출은 사회복지와 농림해양수산부문에서 높은 비중을 차지하고 있다. 사회복지에서는 노인, 청소년과 관련된 비용이 작용하고 있고, 농림해양수산에서는 농촌과 농업관련 비용이 많은 부분을 차지하고 있다.

2) 성질별 분류

성질별 분류는 지방자치단체의 재정지출이 어떤 형태로 이루어지고, 어떤 경제적 기능을 갖는 경비가 얼마나 지출되고 있는가를 개괄적으로 파악하기 위한 분류방식이며, 예산의 집행을 감독하고 경비사용의 적정을 기하기 위하여 필요한 분류방법이다. 지방자치단체 세출의 성질별 분류기준은 1980년 초반 이후 인건비, 물건비, 이전경비, 자본지출비, 융자·투자, 보전재원, 내부거래, 예비비 · 기타 등의 여덟 가지로 구성되어 현재까지 변하지 않았으며, 2008년부터 도입된 사업예산제도하에서는 '이전경비'가 '경상이전'으로 바뀌었다.

인건비는 지방정부의 행정활동에 요구되는 인적자원의 고용에 소요되는 의무적 경비이고, 물건비는 행정사무의 집행에 소요되는 자재 조달비와 활동비로서 기관운영에 소요되는 경상적 경비의 일종이다. 인건비와 물건비는 지방정부의 대표적인 의무적 경비인 동시에 경직서 경비라고 할 수 있다. 이전경비는 다른 지방정부, 가계, 기업 등으로 이전하는 경상이전적 경비이다. 융자 및 출자는 비금융 공기업, 금융기관에 대해 융자 또는 출자에 소요되는 경비이다. 내부거래는 회계 간, 계정 간에 이루어지는 전출금, 전입금, 예탁금 등에 소요되는 경비이다. 표 12는 1991년에서 2006년까지의 일반회계세출예산 성질별 내용을 나타낸 것이다.

도(본청)의 성질별 세출은 자본지출과 이전경비가 높은 비중을 차지하고 있다. 구체적으로 자본지출은 1997년 이후 감소경향을 보이고 있지만, 전체 50% 이상을 차지하고 있다. 이전경비는 1991년에는 20%였으나 2006년에는 30%로 증가하고 있다. 이는 앞에서 설명한 기능별 세출

표 12 일반회계예산세출의 성질별 분류(백만 원, %)

		1991	1993	1995	1997	2000	2002	2004	2006
도 본 청	인건비	21,941 (5.2)	38,961 (7.2)	48,703 (5.9)	64,840 (4.3)	69,835 (3.9)	83,361 (3.0)	103,914 (4.1)	156,373 (5.0)
	물건비	27,607 (6.5)	35,907 (6.7)	43,739 (5.3)	62,149 (4.1)	61,225 (3.5)	69,158 (2.4)	92,706 (3.6)	69,539 (2.2)
	이전 경비	84,824 (20.0)	122,051 (22.7)	152,550 (18.6)	249,492 (16.6)	421,955 (23.8)	627,700 (22.2)	717,274 (28.1)	951,987 (30.1)
	자본 지출	247,100 (58.4)	264,695 (49.2)	541,111 (66.0)	1,046,381 (69.4)	1,142,745 (64.5)	1,782,421 (63.1)	1,462,163 (57.2)	1,757,472 (55.6)
	융자, 출자	201 (0.0)	366 (0.1)	8,988 (1.1)	36,275 (2.4)	6,853 (0.4)	9,274 (0.3)	15,020 (0.6)	7,524 (0.2)
	보전 재원	7,514 (1.8)	3,099 (0.6)	2,972 (0.4)	25,165 (1.7)	–	–	240 (0.0)	4,289 (0.1)
	내부 거래	22,347 (5.3)	51,418 (9.6)	13,521 (1.6)	3,014 (0.2)	48,947 (2.8)	231,068 (8.2)	146,397 (5.7)	194,753 (6.2)
	예비, 기타	11,846 (2.8)	21,001 (3.9)	8,846 (1.1)	19,850 (1.3)	18,828 (1.1)	20,644 (0.7)	16,387 (0.6)	16,516 (0.5)
	합계	423,380	537,498	820,430	1,507,166	1,770,388	2,823,626	2,554,101	3,158,453
시	인건비	45,052 (20.9)	59,242 (24.3)	103,298 (20.4)	122,103 (13.4)	137,171 (11.9)	159,451 (9.3)	196,765 (12.1)	280,680 (13.8)
	물건비	25,479 (11.8)	36,850 (15.1)	77,005 (15.2)	111,000 (12.2)	139,855 (12.2)	152,940 (8.9)	164,629 (10.2)	147,852 (7.3)
	이전 경비	30,907 (14.3)	38,897 (16.0)	69,790 (13.8)	111,861 (12.3)	199,689 (17.4)	306,096 (17.8)	377,821 (23.3)	582,351 (28.6)
	자본 지출	99,576 (46.2)	73,026 (30.0)	227,963 (45.0)	500,102 (55.1)	596,444 (51.8)	1,020,686 (59.3)	802,863 (49.5)	919,270 (45.1)
	융자, 출자	–	–	1,163 (0.2)	–	–	–	–	–
	보전 재원	963 (0.4)	4,431 (1.8)	2,466 (0.5)	6,171 (0.7)	20,312 (1.8)	8,388 (0.5)	7,614 (0.5)	6,339 (0.3)
	내부 거래	6,962 (3.2)	19,795 (8.1)	11,597 (2.3)	20,546 (2.3)	8,340 (0.7)	33,449 (1.9)	31,797 (2.0)	48,654 (2.4)
	예비, 기타	6,513 (3.0)	11,180 (4.6)	13,007 (2.6)	36,070 (4.0)	48,740 (4.2)	39,280 (2.3)	38,949 (2.4)	51,062 (2.5)
	합계	215,452	243,421	506,289	907,853	1,150,551	1,720,290	1,620,438	2,036,208

자료) 지방재정연감

표 12 일반회계예산세출의 성질별 분류(백만 원, %)(계속)

		1991	1993	1995	1997	2000	2002	2004	2006
도 본 청	인건비	143,781 (22.6)	197,988 (24.0)	208,849 (19.1)	249,767 (13.4)	243,131 (11.2)	283,519 (9.5)	356,959 (11.8)	510,935 (13.8)
	물건비	68,111 (10.7)	111,617 (13.5)	141,589 (12.9)	220,635 (11.8)	254,747 (11.7)	295,437 (9.9)	318,459 (10.6)	270,164 (7.3)
	이전 경비	80,501 (12.6)	106,553 (12.9)	121,339 (11.1)	202,860 (10.8)	320,410 (14.8)	514,495 (17.3)	605,516 (20.1)	905,586 (24.5)
	자본 지출	309,923 (48.6)	322,883 (39.2)	580,590 (53.0)	1,094,533 (58.5)	1,263,053 (58.2)	1,763,248 (59.3)	1,632,345 (54.1)	1,847,179 (50.1)
	융자, 출자	23 (0.0)	290 (0.0)	72 (0.0)	76 (0.0)	100 (0.0)	150 (0.0)	50 (0.0)	16,100 (0.4)
	보전 재원	2,772 (0.4)	3,249 (0.4)	4,880 (0.4)	13,103 (0.7)	7,426 (0.3)	12,707 (0.4)	13,020 (0.4)	20,358 (0.6)
	내부 거래	10,691 (1.7)	45,846 (5.6)	17,020 (1.6)	55,793 (3.0)	27,008 (1.2)	52,902 (1.8)	44,141 (1.5)	60,878 (1.6)
	예비, 기타	21,284 (3.3)	35,655 (4.3)	21,438 (2.0)	33,120 (1.8)	55,029 (2.5)	52,395 (1.8)	47,996 (1.6)	58,738 (1.6)
	합계	637,086	824,081	1,095,777	1,869,887	2,170,904	2,974,853	3,018,486	3,689,938

자료) 지방재정연감

에서 사회개발비의 증가가 원인으로 작용하고 있다. 나머지 비용은 전체 10% 이하를 기록하고 있다. 시 단위에서는 이전경비와 자본지출의 비중이 높다. 이전경비는 지방자치단체가 다른 지역 지방자치단체, 가계, 기업 등에 지출되는 경상이전적인 경비를 나타낸다. 1991년 14.3%에서 2006년 28.6%로 증가했다. 자본지출의 경우 2002년에는 약 60%를 차지했으나 이후 감소경향을 보이고 있다. 이는 지방정부가 자본형성을 위한 투자비용의 지출이 많다는 것을 나타낸다. 군 단위의 경우에도 자본지출과 이전지출, 인건비 항목에서 높게 나타났다. 전체적으로 도(본청), 시·군 단위 단체들은 자본지출의 비중이 높아 고정자본 형성을 위한 투자가 활발히 진행되고 있음을 알 수 있다. 표 13은 2009년과

표 13 2009년과 2011년의 일반회계세출예산의 기능별 분류(백만 원, %)

	2009			2011		
	도(본청)	시	군	도(본청)	시	군
인건비	177,903 (3.8)	342,951 (12.6)	621,619 (11.5)	200,056 (3.9)	336,340 (11.8)	607,720 (11.4)
물건비	83,572 (1.8)	178,742 (6.6)	357,101 (6.5)	93,519 (1.8)	192,607 (6.8)	389,020 (7.3)
이전경비	1,669,343 (35.6)	899,908 (33.2)	1,466,905 (27.0)	1,848,495 (36.1)	1,072,940 (37.6)	1,558,027 (29.2)
자본지출	2,467,770 (52.7)	1,173,677 (43.3)	2,759,547 (50.9)	2,570,100 (50.1)	1,118,825 (39.2)	2,559,360 (47.9)
융자, 출자	7,104 (0.2)	–	2,183 (0.0)	8,960 (0.2)	–	6,000 (0.1)
보전재원	5,548 (0.1)	6,287 (0.2)	42,813 (0.8)	32,203 (0.6)	24,007 (0.8)	44,189 (0.8)
내부거래	220,479 (4.7)	46,868 (1.7)	77,867 (1.4)	277,589 (5.4)	40,205 (1.4)	81,559 (1.5)
예비, 기타	54,800 (1.2)	65,207 (2.4)	96,261 (1.8)	95,288 (1.9)	67,349 (2.4)	95,468 (1.8)
합계	4,686,519	2,713,640	5,424,296	5,126,210	2,852,273	5,341,343

자료) 지방재정연감

2011년의 세출예산의 성질별 분류를 나타낸 것이다.

도(본청)의 2009년과 2011년의 성질별 세출에서는 이전경비와 자본지출이 상당히 높은 것으로 나타났다. 앞에서 언급했듯이 이전경비는 기능별 분류에서 사회개발비의 증가와 일맥상통하는 경향이 있다고 할 수 있다. 그리고 자본지출비의 증가는 정부의 국책사업과 맞물려 지방자치단체의 자본축적이 증가했기 때문이다. 시 단위의 성질별 세출에서는 자본지출이 감소하면서 이전경비가 증가하고 있다. 이는 도(본청)의 세출과 비슷한 것으로 지역인구 고령화의 영향과 지역 고정자본형성이 증가했기 때문이라고 할 수 있다. 군 단위에서도 2009년에 비해 자본지출의 비중이 감소하고 있지만, 2011년에는 47.9%를 차지하고 있어 여전히 가장 높은 항목이다. 그리고 이전경비는 2009년에 비해 약간 증가하여 29.2%를 차지하고 있다. 전체적으로 2009년과 2011년에는 도(본청), 시·군 단위에서 자본지출과 이전경비가 상당히 높은 비중을 차지한다.

V. 지속가능한 전남재정을 위한 과제

전남의 재정은 열악한 상황에 있다. 2011년 기준으로 전남의 시 단위의 지방세 비중이 16.6%, 군 단위 5.2%로 나타났다. 이는 전국의 23.6%와 7.1%에 비교하여 상당히 낮은 수준이다. 즉, 전남의 재정 압박이 심하다는 것이다. 또한 전남에서는 인구고령화가 빠르게 진행되고 있어 재정 압박이 더욱 심화될 것으로 사료된다. 지방자치단체가 실질적이고 실효성 있는 재정자율권을 보유하고 재정적 행위에 대해 책임성을 지며, 재정분권의 효율성을 제고하기 위한 노력이 필요하다. 합리적인 재정운영을 위해 주민과 시민단체들이 합리적이고 지속적인 참여를 위한 여건을 조성해야 한다는 것이다.

그러나 지방자치가 실시된 지 20년이 지난 지금도 중앙정부의 통제와 관리가 여전히 남아있어 자치단체의 노력에도 한계가 있다. 바꿔 말하면 세입구조의 경직성이 존재하고 있지만, 세출구조는 국가정책과 맞물려 팽창하고 있어 재정건전성을 상실하고 있다는 것이다. 다행히 2010년 지방소득세, 지방소비세가 도입되면서 변화가 시작되고 있다. 또한 2011년 지방세기본법, 지방세법, 지방세특례제한법 등으로 분법되어 시행되면서 재정분권의 정책기조가 변하기 시작하고 있다. 이러한 상황에서 지속가능한 재정을 위해서는 효율적인 재정운영이 중요하다. 재정활동은 공공서비스를 안정적으로 공급하는 경제활동이다. 이를 위해서는 재정건전성 확보, 적정한 서비스, 재정운영의 탄력성이 요구된다. 세입구조의 경직으로 가용재원이 한정되어있어 선심성 세출을 억제하는 재정관리가 필요하다.

전남의 재정건전성을 파악을 위해 세입과 세출로 나누어 검토해보면 다음과 같다.

먼저 세입 면에서는 가용재원의 부족현상이 뚜렷하게 나타나고 있다. 이는 일반회계에서 차지하는 지방세의 비중이 낮다는 것을 의미한다. 이를 보전하기 위해 중앙재원에 의존하거나 지방채를 발행하고 있는 현실이다. 이러한 현상은 시·군 단위에서도 나타나고 있다. 따라서 전남 재정의 지속을 위해서는 지방세 확충을 위한 노력이 요구되고 있다. 현재 각 지방자치단체들은 지방세 세수확충을 위해 노력하고 있다. 특히 전남은 지방세 비중이 10% 이하를 기록하고 있어 세수마련을 위한 노력이 절실히 필요하다.

그리고 세출 면에서의 효율적 운영이 요구된다. 전남의 기능별 세출 동향의 특징은 사회개발비와 경제개발비의 비중이 높다는 것이다. 사회개발비는 교육, 문화, 보건 및 환경개선, 시회보장비 등으로 구성되어있다. 경제개발비는 농수산개발, 지역경제개발, 국토자원보존개발, 교통관리로 구성되어 있다. 경제개발비는 점차 감소하고 있지만, 사회개발비는 증가추세에 있다. 이러한 세출구조는 지역인구의 고령화로 전남의 재정을 더욱 압박할 것으로 예상된다. 성질별로 세출 동향을 보면 이전

경비와 자본지출의 비중이 높게 나타났다. 이전경비는 자본이전경비가 포함되지 않는 단순한 경상적 이전경비이다. 이전경비는 지방정부로부터 국가, 가계, 다른 지방자치단체 등에 지출하는 것으로 연금, 일반보상금 등으로 구성되어있다. 자본지출은 시설비, 공기업자본 전출금 등으로 구성되어있어 지방정부의 자본형성을 위한 직접투자비용과 자본형성을 위한 자본보조금도 포함되어있다. 자본지출의 비중이 높다는 것은 지방의 공공사업 등이 활발하게 진행되고 있다는 것으로 해석할 수 있다. 이는 지방재정 능력을 고려하지 않고 무리한 사업을 추진하고, 전시행정으로 연결될 수 있어 재정의 효율적 운영을 위해서는 관리와 통제가 필요한 항목이기도 하다. 따라서 세출 면에서 지속적인 전남재정을 위해서는 주민, 시민단체, 지방의회가 감독과 견제를 해야 할 것이다. 또한 주민들은 무리한 재정요구를 자제할 필요가 있다. 따라서 민·관이 협력하여 전남 재정의 효율적 운영과 재정분권의 실현을 위해 지속적인 노력이 필요하다.

〈참고문헌〉

김경환(1992). "지방세 기능강화 방안." 송대희·노기성(편), 『한국의 지방재정: 이론과 실무』, 해남출판사.

김정훈(외)(2000). 『지방자치환경의 변화에 따른 지방조정제도의 개편방안』, 한국조세연구원.

이재은(2011). "지방재정건전화를 위한 지방세제 개선방안." 「지방재정 건전화를 위한 세제개편과 감면제도 개선방안 토론회」, 경기도의회.

이효(1998). 『재정위기를 위한 지방채 운영』, 한국지방행정연구원.

이희봉(2011). 『거버넌스 지방재정』, 사회문화사.

염명배(2004). "지방분권 및 '국가균형발전'과 지방재정: 국세·지방세 재분배

문제를 중심으로." 『한국재정 · 공공경제학회』, 제18권 2호.

오병기(2011). 「전남세입(지방세, 교부세, 보조금 수입) 구조 변화추이 분석」, 전남발전연구원.

전상경(2011). 『현대지방재정론』, 박영사.

손희준(2011). "재정분권을 위한 중앙과 지방간 재원분배 방안." 「지방재정의 주요현안과 발전방향」, 한양대학교 지방자치연구소, 제41차 지방자치정책세미나.

행정안전부. 『지방재정연감』, 각 년도

전라남도. 『전남통계연보』, 각 년도.

행정안전부. http://lofin.mopas.go.kr/lofin_stat/budget/gyumo/ Gyumo_SoonChong_01.jsp

재정고. http://lofin.mopas.go.kr/

전라남도 지방세 확충을 위한 신세원 발굴방안 :

일본의 사례로 본 법정외 목적세 도입

김용민[*]

1. 서론

전남의 지방재정은 1990년대 지방자치제도가 실시되었음에도 불구하고 여전히 중앙에 의존하는 체질에서 벗어나지 못하고 있다. 이는 자주재원이 열악한 상태에 있고 국책사업 등으로 재정지출이 증가해 재정운

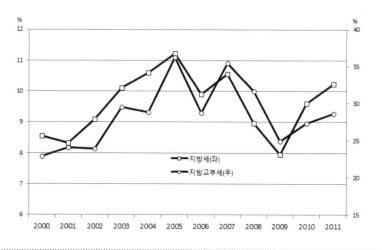

그림 1 지방세와 지방교부세의 비율변화
자료) 전남통계연보

* 목포대학교 경제학과 시간강사

영의 어려움이 가중되고 있기 때문이다. 다시 말해 지방재정의 가용재원이 부족하여 재정운영의 경직성을 심화시켜 재정의 자율성과 책임성 확보를 어렵게 하고 있다는 것이다. 실제 지방재정운영이 어느 정도의 상황인지를 파악하기 위해 나타낸 것이 그림 1이다.

그림 1에서 알 수 있듯이 일반회계에서 전남의 지방세 비율이 1할에도 미치지 못하고 있다. 지방세수는 2001년 이후 지속적으로 증가하여 2005년 11.2%를 기록했지만, 이후 증가와 감소를 반복하고 있다. 지방세가 2008년부터 2010년까지 10% 이하를 기록하여 가용재원이 취약한 상태에 있다. 지방교부세는 2000년 이후 지속적으로 증가하는 경향을 보여 2005년에는 36.2%를 차지했지만, 2007년 이후 감소하는 경향을 보이고 있다. 이러한 지방교부세의 감소는 2007년 이후 경기부양을 위한 감세정책이 내국세 감소로 이어져, 이를 기초로 하는 지방교부세의 감소가 열악한 지방재정을 더욱 위축시키고 있다. 감세정책과 함께 지방재정의 세수원이었던 부동산관련 세제의 한시적 면제는 지방재정을 악화시키는 요인으로 작용하고 있다.

그렇다고 경기불황의 상황에서 제도적 개선을 통해 세원을 발굴하거나 세율인상 등으로 세수의 규모를 확대하는 것은 납세자의 조세저항으로 이어져 사회적 합의를 이끌어내기 어렵다.[1]

지방자치가 실시된 이후 자치단체의 재정자립에 대한 논의가 활발하게 전개되고 있지만, 신세원 발굴을 위한 제도적 제약에 의해 지방자치단체의 자주권이 구현되지 못하고 있는 실정이다.[2]

---

1) 조규일(2013). "지방세외 수입금의 효율적 징수를 위한 법률제정 추진."『지방세포럼』제9호, p. 28.
2) 임주영(2013). "레저세 확대개편을 통한 지방세수 확충방안에 대한 연구."『지방세포럼』제9호, pp. 18-19.

본고에서는 이러한 지방재정의 상황을 개선하고 자주세원의 강화를 위해 일본의 사례를 통해 법정외 목적세 도입의 방안을 검토하고자 한다. 실제 제도적 도입까지는 담론의 형성과 정치권과의 논의 등 다양한 의견수렴과 복잡한 절차를 거쳐야 하지만, 지방재정의 과세자주권 확보 차원에서의 일본의 사례는 전남의 열악한 재정상황에 시사하는 바가 클 것으로 사료된다.

2. 신세원 도입의 타당성

향후 지방재정의 개편방향은 재원조달의 자주성 강화, 국세와 지방세의 재분배를 통한 자치단체의 자체재원 확대, 이를 통한 재정운영의 효율성 제고가 될 것이다.[3]

실제 2010년 지방소득세 · 지방소비세의 도입을 계기로 제도의 구조적 변화가 시작되고 있다. 다시 말해 그동안 세수탄력성이 낮은 자산과세 위주의 지방세 구조에서 벗어나, 제도적 변화를 꾀하고 있다는 것이다.[4]

이는 국내적으로 정부 간 재정분배의 효율성을 달성하려는 것이며 대외적으로는 글로벌화의 진전으로 세계 경제가 소수의 거대 광역경제권

---

3) 박병희 · 오병기(2011). "지방소비세 도입 및 교부세 인센티브 강화에 대한 전남의 대응." 『녹색전남』 69호, p. 194.
4) 지방자치제 실시 이후 지방세제도의 변화는 다음과 같다. 종합토지세(1989년), 지역개발세(1992년), 담배소비세(1989년), 주행세(2000년), 지방교육세(2001년)의 지방세로 이양, 경주 · 마권세를 레저세로, 농지세를 농업소득세로 명칭을 변경, 지방세의 종합토지세 폐지(2005년)와 국세의 종합부동산세 신설(2005년), 재산세 세율체계의 조정(2005년), 원자력 발전에 대한 지역개발세 신설(2005년), 지하지원에 대한 지역개발세 세율현실화(2006년) 등이다. 김의섭(2011). "재정분권과 지방재정의 자율성 제고: 참여정부 이후 재정분권을 중심으로." 『재정정책논문집』 제13권 제2호, p. 128.

에 의해 선도되고 있다는 점에서 실질적 지방분권의 필요성이 대두대고 있음을 함축하고 있다. 이러한 의미에서 지방재정을 확충하기 위한 신세원 발굴은 그 중요성을 더하고 있다. 신세원 발굴의 타당성은 다음과 같은 의미에서 필요할 것으로 사료된다.

1) 지방재정의 효율성 제고

재정분권을 위한 신세원 도입은 자주재정권 확보에 의한 효율성 제고와 수익과 부담에 의한 외부성의 극복에 있다.[5]

자주재정권 확보로 효율성을 제고한다는 것은 최소비용의 공공서비스 공급과 서비스가 주민의 욕구와 일치하는 것이다. 지방자치는 지역주민들이 소비할 지역공공재를 자신들의 선택에 따라 자신들의 부담으로 공급하는 자기책임의 원칙에 근거하고 있다. 이는 공공부문의 경제적 역할 중 자원분배의 효율성을 달성한다는 측면에서 의미가 있다. 이를 위해서는 지방세제체계가 응익원칙을 효과적으로 운영할 수 있는 제도적 설계가 필요하다.[6]

2) 지역경제와 지방재정의 순환구축

지방자치단체의 지역경영 활동을 촉진하기 위해서는 지역 경제의 성과가 지방재정으로 순환되는 구조의 구축이 필요하다. 그동안 각 자치단체들은 지역문제를 중앙의 지역정책에 의존하는 경향을 노정해왔다. 그

---

5) 윤완석(2003). "신재원 개발방향과 한계." 『지방세』 제5호, pp. 16-20.
6) 곽채기(2003). "재정분권화를 위한 지역의 신세원 발굴과 지방세 수용방안." 『법학논총』 제23권 1호, p. 374.

러나 중앙정부 정책은 지역 경제의 균형발전보다는 경제성장에 초점을 맞추어, 선택과 집중에 편중하는 성장지상주의에 몰입되어 왔다. 그 결과 지역 경제구조가 대도시 중심으로 재편되어 지역 경제가 위축되는 현상을 초래했다. 이는 지역 경제 활동과 지방재정 간의 순환과정을 억제하는 역할로 작용했고, 민간기업의 지역유치를 통한 지역 활성화의 성과가 국세로 귀속되어 지방재정 수입증대에 기여하지 못했다.

3) 지방세 체계의 변화

재정분권은 세입과 세출의 분권을 의미한다. 세출분권을 위해서는 전제조건으로 세입분권이 이루어져야 한다. 지방재정의 단점은 지방세입의 구조가 취약하고 중앙에 비해 세출비중이 높은 세출분권으로 진행되어 왔다는 것이다. 지방세입 기반이 취약할 수밖에 없는 이유는 지방세가 재산과세 위주의 구조를 가지고 있어 세수 신장성이 낮기 때문이다. 재산과세는 세수의 소득·소비탄력성이 낮아 국가나 지역 경제발전에 따른 소득과 소비의 증가가 직접 지방세수 증대로 이어지지 않으므로 세수 신장성이 낮을 수밖에 없다. 지방과세와 관련하여 다양한 원칙이 존재하고 있으나, 일반적으로 지방세원칙은 안정성, 보편성 및 편익성이며, 이에 가장 적합한 지방세는 재산과세로 알려져있다. 이는 공공서비스의 효율적이고도 안정적인 제공이 가장 중요시되기 때문이며, 조세경쟁 가능성과 이동성이 낮고 안정적인 편익과세가 지방세로 바람직하다는 것에 근거를 두고 있다.[7]

---

7) 송상훈(2012). "재정분권강화를 위한 국세 및 지방세 조정." 『동계학술대회 논문집』 한국지방재정학회, p. 8.

그러나 재산과세의 상당 부분이 부동산 거래과세인 취득세가 차지하고 있어 부동산 경기변동의 영향을 많이 받을 수밖에 없다.[8]

따라서 세입분권을 달성하기 위해서는 재산과세 위주의 조세체계에서 벗어나 지방재정 확충을 위한 지방세 확보가 필요하다.

3. 신세원 도입의 조세원칙

신세원 도입은 법률개정에 의한 세목설정 방식과 자치단체의 조례제정을 통한 법정외세로 나눌 수 있다. 법률개정에 의한 세목조정은 헌법 제59조의 조세법률주의에 근거를 두고 있다. 조세법률주의와 관련하여 헌법 제117조에서는 '지방자치단체는 주민의 복리에 관한 사무를 처리하고 재산을 관리하여 법령의 범위 안에서 자치에 관한 규정을 제정할 수 있다.'고 규정하고 있어 법 해석의 범위에 따라 의미가 달라진다. 이는 헌법 제59조의 내용을 좁게 해석하면 국회를 통과한 법률 이외에 새로운 세목을 설치한다는 것이 불가능하다는 것이다. 그러나 넓게 해석하면 지방세법에 조세부과의 근거가 마련될 경우 법정외 지방세의 신설이 가능할 수도 있다. 이는 지방자치단체의 과세권은 지방세법에 의해 부여된 것이 아니라 자치권의 일환으로 헌법에 의해 직접 부여된 것으로 보고 법률에 위반되지 않는 범위 내에서 조례로 새로운 세목 설치가 가능하다는 것에 근거를 두고 있다.[9]

신세원을 지방세로 도입하기 위해서는 지방세 원칙을 충족시킬 필요

---

8) 박상수 · 임민영(2012). "지방재원 확충을 위한 지방소득세 확대 · 개편방안에 관한 연구." 「지방재정학회세미나 자료」, pp. 5-8.
9) 박병희(2012). "신세원 발굴과 재정자립." 「지방세발전포럼」, p. 37.

가 있다. 지방세 원칙에 대해서는 여러 학자들 사이에 견해가 다르다.[10]

일반적으로 지방세가 갖추어야 할 요건에 대해 검토하면, 지방세가 조세의 일부이기 때문에 조세원칙(공평, 중립, 간소)을 충족시켜야 한다. 여기에 더해 지방세원칙에는 안정성의 원칙, 신장성의 원칙, 보편성의 원칙, 응익성의 원칙 등이 있다.

1) 안정성의 원칙

지속적으로 증가하는 재정수요를 충당하기 위해서는 안정적인 조세수입이 필요하다. 즉, 지방자치단체의 경비에는 경상적 비용이 많기 때문에 세수도 원활한 운영을 위해 변동이 적고 안정적인 것이 바람직하다.

2) 신장성의 원칙

지역인구의 고령화가 빠르게 진행되면서 지방자치단체의 서비스 내용도 생활중심으로 전환될 필요가 있다. 이는 인구고령화가 진행될수록 지방자치단체의 세출이 증가한다는 것을 의미한다. 따라서 지방세는 증가하는 경비에 대응하는 신장성이 필요하다. 즉, 재정탄력성이 있어야 한다는 것이다.

3) 보편성의 원칙

지방자치단체가 재량적으로 재정을 운영하기 위해서는 가능한 많은 지방자치단체의 과세객체인 보편적으로 재원이 존재하는 조세, 즉 세수가

---

10) 박병희(2012). 신세원 발굴과 재정자립." 『지방세발전포럼』, p. 26.

특정지역에 편중되어서는 안 된다는 것이다. 그러나 지역단체별 지리적 여건, 경제적 상황이 다르기 때문에 독자적인 지방세 체계를 가지는 경우에는 보편성의 원칙을 우선적으로 적용할 필요는 없다.

4) 응익성의 원칙

지방자치단체는 지역주민에 대해 행정서비스를 제공한다. 지방세는 주민의 편익에 대해 부담하는 공평성 개념을 원칙으로 하고 있다. 따라서 지방세의 부담원칙은 응익성을 중심으로 하고 있다.

이러한 조세원칙은 지방세에 관련하여 일반적으로 적용되는 것이다. 이는 광역자치단체뿐만 아니라 기초단체에도 적용이 가능하다. 이는 제도적 개편을 전제로 하며 지방자치단체들의 과세자주권 확보를 함의하고 있다. 여기서 일본의 법정외 세원발굴의 사례를 검토하기로 하자.

4. 지방세수 확충을 위한 일본의 사례(법정외 보통세와 목적세)

1) 법정외 보통세와 목적세의 개요

지방분권을 실현하기 위해 중요한 역할을 하는 것은 중앙에서 지방으로 권한의 이양과 편익과 부담의 원칙에 대응하는 지방세 재원의 확충이라고 할 수 있다. 지방의 자립성·자주성을 높이기 위한 자원의 확보는 과세자주권의 명확성에서 비롯된다. 전제가 되는 것은 중앙과 지방의 지출과 수입의 괴리를 시정하는 것이다. 이는 세입분권이 이루어지지 않은 상황에서 기능이양만 이루어진다면 중앙과 지방의 대등·협력관계를 구축하는 것이 어렵기 때문이다. 또한 지방세 재원을 확충하는 것도 중요하다. 재원이 주민편익과 부담의 관계를 명확히 나타낼 수 있다면 과세의 선택 폭이 넓어질 것이다. 이는 공공서비스의 재원조달이라는 조세본래의 성격이 갖추어져 있다면 지방정부가 특정목적의 실현과 특정행위의 억제를 목적으로 자체적 조례를 제정하여 법정외 세원을 개발하는 것에는 문제가 없다는 것을 함의하고 있다.

본고에서는 일본에서 시행하고 있는 법정외세의 사례를 검토하여 전남의 세수확충을 위한 신세원 발굴의 방향성에 대해 검토하기로 한다. 일본의 법정외세는 지방세법에서 정한 법정세목 외에 지방자치단체가 독자적으로 발의하여 신설할 수 있다. 이는 자치단체가 제한적 과세자주권을 가지고 조세 부과 여부를 결정할 수 있는 제도이다. 일본의 지방자치단체는 지방세법으로 정한 세목 이외에도 조례에 의해 세목을 신설할 수 있다. 2000년 4월 지방분권 일괄법에 의한 지방세법의 개정으로 법정외 보통세의 허가제가 동의를 필요로 하는 협의제로 전환되면서 법정외 목적세가 신설되어 각 지역단체에서 도입이 크게 증가했다. 이후 2004년 조세개혁에서는 기존 법정외세의 세율인하, 폐지, 과세기간 단축 등의 경우 협의·동의의 절차가 필요 없도록 간소화되었다.

도도부현 법정외 보통세를 부과하고 있는 단체는 15개 지역이며 법정외 목적세에 대해서는 29개 지역에서 부과되고 있다. 표 1은 도도부현 법정외 보통세의 현황을 나타낸 것이다. 법정외 보통세의 과세 대상은 핵연료세 등 핵연료관계가 대분이며 15개 단체 중 임시특례기업세와 석유가격조정세를 제외하면 13개 현에서 실시하고 있다.

법정외 보통세의 핵연료와 관련되는 세제는 원자력발전소 설치에 따른 과세로 부과하는 단체들의 과세객체, 과세표준, 납세의무자, 징수방

표 1 도부현 법정외 보통세

단체명	세목	과세대상	과세표준	납세의무자	시행
오키나와 현	석유가격조정세	휘발유 판매	휘발유관련수량에서 조례로 정한 수량을 공제한 수량	휘발유 정제업자, 수입업자 등	1962.06
후쿠이 현	핵연료세	발전용원자로에 핵연료 주입	발전용원자로에 주입한 핵연료의 가격	발전용 원자로 설치자	1976.11
에히메 현	〃	〃	〃	〃	1979.01
사가 현	〃	〃	〃	〃	1979.04
시마네 현	〃	〃	〃	〃	1980.04
시즈오카 현	〃	〃	〃	〃	1980.04
가고시마 현	〃	〃	〃	〃	1983.06
미야기 현	〃	〃	〃	〃	1983.06
니기타 현	〃	〃	〃	〃	1984.11
홋카이도	〃	〃	〃	〃	1988.09
이시카와 현	〃	〃	〃	〃	1992.01
이바라키 현	핵연료 등 취급세	원자로에 핵연료 주입 등	원자로에 주입한 핵연료 등	원자로 설치자	1978.01
아오모리 현	핵연료물질 등 취급세	고농축우라늄 등	제품우라늄 중량 등	가공사업자 등	1991.09
가나가와 현	임시특례기업법	법인의 사업활동	소득계산상, 이월손실과 상쇄된 당기이익 금액	자본금액, 출자금 5억 엔 이상으로 당기이익이 발생한 법인	2001.08

자료) 일본 총무성

법 등이 거의 동일하다. 이바라키 현의 핵연료 등 취급세 및 아오모리 현 핵연료물질 등 취급세는 다른 핵연료관련의 세제와 비교하여 발전용 원자로에 핵연료 주입에 한정하지 않고 핵연료에 관한 작업공정 전반에 과세객체, 과세표준, 납세의무자, 세율을 설정하여 원인자 부담의 원칙을 적용하고 있다는 것이 특징이다.

목적세는 29개 단체에서 부과하고 있으며, 그중 27개 단체가 산업폐기물 관련의 환경세적인 요소가 강하게 나타나고 있으며, 산업폐기물에

표 2 도도부현 목적세

단체명	세목	과세대상	과세표준	납세의무자	시행
미에 현	산업폐기물세	산업폐기물의 중간 처리시설, 또는 최종처리시설로 반입	산업폐기물의 수량. 산업폐기물처리 중량에 처리계수를 곱한 중량	최종처리장 또는 중간 처리시설에 반입한 산업폐기물 배출자	2002.4
시가 현	〃	〃	〃	〃	2004.1
오카야마 현	산업폐기물처리세	산업폐기물의 최종 처리장으로 반입	최종처리장으로 반입된 폐기물 중량	최종처리장으로 반입된 산업폐기물의 배출사업자 및 중간처리업자	2003.4
히로시마 현	〃	〃	〃	자사처분은 원칙 과세 면제	〃
돗토리 현	〃	〃	〃	자사처분은 원칙 과세 면제	〃
아오모리 현	산업폐기물세	〃	〃	일부 비과세	2004.1
이와테 현	〃	〃	〃	〃	〃
나키타 현	〃	〃	〃	〃	〃
나라 현	〃	〃	〃	〃	2004.4
야마구치 현	〃	〃	〃	자사처분은 원칙 과세 면제	〃
니가타 현	〃	〃	〃	〃	〃
교토부	〃	〃	〃	〃	2005.4
미야기 현	〃	〃	〃	〃	〃
시마네 현	산업폐기물 감량세	〃	〃	〃	〃
구마모토 현	산업폐기물세	〃	〃	〃	〃
후쿠시마 현	〃	〃	〃	〃	2006.4
아이치 현	〃	〃	〃	〃	〃
노키나와 현	〃	〃	〃	〃	〃
홋카이도	순환자원 이용 촉진법	〃	〃	〃	2006.10
야마가타 현	산업폐기물세	〃	〃	〃	〃
에히메 현	산업자원 촉진세	〃	〃	〃	2007.4

자료) 일본 총무성

표 2 도도부현 목적세(계속)

단체명	세목	과세대상	과세표준	납세의무자	시행
후쿠오카 현	산업폐기 물세	소각시설 및 최종처 리장으로 산업폐기 물 반입	소각시설 및 최종 처리장으로 반입된 산업폐기물의 중량	소각시설 및 최종처리 장으로 반입한 산업폐 기물 배출사업자, 중간 처리자	2005.4
사가 현	〃	〃	〃	〃	〃
나가사키 현	〃	〃	〃	〃	〃
오이타 현	〃	〃	〃	〃	〃
미야지키 현	〃	〃	〃	〃	〃
도쿄도	숙박세	호텔 및 여관 숙박	호텔 및 여관 숙박 수	호텔 및 여관 숙박자	2002.10
기후 현	노리구라 환경보전 세	쓰루가이케 주차장 에 진입하는 자동차	쓰루가이케 주차장 에 진입한 횟수	쓰루가이케 주차장에 진입한 운전자	2003.4

자료) 일본 총무성

대한 과세는 산업폐기물이 전국에 존재하고 있기 때문에 주변 자치단체 와 상호협력이 필요하다. 표 2는 도도부현 목적세의 내용을 나타낸 것 이다.

산업폐기물에 대한 과세의 목적은 세수확보, 산업폐기물의 배출억제 등 산업폐기물의 처리 등의 최종처리장 정비에 두고 있다.

산업폐기물에 대한 법정외 목적세는 2005년 이후 도입하는 자치단체 가 크게 증가하였다. 이는 지방세 확충을 위한 과세자주권 확보의 측면 에서 자치단체가 전략적으로 도입하고 있는 것이다. 이것과 맥을 같이 하여 관광진흥을 목적으로 목적세를 도입한 단체가 있다. 도쿄도와 기 후 현이다. 도쿄도의 숙박세는 세수를 관광정보 제공, 관광자원 개발, 관 광안내소의 정비 등 여행자에 관광정보를 제공하는 경비조달을 목적으 로 하고, 기후 현의 경우 노리구라(乘鞍) 환경보전세와 같이 지역적 특성 을 살린 관광 진흥을 위해 도입된 과세라고 할 수 있다.

표 3은 시정촌 법정외 보통세 과세상황을 나타낸 것으로, 현재 7개 단체가 도입하고 있다. 이 중 지방분권일괄법 실시 이전부터 시행되어 온 것은 사리채취(3단체)와 별장 등 소유세(1단체)이다. 도입된 지 30년이 경과된 것이다. 나머지는 2000년 이후에 도입된 것이다. 특히 도쿄도의 도시마구(豊島區)의 협소주거집합주택세(원룸 다세대주택)는 도시의 생활환경, 주택사정을 고려한 것으로 다른 지방자치단체들의 주목을 받고 있다. 이 세원은 단독세대가 증가하면 교육, 복지, 육아 등 지역사회 커뮤니티에 문제가 발생한다는 차원에서 일정 호수(戶數) 이상의 협소한 주택을 건축하려는 건축주에 과세하고 있다.

표 4는 시장촌의 법정외 목적세의 상황을 나타낸 것이다. 현재 5개 단체에서 도입하고 있다. 2011년 4월부터 도카시키 마을이 환경협력세를 부과함으로써 오키나와 현 내 3개 마을은 동일목적의 환경협력세를 신

표 3 시정촌 법정외 보통세

단체명	세목	과세대상	과세표준	납세의무자	시행
교토부 죠요시	사리채취세	사리채취	채취량	채취업자	1968.12
가나가와 현 나가이마치	"	"	"	"	1972.6
가나가와 현 야마기타마치	"	"	"	"	1982.4
시즈오카 현 아타미시	별장소유세	별장소유	별장면적	소유자	1976.4
후쿠오카 현 다자이후시	역사와 문화의 환경세	유료주차장 주차	주차 대수	주차장 이용자	2003.5
가고시마 현 사쓰마센다이시	사용완료 핵연료세	사용완료 핵연료 저장	사용완료 핵연료 저장량	발전용원자로 설치자	2003.11
도쿄도 도시마구	협소주거집합주택세(원룸다세대주택세)	협소주거 건축	협소주거 호수	건축자	2004.6

자료) 일본 총무성

표 4 시정촌 법정외 목적세

단체명	세목	과세대상	과세표준	납세의무자	시행
야마나시 현 후지가와고마치	유어세	가와구치고에서 유어(游漁) 행위	유어(游漁) 행위 일수	유어(游漁) 행위 자	2001.07
기후 현 다지미시	일반폐기물 매립세	시외에서 반입된 일반폐기물의 매립처분	반입된 일반폐기물의 중량	시 이외의 일반 폐기물 처리시설 설치자	2002.04
후쿠오카 현 기타규슈시	환경미래세	최종처리장소에서 산업폐기물 매립처분	매립처분된 산업폐기물 중량	최종 처리 업자 및 자가 처분자	2003.01
니가타 현 가시와자키시	사용완료핵연료세	사용완료 핵연료보관	보관하는 사용완료 핵연료의 중량	사용완료핵연료를 보관하는 원자로 설치자	2003.09
도쿄도 도시마구	방치자전거 대책추진세	구내 철도역의 전년도 여객운송	구내 철도역 이용 승객	철도사업자	2005.04
오키나와 이지나 마을 도카시키 마을 이헤야 마을	환경협력세	여객선 등에 의한 마을 방문	방문 수	마을 방문자	2005.04 2008.07 2011.04

자료) 일본 총무성

설하게 되어 오키나와 환경보전, 관광시설 유지 및 정비에 필요한 비용
의 일부를 관광객에게 부담시키고 있다. 이처럼 소규모 기초자치단체의
과세자주권은 과세객체, 과세표준, 과제의무자 범위 등이 한정적일 수
밖에 없지만, 중앙정부와 대등·협력 관계의 구축을 위한 과세자주권이
갖는 의미가 크다고 할 수 있다.

2) 법정외 보통세와 목적세의 세입현황

앞에서 설명한 것처럼 일본의 자치단체들은 세수확충을 위해 지리적 여
건을 이용하여 주로 환경관련의 세원 발굴에 힘쓰고 있다. 그렇다면 어
느 정도 세수확대를 가져오고 있는지를 검토할 필요가 있다. 그림 2는
법정외세의 세수규모와 건수의 변화를 나타낸 것이다. 도도부현의 법정

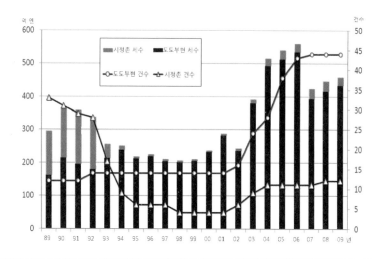

그림 2 법정외세의 규모와 건수의 추이
자료) 일본 총무성

외 보통세와 목적세의 세입은 1989년부터 증가경향을 보이면서 2006
년 500억 엔 이상을 기록하였지만, 이후 감소하여 2009년에는 435억
엔을 기록했다. 시정촌의 경우 1992년 이후 감소경향을 보이고 있지만,
2003년 이후 증가하다가 다시 감소하는 S자 형태를 보이고 있다.

지방세 수입을 구체적으로 검토하기 위해 2009년을 기준으로 보통세
와 목적세의 세입을 나타낸 것이 표 5이다. 2009년 법정외 보통세와 목적
세의 수입은 459억 엔으로 지방세 세입의 0.13%를 차지하고 있다.[11]

법정외 목적세는 전체 지방세에 차지하는 규모가 작지만 지방자치단
체의 자주적 과세권이라는 측면에서 의미가 있다고 할 수 있다. 특히 법

---

11) 2010년 법정외 보통세와 목적세의 세액은 516억 엔으로 지방세 세입의 0.15%를 차지하고 있
    다. 도도부현 법정외 보통세는 15건으로 404억 엔, 시정촌 보통세는 6건으로 14억 엔, 총 418
    억 엔이다. 목적세는 도도부현에서 29건으로 80억 엔, 시정촌에서 7건으로 18억 엔의 세수를
    기록하여, 총 97억 엔으로 나타났다(http://www.soumu.go.jp/main_content/
    000165240.pdf).

표 5 법정외 세수의 내역(2009년)

법정외 보통세 [374억 엔(22건)]		법정외 목적세 [85억 엔(35건)]	
1. 도도부현		1. 도도부현	
석유가격조절세 10억 엔 오카나와 현		산업폐기물세 62억 엔 미에 현, 돗토리 현, 오카야마 현, 히로시마 현, 아오모리 현, 이와테 현, 아키타 현, 시가 현, 나라 현, 니가타 현, 야마구치 현, 미야기 현, 교토부, 시마네 현, 후쿠오카 현, 사가 현, 나가사키 현, 오이타 현, 가고시마 현, 에히메 현, 구마모토 현, 미야자키 현, 후쿠시마 현, 아이치 현, 오키나와 현, 홋카이도, 야마가타 현	
핵연료세 229억 엔 후쿠이 현, 후쿠시마 현, 에히메 현, 사가 현, 시마네 현, 시즈오카 현, 가고시마 현, 미야기 현, 미가타 현, 홋카이도, 이사카와 현			
핵연료등취급세 6억 엔 이바라키 현			
핵연료물질등취급세 111억 엔 아오모리 현		숙박세 10억 엔 도쿄도	
임시특별기업세 6억 엔 가나가와 현		노리구라환경보전세 0.2억 엔 기후 현	
계 362억 엔 (15건)		계 73억 엔 (29건)	
2. 시정촌		2. 시정촌	
사리채취세등	0.3억 엔 야마기타마을(가나가와 현) 나가이 마을(가나가와) 죠요시(교토)	유어세	0.1억 엔 후지가와고 마을(야마나시 현)
		환경미래세	7억 엔 기타규슈시(후쿠오카 현)
별장등소유세	6억 엔 아타미시(시즈오카 현)	사용완료핵연료세	6억 엔 카시와자키시(니가타)
역사와문화의환경세	0.7억 엔 다자이후시(후쿠오카)	환경협력세	0.07억 엔
협소주거집합주택세	2억 엔 도시마구(도쿄도)		이자나 마을, 도카시키 마을, 이헤야 마을(오키나와 현)
계 12억 엔(7건)		계 13억 엔(6건)	

주) 임시특별법(가나가와 현)은 2009년 3월 31일로 실효

정외 보통세 세입이 법정외 목적세 세입보다 약 4배 이상을 기록하고 있고, 목적세의 비중은 아오모리 현의 핵연료물질등취급세보다 낮은 수준에 있다. 보통세보다 목적세의 도입이 적은 이유는 재원으로서 세수가 낮기 때문이라고 할 수 있다. 또한 지금까지 과세대상이 아니었던 환경 관련 세목으로 구성되어 있기 때문에 조세저항이 작용한 것이라고 해석이 가능하다. 즉, 건수는 많으나 세입수준이 낮다는 것이다. 그러나 지방

자치단체의 재정수요를 충당하기 위한 재원조달이라는 조세 본래의 성격을 근거로 특정정책 목적의 실현과 억제행위를 목적으로 하는 법정외 세목의 신설은 의미가 있다고 할 수 있다.

5. 재정확대와 신세원 발굴방안

1) 재정확대

우리나라 지방자치단체는 신세원 도입을 위해 지속적으로 노력해왔다. 지금까지 논의된 지방세 확충을 위한 방안들은 관광·레저, 환경보호를 목적으로 하고 있다. 그러나 지방세로 과세가 가능하다 해도 제방세로서의 요건을 충분히 갖추지 못한다면 실제 도입까지는 난관이 예상된다. 지방세 확충을 위해서는 신세원 발굴과 함께 기존 지방세 체계에서 세입을 확충할 필요가 있다. 지방세 체계에서의 세수확충 방안은 현행제도의 범위 내에서 지방소비세 인상, 목적세, 세외수입을 생각할 수 있다.

첫째, 2010년 도입된 지방소비세의 확충이다. 지방세 세수 신장성을 제고하기 위해서는 소득과세와 소비과세를 강화해야 하며, 이는 현행 지방소득세와 지방소비세를 내실화하는 방안에 해당한다. 특히 독특한 내장장치를 가지고 있는 지방소비세가 현행 5%의 수준에서 인상될 필요가 있다.[12]

2009년에 신설된 지방세인 지방소비세는 현재 국세인 부가세액의 5%이지만, 당시 세목을 신설하며 국회와 기획재정부 및 행정안전부가 2013년부터 부가세액의 10%로 인상하는 등 점진적으로 20%까지 세율

---

12) 임성일(2012). "지방소비세, 어떻게 진화할 것인가?: 지방세로서의 위상정립모색." 『한국지방재정논집』 제17권 제1호, p. 2.

을 높이기로 약속한 바 있다. 하지만 재정부와 행안부 사이의 의견 조율이 이뤄지지 않아, 중앙정부 수입인 부가세액의 5%를 지방자치단체 세입인 지방소비세로 추가 이전하는 문제가 전혀 해결되지 않은 상황에 있다. 따라서 지방세 확충을 위한 실질적 제도마련이 선행되어야 한다. 지방세는 재산과세의 비중이 높은 구조적 문제를 안고 있고, 지역의 부동산 경기에 의해 크게 좌우되어왔다.[13]

따라서 지방소비세 인상을 위한 중앙과 지방의 노력이 필요하다.

둘째, 목적세인 지역자원시설세의 확대이다. 지역자원시설세는 지역의 균형개발 및 수질개선과 수자원보호 등에 소요되는 재원을 확보하거나 소방시설, 오물처리시설, 수리시설 및 그 밖의 공공시설에 필요한 비용을 충당하기 위하여 부과하고 있다. 이 세원은 2011년 1월 종전의 지역개발세와 공동시설세의 과세대상을 그대로 수용한 것으로, 현재 과세대상은 발전용수(양수 발전용수 제외), 지하수, 지하자원, 컨테이너부두를 이용하는 컨테이너 및 원자력발전 등이다. 세수확충을 위해서 과세되고 있는 방전용수에서 생활용수, 공업용수도 포함해야 한다는 주장이 오래전부터 제기되어 왔다.[14]

목적세와 관련하여 1992년 수력발전, 2006년 원자력발전이 지역자원시설세를 과세되어 왔으나 화력발전에 대해서는 과세되지 않아 과세형평성에 대한 문제가 줄곧 제기되어왔다. 이 문제를 전국 화력 발전량의 40%를 차지하고 있는 충청남도가 2007년부터 제기하였고, 화력발전 지역자원시설세 과세 입법안이 국회를 통과하여 2014년부터 시행된다.

---

13) 김의섭(2013). "지방화와 지방의 자주재원 확보방안." 『지방세 포럼』 제7호, pp. 7-9.
14) 박병희(2012). "신세원 발굴과 재정자립." 『지방세발전포럼』 p. 15.

이는 지역이 보유하고 있는 자원을 이용하여 자주재원을 확충하기 위한 지방자치단체의 노력이 결실을 거둔 것이라고 할 수 있으며 지방세 확충을 위한 자주적 노력의 필요성을 나타내고 있다.

셋째, 세외수입의 확대이다. 지방세외수입은 지자체의 노력 여하에 따라 지속적·계획적인 개발이 가능한 잠재적인 수입원이 될 수 있으며 그 종류가 많고 수입근거와 형태가 매우 다양한 특징이 있다. 따라서 경상적 세외수입 증대를 위한 조례개정으로 지방세 세수를 늘릴 수 있다.[15)]

2) 신세원 발굴 방안

일본의 지방자치단체들은 지방세 확충을 위해 독자적으로 법정외 보통세와 목적세를 부과하고 있다. 일부 자치단체에서는 지방분권 일괄법 시행 이전부터 독자적인 재원을 마련하고 있다. 2000년 지방분권 일괄법의 시행으로 환경보호를 이유로 지방자치단체들이 과세를 부과하고 있다. 그렇다면 제도적 개편이 선행되어야 하겠지만, 전라남도 지역에서도 환경보호를 위해 법정외 목적세 추진을 고려해볼만 할 것이다. 물론 다른 지자체들과의 상호협력이 필수적 요건이 될 것이다.

환경보호를 목적으로 전라남도에서 과세를 추진한다면 지리적 요건을 이용하는 방법이 있을 것이다. 전라남도는 서쪽과 남쪽이 바다를 끼고 있다. 신안군 홍도에서 여수시 돌산면에 이르는 지역 일대가 다도해 해상국립공원으로 지정되어있다. 이러한 지리적 여건을 이용해 법정외

---

15) 조규일(2013). "지방세외 수입금의 효율적 징수를 위한 법률제정 추진." 『지방세포럼』 제9호, p. 30.

목적세로 해양환경세(안) 도입이 가능할 것으로 판단된다. 국립공원과 해상공원은 멸종위기 동물과 희귀식물이 산재해있다. 그러나 국민소득의 증대로 여가 및 레저활동이 증가하며 지리산 국립공원과 다도해 해상공원을 찾는 사람이 많아졌고 쓰레기 배출량도 증가하고 있다. 지리산 이용객은 연간 267만 명(2012년)에 달하고 있고, 다도해 해상공원은 134만 명(2012년)에 이르고 있다. 국립공원의 경우 현재 그린포인트제가 실시되고 있지만, 해상공원의 경우 자치단체가 실질적인 관리를 하고 있고 쓰레기 수거를 지자체 비용으로 지불하고 있다. 또한 전라남도는 해안선으로 연결되어 있기 때문에 해수욕장 이용객의 쓰레기들을 지자체에서 처리하는 비용을 고려한다면 해양환경세(안)의 도입은 환경보호는 물론 지자체 수입증가에도 기여할 것으로 판단된다. 이는 앞에서 언급한 것처럼 편익자 부담원칙, 또는 원인제공자 부담원칙에 의한 것으로 가격대체제의 개념으로 생각할 수 있다.

문제는 법률주의를 채택하고 있는 현행 제도에서 어느 정도가 실현가능한지에 달려있다. 지방세의 과세권은 지방자치권의 일종으로 해석할 수 있다. 지방자치권은 헌법에 의해 보장되기 때문에 지방세는 헌법 제59조의 조세법률주의와 연결되는 동시에 헌법 제117조의 지방자치와도 관련된다. 이러한 점에서 법률과 완전히 독립된 지방세 조례는 허용되기 어려운 부분이 있다. 즉, 조세법률주의의 완전한 예외로서 법률에 근거하지 않는 조례의 과세는 인정될 수 없지만, 법률의 포괄적 해석에 의해 지방자치단체의 조례제정도 가능할 것으로 판단된다. 이것이 가능하다면 환경보호를 위한 조례제정으로 해양환경세(안)의 도입이 허용될 수도 있다.[16]

지방재정은 지방자치단체의 자주권과 밀접한 관련이 있다. 지방자치권을 보장하기 위해서는 지방세 세목이 자유롭게 결정되어야 하지만 조세법률주의에 근거한 뿌리 깊은 중앙의 통제와 관리는 지방분권을 저해하는 요인이 되고 있다. 다행히 2013년 5월 국회를 통과한 '지방분권 및 지방행정체제 개편에 관한 특별법'은 실질적 지방재정 분권시행을 위한 토대가 될 수 있을 것이다. 특별법은 ① 중앙정부 사무의 지방이양에 따른 재원이양, ② 국세의 지방세 전환 등 지방재원 확충, ③ 실질적 자치입법권 강화를 위한 제도개선, ④ 자치조직권 확대 등 정부가 마련한 자치발전의 전향적인 지침을 담고 있다. 특히 제13조 지방재정의 확충 및 건전성 강화에서는 ① 국가는 지방세의 비율을 확대하도록 국세를 지방세로 전환하기 위한 새로운 세목을 확보하여야 하며, 낙후지역에 대한 재정조정책임을 강화하고, ② 지방자치단체는 자치사무를 원활히 수행할 수 있도록 자체의 세입을 확충하여 지방재정의 안정성을 도모하고 예산지출의 합리성을 확보하기 위하여 노력하여야 하며, 예산·회계제도를 합리적으로 개선하여 건전성을 강화하는 등 지방재정의 발전방안을 마련하여야 한다고 명시하고 있다. 이를 광의로 해석한다면 지방재정 확충을 위한 신세원 발굴도 가능하다고 할 수 있다.

이러한 해석이 통용된다면 일본의 사례처럼 지방자치단체가 특수목적을 위해 법정외 목적세를 부과할 수 있다. 이는 과세자주권의 확대라는 점에서 의미가 있지만, 일본의 사례에서 알 수 있듯이 세수입이 적다는 것과 주민들의 조세저항을 어떻게 해결해야 할 것인가가 중요한 과제

---

16) 최철호(2007). "조세법률주의와 지방세조례주의에 관한 연구." 『조세연구』 제7권, 188-189.

가 될 것이다. 문제는 조례를 통한 지방정부의 자주과세권이 주민의 재산권과 충돌하게 되어 자칫 조세를 정략적으로 이용할 수 있다는 것이다. 결국, 지역정책에 공감하는 주민과 지방자치단체의 선택의 문제로 귀착된다.

6. 결론

전라남도의 재정자립도가 약해 실질적 자치의 실현이 어려운 환경에 있다. 자체 재원이 부족한 상태에서 국책사업 등의 재정지출이 증가해 재정운영을 압박하고 있다. 이는 지방재정의 자주성과 책임성의 확보를 어렵게 하고 있다. 이러한 맥락에서 지방세 확충을 위한 법정외 목적세의 도입은 일본의 사례에서 보듯이 지방세에 차지하는 비중이 적지만, 과세 자주권 확보의 측면에서 의미가 있다고 할 수 있다. 특히 지방세가 1할에 미치지 못하고 있는 전남의 재정상황을 고려한다면 자체적인 노력을 통해 세수를 확대한다는 것에 의미가 있을 것이다.

1991년 지방의회, 1995년 자치단체장 선거 등 지방분권을 추진하기 위한 제도적 장치가 마련되었지만 자주재원의 부족과 중앙의 통제로 실질적 분권화가 진행되지 못하고 있다. 이러한 의미에서 2013년 5월 국회를 통과한 '지방분권 및 지방행정체제 개편에 관한 특별법'은 실질적 지방재정 분권시행을 위한 토대가 될 수 있을 것이다. 특별법에서 명시하고 있는 재원이양, 실질적 자치입법권 강화를 위한 제도개선 등은 향후 지방재정의 방향성을 제시한 것이라고 할 수 있다. 원활한 지방재정의 운영을 위해 세입확충과 세출관리가 병행되어야 한다. 이는 지방재정의 안정성을 도모하고 예산지출의 합리성을 확보하기 위하여 자체적인 노력이 필요하다는 것이다.

본고에서는 지방세 세수확충을 위한 방안으로 일본의 사례를 통해 법정외 목적세 도입에 대해 검토했다. 이러한 일본의 사례를 통해 전라남도의 지리적 요건을 고려하여 해양환경세(안)의 도입이 가능할 것으로 사료된다. 그러나 조세법률주의에 의해 조례를 통한 법정외 목적세 도입은 제도적 개편이 마련되어야 실행이 가능할 것이다. 이를 위해 다른 지방과 상호협력하고 자치단체 간에 연계하여 공론화할 필요가 있다. 분권재정에 관한 담론수준을 넘어 실효성을 위한 상호노력이 필요하다는 것이다. 이는 앞에서 언급한 '지방분권 및 지방행정체제 개편에 관한 특별법' 시행을 가속하는 동시에 기능이양이 아닌 실질적 분권재정을 위한 지자체의 자주과세권 확보와 직결되는 것이다.

〈참고문헌〉

곽채기(2003). "재정분권화를 위한 지역의 신세원 발굴과 지방세 수용방안."『법학논총』제23권 1호.

김의섭(2011). "재정분권과 지방재정의 자율성 제고: 참여정부 이후 재정분권을 중심으로."『재정정책논문집』제13권 제2호.

김의섭(2013). "지방화와 지방의 자주재원 확보방안."『지방세 포럼』제7호.

박상수・임민영(2012). "지방재원 확충을 위한 지방소득세 확대・개편방안에 관한 연구."「지방재정학회세미나 자료」.

박병희(2012). "신세원 발굴과 재정자립."『지방세발전포럼』.

박병희・오병기(2011). "지방소비세 도입 및 교부세 인센티브 강화에 대한 전남의 대응."『녹색전남』69호.

송상훈(2012). "재정분권강화를 위한 국세 및 지방세 조정."『동계학술대회 논문집』한국지방재정학회.

윤완석(2003). "신재원 개발방향과 한계."『지방세』제5호.

임성일(2012). "지방소비세, 어떻게 진화할 것인가?: 지방세로서의 위상정립모색."『한국지방재정논집』제17권 제1호.

임주영(2013). "레저세 확대개편을 통한 지방세수 확충방안에 대한 연구."『지방세포럼』제9호.

조규일(2013). "지방세외 수입금의 효율적 징수를 위한 법률제정 추진."『지방세포럼』제9호.

최철호(2007). "조세법률주의와 지방세조례주의에 관한 연구."『조세연구』제7권.

'11. 10. 31(월) 14:00
도의회 초의실(2층)

「지방재정정책연구를 위한」
워크숍

전라남도의회
[지방재정정책연구회]

「지방재정 정책연구를 위한」
워크숍 개최

1. 행사개요

> 지방재정정책연구를 위한 우리 도의 재정전반에 대한 현황과 문제점 및 개선방안에
> 대한 사전 연구를 통하여 보다 내실 있는 정책연구 활동의 계기를 마련함

- 주 제 : 지방재정정책 활성화를 위한 강의 및 토론
- 일 시 : 2011. 12. 13(화)~14(수) (2일간)
- 장 소 : 신안 증도(엘도라도리조트)
- 주 관 : 전라남도의회 지방재정정책연구회
- 참 석 : 16명(연구회 12명(도의원), 기타 4명)
- 강 의
  - 지방재정활성화 방안(목포대학 고두갑 교수)
- 토론회 내용
  - 강의내용을 토대로 한 지방재정활성화에 대한 토론회 등

2. 예산액

- 여비 및 의정운영공통경비 : 2,395천 원
  - 이동 및 현지 숙식 등을 위한 제반 경비
- 행사운영비 : 4,092천 원(배정액 5,000천 원 중 사용 잔액)
  - 강사료, 현수막 · 강의교재 등 인쇄비, 회의실 임대료 등 경비

3. 향후계획

● 연구회에서 검토한 내용 자료 정리 등

4. 진행순서

일정(시간)				주 요 내 용	비 고
일	부터	까지	소요		
13일 (화)	14:00	14:03	3'	개회 및 국민의례	총무 이용재 의원
	14:03	14:06	3'	인사말씀	회장 김 탁 의원
	14:06	16:36	90'	지방재정활성화 방안	목포대학교 고두갑 교수
	16:36	16:50	14'	휴 식	
	16:50	18:20	90'	지방재정활성화 방안	목포대학교 고두갑 교수
	18:20	19:00	40'	휴 식	
	19:00	20:30	90'	만 찬	
14일 (수)	07:30	08:30	60'	조 식	
	08:30	09:30	60'	토론회 등	회장 김 탁 의원
	09:30			폐 회	

지은이

즈쇼 이치로(調所一郎)

1960년 출생, 게이오대학교 졸업, 컨설팅회사 경영, 현재 즈쇼 히로사토(調所広郷)의 7대손으로서 사쓰마 관계의 연구에 몰두하고 있다.

후지이 갠기(藤井厳喜)

1952년 출생, 와세다대학교 졸업, 하버드대학교 정치학부 대학원 박사과정 수료, 국제문제 애널리스트

아리사와 사토시(有澤沙徒志)

1952년 출생, 독협대학교 졸업, 1980년부터 17년간 월 스트리트에서 세일즈 트레이너로서 활약. 현재 일본금융통신사 편집국 국제부장

마쓰다 마나부(松田学)

1957년 출생 동경대학교 졸업 후 대장성 입성. 재무성의 과장 등을 거쳐 현재 독립행정법인 우편예금 · 간이생명보험관리기구 이사

옮긴이

고두갑

목포대학교 경제학과를 졸업하고 일본 중앙대학교에서 경제학 석 · 박사학위를 취득하였다. 현재 목포대학교 경제학과 교수로 재직하면서 공공경제정책과 사회적 기업 연구에 관심을 갖고 있다. 일본의 커뮤니티 비즈니스와 유럽의 사회적 기업 비교연구에 전념하고 있으며 전남고용포럼 이사로 활동하고 있다. 역서로는 게랑드의 소금 이야기, 지방자치단체 파산, 사회적 기업 I : 이론과 실제편, 사회적 기업 II : 노동통합편이 있다.